「新しい中世」の始まりと日本

融解する近代と日本の再発見

大窪一志

花伝社

「新しい中世」の始まりと日本——融解する近代と日本の再発見◆目次

第Ⅰ章　「新しい中世」の到来

1　グローバリゼーションから「新しい中世」へ

一九八九年から始まった新しい世紀

二〇〇〇年という年は、キリスト暦で時を計る文明にとっても一つの世紀の始まりでしかなく――これまでの世紀と同様に――、前の世紀との間に断絶はありえない。……一九世紀は一七八九年［フランス革命］に、二〇世紀は一九一八年［第一次大戦終結］に始まったのである。二一世紀の始まりは、間違いなく一九八九年であった。この年に数カ月の間隔を置いて、最後の帝国［ソ連］が終わりを告げ、同時に最初のクローンが登場し、インターネットが出現したのだった。

ジャック・アタリは『21世紀事典』の序文にこう書いた(1)。

これだと、二〇世紀は七〇年間だったということになる。このような、一九一八年から一九八九年ないし九一年までが実質的な時代区分としての二〇世紀だったという「短い二〇世紀」というとらえかたは、アタリにかぎらない。エリック・J・ホブズボウムなど同じような見解をもつものは少なくない。しかし、アタリの指摘で重要なのは、画期となった出来事として、だれもが挙げるソ連崩壊だけでなく、「クローンの登場」「インターネットの出現」を挙げて、それらが重なったところに一九八九年という年の象徴性を見たところにある。

事を国家と社会に分けて考えれば、ソ連崩壊は国家の領域における大変動であったのに対して、社会の領域における大変動加速の兆しはクローンとインターネットの誕生にあったのである。そして、国家の領域での大変動は、すでに進行していた社会の領域での大変動の結果であったともいえるのである。

クローンの登場とはバイオテクノロジー（biotechnology BT）の発展が新たな段階に達したことを示すものだったし、インターネットの出現はインフォメーションテクノロジー（information technology IT）の新展開を画するものだった。これらのテクノロジーは、すでに一九七〇年代初めから急速な発展を見せていたが、それらが、生産を変え、生活を変え、ひいては社会を大きく変えていきつつあった。その変貌を大きく加速させたのが、この年に実用化の途に踏み出したクローン技術とインターネット技術だったのである。

その生産と生活の変貌は、グローバリゼーションと呼ばれる現象と密接に関わって進行していた。ソ連崩壊という政治的出来事は、グローバリゼーションの結果でもあり、またそれをさらに進展させる原因ともなるという関係にあった。また、新たなテクノロジーの発展、特にIT技術の革命的発展は、このグローバリゼーションを大きく促進する決定的な要因となった。

ここでいうグローバリゼーションとは、単に商品市場を世界大に拡大していくことではなく、現象的には、いま進行している資本市場と労働市場の双方において市場統合が世界的に進んでいく過程のことである。それが、見方によっては一九七〇年代から、別の見方によっては特に一九九〇年代以降、進行したとされているわけである。

一九八九年から始まった新しい世紀は、グローバリゼーションの世紀なのである。

資本と労働がグローバル化することの意味

資本制社会においては、商品市場の規模については最初からできるだけ大きく統合し世界的に単一なものへと拡大していくことが基本的に志向されていた。このように商品市場の統合は一貫した傾向であって、資本市場ももともとは〈貨幣商品〉市場であり、労働市場も〈労働力商品〉市場であって、広い意味では商品市場であるということを考えるなら、グローバリゼーションは、資本制社会が始まって以来一貫して追求されてきたことだということもできる。

しかし、資本制を育み発展させてきた近代という枠組においては、政治と社会、より具体的には政治的国家と市民社会が分離されて区別され、そこにおいては、契約自由の原則にもとづいてすべてのことをしたりやったりできる市民社会に対して、国民国家として組織された政治的国家が、公共の福祉という外枠を設定することで秩序を維持するという構成になっており、そのような外枠を通じて、資本制に国民的形式があたえられていたのである。

そのような枠組においては、貨幣手段の中心である私券貨幣（紙幣）は基本的に各国内でしか流通せず、各国政府によって管理されていたし、商品貨幣（金・銀）は金本位制――のちにはその擬制としてのドル本位制――によって各国中央銀行を通じて私券貨幣とリンクされていた。したがって、資本市場は基本的に国民国家のもとに組織されなければならなかった。また、各国民国家は基本的に国家から法＝権利的な地位をあたえられた国民によって構成され、外国人に対しては厳格な出入国管理がおこなわれていた。したがって、労働力を売買する労働市場についても、基本的に国民国家のもとに組織されていたのである。(2)

これが国民経済というもののかたちであった。ひとつひとつの国民国家が経済の単位になり、それぞれの単位においては同一の貨幣・財政・金融制度が構築され、同一の経済政策のもとに経済が運営されるシステムが、世界的にとられていたのである。そのような国民経済は、国民国家の経済的基礎であった。しかし、資本と労働がグローバル化し、資本市場と労働市場の双方において市場統合が世界的に進むことは、こうした国民経済システムが浸蝕され、国民経済が広域経済、世界経済に融解していく事態を生み出していったのである。そうなれば、その経済的基礎が融解していく国民国家は動揺せざるをえない。

グローバリゼーションの世紀とは、国民経済が融解し国民国家が動揺していく時代なのである。

ヨーロッパから始まったグローバリゼーション

このように、商品は国内市場だけでなく世界市場にも向けて生産するが、資本と労働力の調達は国民国家の枠内でおこなうという国民経済のかたちが崩されるきっかけは、一九五八年に設立された欧州経済共同体(European Economic Community 略称EEC)だったといえよう。これがヨーロッパ共同市場の本格的形成の出発点となった。これがやがて商品市場だけではなく、資本市場、労働市場にも拡大していき、今日の欧州連合(European Union 略称EU)へと発展していくのである。

同時に、EECの誕生は、多国籍企業(multinational enterprises)の設立をうながした。EEC発足によって統合されたヨーロッパの商品市場をめがけて、アメリカ合衆国の大企業が争って進出を図り、そのためにヨーロッパに生産拠点、販売拠点を設けはじめたのが、多国籍企業の始まりだったのである。そして、こうしたアメリカの多国籍企業は、ヨーロッパだけでなく、アジアをはじめ世界中に広がっていき、またアメリカの企業を追ってヨーロッパ各国や日本の大企業も、次々に多国籍企業化していった。

多国籍企業は国外の大きな市場でシェアを争うから、国家による規制を嫌う。また、ほかの国の多国籍企業との競争に勝つために、コストを削減しようと安い労働力や最適な立地条件を求めて世界中に進出していくことになる。そうすると、本国の産業は空洞化し、失業が増大する。多国籍企業はさらには、振替価格による資金移転、企業内取引による利潤移転、海外金融資産を利用した投機などの手段をとって、最大限の利益を追求する。そうすると、厖大な利潤をあげても、それが本国の国民経済にあまり還流されないことになってしまう。

多国籍企業は必然的にこのようなコスモポリタン的行動様式をとる。そして、それがさまざまなかたちで国民経済を揺さぶることになっていくのである。これが、一九九〇年代以降のグローバリゼーションの下地になった。

また、それとは別に、同じころ、一九五五年にドイツ連邦共和国（西ドイツ）が、労働力不足を補うために、イタリア、トルコなどから一〇〇万人を超えるゲストワーカー（Gastarbeiters;guest workers）を導入した。これが成功したのが始まりになって、ヨーロッパ各国が、おもにかつて自国の植民地だった国からゲストワーカーを導入するようになり、労働市場が拡大されていった。多国籍企業が、進出した地域の労働者を雇用するのも、逆のかたちで労働市場が国境を越えることを意味していたから、両方の方向から労働のグローバリゼーションが進んでいったのである。

グローバリゼーションのもとでの国家と経済

このように、ヨーロッパにおける地域的な市場統合をきっかけに生まれていた、資本市場と労働市場の世界的統合としてのグローバリゼーションへの下地の上に、これを一気に現実化したのが、さきにもふれたように、一九八九年をひとつの画期に急速に発展したIT革命——すなわちコンピュータ・ネットワークシステムと高度情報通信技術の革命的発展——だった。

さきに見たように、資本主義経済は商品市場においては最初から世界市場をめざす方向に動いていたが、資本市場、労働市場においては、国民国家の枠があって各国政府が関与し、かならずしも自由に移動できるものではなかった。それは、資本制の生成期に典型的に見られるように、資本主義経済が、その外部にも内部にも非資本主義経済の要素を広く抱えこんでいる状況のもとでは、資本制は、国家の枠組を通した経済外的な介入と制御——それは逆にいえば資本による国家の利用、支援の組織化でもある——のもとに発展してきた。その後にも、まったく自由な資本主義というものはありえず、つねに国家の力を必要としていたし、特に第一次大戦後のソヴィエト・ロシアの誕生、第二次大戦後の社会主義世界体制の構築という状況のもとでは、それと対抗するために、資本にとって国家の力の必要度はさらに増し、国家独占資本主義と呼ばれるような体制を生み出してきた。

その国家の枠がむしろじゃまになってきたのは、ひとつには金融の部門においてであった。コンピュータ・ネットワークシステムと高度情報通信技術の発展によって、金融市場、金融取引システムの世界的ネットワークが成り立ちうるようになってきたのだ。この世界的ネットワークに乗って、資本は、もっとも有利な条件を求めて世界中の任意の地点に移動して最大の利益を上げるべく動きだした。かくして、一九八〇年代には、各国民国家も、流動する資本を自国に引き込むには、むしろ金融上の規制を緩和ないし撤廃して自由化したほうがいい、という方向に傾かざるをえなくなっていったのである。金融「自由化」の波が先進各国を覆った。

そうした動向に立ち遅れていた日本も、一九八四年五月に「日米円・ドル委員会報告」を出したことを契機に、金融自由化を内外に宣言することになった。そして、翌一九八五年、G5（先進五カ国蔵相会議）において、いわゆる「プラザ合意」以降、日本が対外開放へと大きく舵を取り、資本市場の世界的統合への動きは決定的になった。

同時に、特にEUにおいて、域内経済統合と経済グローバル化に促迫され、産業構造と労働力配置の再編成が求められるようになってきた。これに対応するために、「人、サービス、資本、財の自由移動」は、EU単一市場の基本理念となり、「労働者の自由移動」を保障することで、従来のインフォーマル・不法な移民労働者の流入を合法的なスキームに組み込む方向に動いていった。その後、アメリカ諸国、アジア諸国でも、EUとはレヴェルがちがうものの、それぞれに域内経済統合がある程度進むことによって、労働市場の統合が進められていった。

また、そうした労働力の国際的な流動化は、各国内における労働市場の「自由化」をも呼び込んでいくことになった。つまり、各国によって現れ方はちがうものの、解雇規制の緩和、非正規雇用導入の拡大などが共通して見られ、労働の側の「労働者の自由移動」は資本の側の「労働者の自由雇用」につながっていったのである。

このようにして、先進資本主義国の大資本が世界中のチャンスのあるところすべてに自由に出ていって、世界中の労働力を自由に使い、国家の枠を越えたオペレーションを展開していくことができるようになったので、世界経済は活気づいた。それは、先進国の多国籍企業の業績をアップさせただけではない。ＢＲＩＣｓ（Brasil,Russia,India,China　ブラジル、ロシア、インド、中国）と呼ばれる「再興帝国」が一気に経済を発展させたのも、先進国資本の国境を越えた資本投下と技術移転によって触発されたところが大きい。ＢＲＩＣｓは、ブラジルを除く三国は、近代世界が始まる前に世界を支配していた旧帝国――ロシア帝国、ムガール帝国、中華帝国――であり、いずれも国民国家形成――広くは近代化――に失敗した、あるいは充分に成功しなかった国々だったのである。これらの国々は、国民国家のパフォーマンスの高さが問題になる近代世界システムのもとでは経済的に発展できなかったが、そのシステムが崩れてきて、むしろ国民国家の枠組がじゃまになってきたところで擡頭し、新たなかたちで帝国を復活させてきたのである。国民国家を形成することができなかった旧帝国がこのように再興してくる――だから「再興帝国」と呼んだのである――ところに、グローバリゼーションが行き着く先が暗示されているといえる。

利潤革命の手段としてのグローバリゼーション

では、なぜこのような変動が引き起こされたのだろうか。三菱ＵＦＪ証券のアナリストである水野和夫は、グローバリゼーションを推進しているのは「国民国家解体」による「資本の反革命」であり、その意図は「利潤率の上昇」にある、という。

水野は、資本にとって二〇世紀は「労働の黄金時代」として映っていた、という。社会主義が世界体制になって、これとの対抗上、福祉重視・軍事力強化のために膨大な政府支出を余儀なくされ、またケインズ政策にもとづき公共投資が重視され、実質賃金は著しい上昇を見せた。これに対して、なんとかして実質賃金を抑制し、利潤率を引き上げなければならない。それが、一貫した資本家の問題意識だったというのだ。

そして、ソ連崩壊によって社会主義が基本的に消滅したのを契機に、資本に反攻のチャンスが生まれ、資本と労働の市場統合を利用して、実質賃金を抑制し、利潤率を上昇させる「利潤革命」を起こしたのだ、というのが水野の考えである。グローバリゼーションは一六世紀以来二度目の「利潤革命」の手段である、ととらえられているのである。[3]

利潤率というのは、要するに、投下した資本に対してどれだけ儲かったかという比率で、一般には稼得される資本所得を投下された資本価値額で割ったものだと考えられている。マルクスは、剰余価値を総資本で割ったものとして定義した。そして、マルクスは『資本論』で、利潤率が傾向的に低下するのは資本制生産の法則である、とした。そのおもな原因は、資本家が剰余価値の源泉である労働力などの可変資本部分よりも設備などの不変資本部分への資本投下を増大させるために、資本の有機的構成が高まるからである、と考えられていた。しかし、マルクスは、この法則は、あくまで傾向(Tendenz; tendency)としてのみ見られるものであって、利潤率の傾向的低下をくいとめようとする

作用はつねに働く、として、利潤率を高める要素として、労働の搾取度を増強することなど、六つを挙げている。(4)

こうした反作用要素を、マルクスの時代にはなかった新しい条件において生かして、利潤率低下の法則を逆転させるために仕掛けられたのがグローバリゼーションだというわけである。このようなグローバリゼーションを利用した利潤率上昇の手段として重要なのは、労働市場の統合によって低賃金労働者と相対的過剰人口を市場に大きく取り込むことによって、労働分配率を革命的に下げ、実質賃金の全体的抑制を実現したことであり、また資本市場の統合によって、金融オペレーションを飛躍的に拡大することによって、実物経済から金融経済へのシフトをこれまた革命的に実現して、利潤における利子部分をアップさせることで利潤率を上げたことであろう。

かくして、水野和夫は断言する。「グローバリゼーションとは『資本の反革命』を本質とする『国民国家解体のプロセス』である」「『資本の反革命』とは具体的には『利潤革命』のことである」と。(5)

＊

さて、それでは、このようにして国民国家と国民経済が没落し、衰退し、解体されようとする過程を通じて、これまでの近代世界システムが動揺するなかで、それに代わるものとしてどのような秩序が生み出されようとしているのだろうか。

2 「新しい中世」状況

ポスト近代の世界システム

イギリスの国際関係論学者ヘドリー・ブルは、一九七九年に書いた『アナーキーな社会』(*The Anarchical Society* 日本語訳題『国際社会論』[6])で、「現代主権国家システムに代わる選択肢」のひとつとして「新しい中世」を挙げ、その可能性について論じている。つまりは、近代世界システムに代わるポスト近代世界システムの可能な選択肢のひとつとして「新しい中世」を考えているのである。

ブルは、このような選択肢は無数にあるとしながらも、まず、きわめて基本的な変化ではあるが、「主権国家システムのある段階から別の段階への変移」にすぎないものとして、「非武装世界」(disarmed world 全般的完全軍縮が実現した世界)「国家連帯構造」(solidarity of states 国際連合のような組織が優位に立つ構造)「核保有覇権諸国連合の世界」(world of many nuclear powers)「イデオロギー同質世界」(ideological homogeneity) の四つを挙げ、それぞれが出現する可能性を論じている。[7]

このなかで特に興味深いのは、「イデオロギー同質世界」の可能性で、ブルは、これはイデオロギーの普遍的実現として超イデオロギー (単一のものに均質化された [homogenized] イデオロギー) が世界全体を支配するということではなくて、イデオロギーの普遍的実現が挫折したことによって生まれた「消極的代替物」(negative surrogate) の支配だと考えている。

ブルの考えはこうである。

カントは、フランス革命のイデオロギーを強く支持し、これを普遍的に実現するものとして「世界国家」(Weltstaat)あるいは「諸国民からなる国家」(civitas gentium)を理念化した。しかし、現実の前にそれは挫折し、『永遠平和のために』(*Zum Ewigen Frieden* 一七九五年)では共和的あるいは立憲的な国家連合という、彼の当初の理念の「消極的代替物」に妥協せざるをえなかった。自由主義世界体制とはそうした「消極的代替物」の普遍化なのだ。

一方、マルクスは、フランス革命のイデオロギーをのりこえるものとして、みずからを解放することを通じてすべての階級対立を止揚する存在であるプロレタリアートの手による世界革命によって、国家も民族も消滅するという無階級共産社会を展望した。しかし、そうした展望にもとづいて起こされたロシア革命は、世界革命を実現することはできず、マルクス主義者たちは、社会主義を掲げる国家の連合という「消極的代替物」に妥協せざるをえなかった。これが社会主義世界体制と呼ばれているものだ。

いずれもこのような意味で「消極的代替物」である自由主義世界体制と社会主義世界体制とが対立しつつ共存する状況のもとでは、「相対的なイデオロギー的同質性」が支配していたにすぎず、イデオロギー的に均一であったというよりもイデオロギー的相違に寛容であった(あらざるをえなかった)というのが実相なのである。だから、両者のいずれかが一人勝ちしたり、または両者がひとつに収斂したりして「イデオロギー的に同質的な主権国家システム」ができあがったとしても、それは「一種類の政治的・社会的・経済的システムをみんなで支持すると決めた」ということにすぎず、イデオロギー上で「普遍的な神聖同盟」(universal Holly Alliance)を結んだことを意味するだけなのである。(8) そこにおいては、「現在支配している政治的・社会的・経済的システムに異を唱えようとする者は、直接に関係する国家だけではなく、すべての国家によって形成されている社会（society of states）と対決しなければならないことになる」のである。(9)

ソ連が崩壊し、社会主義世界体制が消滅したあと、自由主義世界体制が世界を覆ったことによって自由主義的民主主義（liberal democracy）が超イデオロギーとして世界を支配したかに見えたが、その内実は、ここでブルがみずからの分析にもとづいて予見したとおりになっている。リベラル・デモクラシーによる世界統一が実現したわけではなくて、アメリカ主導の現代の神聖同盟が成立しただけなのである。それは、けっしてフランス革命以来の理想の世界的実現ではなかったし、フランシス・フクシマがいうような「歴史の終わり」（the end of history）を到来させるものではなかった。そして、そのアメリカ主導の現代神聖同盟も、ブルのいう意味での「イデオロギー同質世界」として普遍化されることはなかったのである。

ブルは、こうした「主権国家システムのある段階から別の段階への変移」にすぎないものの可能性を検討したあと、そうした段階にとどまらずに「主権国家システムを超えていくような普遍的政治秩序の代替形態」の可能性を検討している。ここで、ブルが挙げているのは、次の五つの可能性である。

① システムではあるが社会ではない形態
② 国家の集合ではあるがシステムではない形態
③ 世界政府という形態
④ 新しい中世という形態

⑤　非歴史的選択肢という形態

ブルは、近代世界システムとしての主権国家システムというものを、多数の主権国家という〈主体〉(subject)、主権国家間の相互作用という〈システム〉(system)、それ全体がある程度の共通した規則と制度をそなえているという〈社会〉(society)という三つの要素でとらえている。それにもとづいて、代替形態が考えられている。

つまり、①は〈主体〉である複数の主権国家が国際的な〈システム〉を構成しているが共通の規則や制度をそなえた国際的な〈社会〉を構成していない状態であり、②は依然として〈主体〉である主権国家群が存在し一定の規則と制度があって〈社会〉をなしてはいるが、おたがいの間に相互作用という〈システム〉が存在しない状態である、とされている。そして、③は征服によってであれ国家間の社会契約によってであれ〈主体〉である主権国家群が消滅して、世界を統治する単一の政府である世界政府という新しい〈主体〉のもとで〈システム〉と〈社会〉が組織されるケースであるわけである。また、⑤は過去には類例のない普遍的政治組織が出現するものだとされるが、これについてはほとんどのべていない。そして、④の「新しい中世」システム(new mediaevalism)について、ブルは、次のように考えている。

ブルのいう「新しい中世」

〈主体〉としての主権国家が消滅したとしても、それに代わって世界政府のような別の〈主体〉が一元的に支配するとはかぎらない、とブルは考えた。そして、〈主体〉自体が一元的ではなく多元的に、単層的にではなく重層的に、散らばり重なり合った統治がおこなわれる可能性がある、としたのである。

それは、ヨーロッパ中世世界の状況と似ている。ヨーロッパ中世においては、皇帝、国王、諸侯領主などさまざまな統治主体が、多元的・重層的なかたちで同時に存在しており、どの統治主体も、排他的で独占的な最高の統治権をもちえないような「分節社会」(segmented society) が成立していた。それと同じように、一方では主権国家より大きな規模の「広域的ないし世界的な権威 (authority)」、他方ではより小さな規模の「国家より下位の単位、民族より下位の単位」が、それぞれの構成員に対して主権国家に伍するだけの権威を確立し、ロイアルティを調達できるような状況が生まれれば、そこには「普遍的政治秩序の新しい中世的形態」が現出するだろう、[10] とブルは考えたのである。

具体的には、イギリスの連合王国 (United Kingdom) が依然として存在しながら、一方でスコットランドやウェールズなどが自律的な自治政府を形成し、他方でEUがこれら自治的統治主体と結びつきながら、権威とロイアルティを高めることによって、たとえばスコットランドの住民にとって、EU―連合王国―スコットランド政府という多元的・重層的なアイデンティティが生まれる、というようなことが考えられるわけである。

このようなものとしての「新しい中世」状況は、「重層的な複数の権威 (overlapping authorities) と交差する複数のロイアルティ (criss-crossing loyalties) から成る構造を通じて、一方で世界政府という形態において生じやすい権力の集中を排除しながら、他方で、非集中的であるにもかかわらず、すべての人民を単一の普遍的社会 (a universal society) へと結びつける」のであり、それによって「主権国家システム特有の危険」を避けることができるだろう、とブルはいう。しかし、同時に、このような統治主体が多元化・重層化した「新しい中世」状況においては、「近代国民国家システム以上に暴力と不安定がはびこり、絶えることなく広がっていくであろう」という面も指摘している。[11]

そして、この「新しい中世という形態」が現代世界政治において生まれつつある傾向を示すものとして、次の五つの特徴が現れてきていると指摘している。

① 諸国家の地域的統合
② 各国家の国内統合不全
③ 私的団体による国際的暴力の復活
④ 国境横断的な組織の擡頭
⑤ 世界的な技術の統一

ブルが、これを指摘したのは一九七九年だったが、その後、冷戦構造の崩壊やグローバリゼーションの進行を経て、これらの傾向は、さらに顕著なかたちで現れてきている。

世界は「新しい中世」状況に入りつつある

一九九六年の時点で、これらの傾向が著しく成長し、もはや「新しい中世」状況といっていい段階にまでいたっていると指摘したのは、国際政治学者の田中明彦であった。[12] その指摘を踏まえながら、さらに最近の動向をフォローしてみると、もはや世界は「新しい中世」状況に入りつつあることがわかる。五つの特徴について、それぞれ見ていってみよう。

《諸国家の地域的統合》

第一に挙げられている「諸国家の地域的統合」とは、いくつかの国家が集まってより大きな単位に統合をおこなおうとする傾向のことだが、この傾向はＥＵの発展に典型的に見られるだけでなく、米州自由貿易圏（Free Trade Area of the Americas 略称ＦＴＡＡ）構想、東アジア共同体（East Asian Community）構想など世界中で強まっている。

米州自由貿易圏は、一九九四年にスタートした米州地域三四ヶ国（キューバを除く南北米大陸諸国）で自由貿易地域を創設する構想で、域内の貿易や投資の障壁を取り除き、米州全体を一つの自由貿易圏に統合していくことで合意がなされている。この構想は、まだ妥結にはいたっていないが、従来の中米共同市場、南米南部共同市場（メスコール）をグレードアップしたもので、アメリカ大陸共同体の萌芽といえる。

二〇〇三年一二月の日本ＡＳＥＡＮ首脳会議宣言で合意された東アジア共同体の構築は、範囲をどこまでにするのかということからしてさまざまな異見があり、また理念的にも「自由と民主主義」を掲げるのかどうかなどで対立があって、前途多難であるが、自由貿易協定（ＦＴＡ）を柱とした経済連携協定（ＥＰＡ）は域内で着々と進行しており、東アジアサミット（ＥＡＳ）を軸にヨーロッパ、アメリカに次ぐアジアの域内統合へと向かっている。

《各国家の国内統合不全》

第二の「各国家の国内統合不全」とは、端的にいって、国民国家の内部分裂のことである。これは、一九九〇年代に入ってから、東ヨーロッパの旧社会主義諸国でユーゴスラヴィア、チェコスロヴァキアの分解などのかたちで現れてきたが、最近では、自由主義諸国においても、分離・独立の動きが活発になってきている。

たとえば、イギリスの連合王国でも、スコットランド独立が現実味をおびてきている。一九九七年に首相になったトニー・ブレアはスコットランド出身で、ブレア政権のもと、この年に国民投票がおこなわれ、スコットランド議会を創設することが可決された。これによって「イギリス＝イングランド」という通念が破られるきっかけがつくられ、二〇〇七年にはスコットランド独立を掲げるスコットランド国民党（Scotland National Party）が第一党になり、独立の是非を問う国民投票を実施しようとするにいたっている。

また、ベルギーでも、二〇〇七年総選挙後に連立に難航して政権ができない政治空白のなかで、フラマン系住民の独立運動が起こっている。フランスではブルターニュとコルシカに独立運動があり、スペインではバスクをはじめ、ほとんどの地方に独立運動がある。イタリアでも北部の分離独立の動きが続いている。

こうした国家分裂の動きが現実味をおびてきたのは、ＥＵという広域統合の枠が確立しているからで、現在の国民国家から離れても、ＥＵにリンクしていけば、たとえば通貨はユーロを採用すればいいし、資本、労働力も域内から導入できる。だから、「諸国家の地域的統合」の進展が、同時に「各国家の国内統合不全」を引き起こすという関係にもあるのだ。こうして、かつてブルが指摘した「ウェールズ、連合王国、ヨーロッパ共同体が、それぞれ世界政治の上で地位を確保しながら、そのいずれもが排他的主権（exclusive sovereignty）を要求しないような普遍的政治組織の新しい概念が明確化される機が熟している[13]」という状況が現実のものになりつつあるといえる。

《私的団体による国際的暴力の復活》

第三の「私的団体による国際的暴力の復活」とは、国家以外の集団によって行使される国際的な規模での暴力が復活し、またそのような集団がそうした暴力を行使する権利を主張している状況をいう。アルカイダによる二〇〇一年9・11のテロ攻撃以来の事態は、世界がまさしくこの状況に突入したことを示している。アルカイダだけでなく、ハマスやヒズボラも、アブ・サヤフやジェマ・イスラミアも、国境を越えて暴力を行使する非国家的武装組織として活動を活発化している。これによって、戦争が国家だけがおこなうものではなくなってきた。「対テロリズム戦争」（War on Terrorism）と呼ばれるものは、そうした非国家的武装組織と国家との戦争と考えられており、そのもとでアフガニスタンやイラクといった国家との戦争も、「テロリズム支援国家」との戦争として位置づけられているのであって、むしろ非国家的武装組織との戦争のほうが主流になりつつある。

また、国家の軍隊のほうも変質してきている。国民国家の大きな強みであった国民皆兵制は揺らいでおり、徴兵制度をとっているのは、先進大国のなかではドイツとロシアだけになっている。そのうえ、最近では「戦争の民営化」（outsourcing of war）が進んでいるのが特徴的で、一九九〇年ころに生まれた「民間軍事請負会社」（Private Military Firm 略称ＰＭＦ）が全世界で営業している。ブルッキングス研究所のピーター・Ｗ・シンガーによれば、現在大手数十社を中心に数百から数千のＰＭＦが活動し、その市場規模は少なくとも年間一〇〇〇から二〇〇〇億ドルぐらいと考えられている。そして、たとえば現在イラクで六〇以上のPMF、二万人以上が活動しているという[14]。これらのPMFは、単に後方支援活動などだけをやるのではなくて、元軍人を大量に雇って、実際の戦闘の業務もおこない、戦略・戦術のアドバイスや軍事教練まで提供している。まさに戦争の民営化であり、この面から見ても、軍事に私的団体の国際的暴力が導入されているといえる。

これに関連して、近代に特徴的だった「無差別戦争論」から「正戦論」へと戦争観が変化していることに注目しなければならない。すなわち、近代においては、戦争に正義の戦争も不正義の戦争もない、国際社会において正義は相対的なものだという「無差別戦争論」が支配的だったのに対して、一九九〇年代以降見られた戦争の変化のなかで、不正義の相手に対してみんなで正義の戦争を戦おうという「正戦論」が主流になりつつある現象が見られるのである。特に、9・11後にブッシュが打ち出した「無限の正義」(infinite justice)「悪の枢軸」(axis of evil) といった概念は、正戦論の典型である。

こうして、いまや、国際秩序は、それぞれの国民国家がもつ主権を価値中立的に認めて、その間の紛争を機能的に処理しようという関係から、護られるべき正義を掲げて、それを害する邪悪な存在の犯罪を摘発する戦争という治安維持的・警察的発想に支配された関係に移ってきているのである。これは、まさに「新しい中世」状況といわなければならない。

《国境横断的な組織の擡頭》

第四の「国境横断的な組織の擡頭」とは、多国籍企業のような経済組織、世界社会フォーラムのような政治組織、カトリック教会のような宗教組織、グリーンピースのようなＮＧＯ国際組織などさまざまな国境横断的（transnational）に組織され活動している組織が大きな影響力をもつようになる事態を指している。

多国籍企業が国民国家の枠を乗り越えて活動することによって主権国家システムを破壊しつつある状況については、すでにのべたが、多国籍企業だけではなく、さまざまな多国籍組織が国家以上の影響力を発揮するようになっている。田中明彦が指摘しているように、「グリーンピースのようなＮＧＯと、中級の国家、たとえばオーストラリアとどちらが権力があるか。たとえば、フランスの核実験再開に反対することにおいて、グリーンピースと南太平洋の沿岸国と比べて、どちらの影響力が強いか。同様に、日本がプルトニウムのフランスからの海上輸送をする時に、沿岸諸国とグリーンピースの動きのどちらに余計注意を払うだろうか[15]」といったら、もはやグリーンピースのほうがそれらの国家より影響力がある状況になっているのではなかろうか。

これら領域性に基礎をおかない組織が大きな影響力をもつようになるにつれて、部分社会が、領域性に基礎をおく国民国家という存在を迂回して直接国際的に結合して、独自の国際的ルールを形成し、世界的な社会的権力に成長することがますます容易になっている。これは諸国家の地域的統合とは別のかたちで、国民国家の衰退と主権国家システムの弱体化を促進している。

《世界的な技術の統一》

第五の「世界的な技術の統一」については、すでに一九七〇年代末の時点においても、それによって経済的な活動においても、社会的な活動においても、国境を越えることが容易になっており、「宇宙船地球号」(spaceship earth) あるいは「地球村」(global village) の形成を促進している、とブルはいっていたが[16]、その傾向は、一九九〇年代以降、情報通信技術の世界的統一によってますます顕著になっている。

「地球村」というのはマーシャル・マクルーハンの造語だが、そのマクルーハンがいっているように、情報通信技術のもとになっている電気技術によるメディアの拡張は、これまでの技術が人間の手・足・歯などの身体諸器官の外部化と拡張という性格をもったものであったのに対して、人間の神経組織の外部化と拡張を意味するものにほかならないといえる[17]。しかも、これまでの技術が部分的・断片的であったのに対して、全体的・包括的なものである。ＩＴは、このような二つの点に著しい特徴をもっている[18]。これは、一九九〇年代以降の世界的な技術の統一にとって、きわめて重大な意味をもつものであった。

というのは、そのような性格をもつ情報通信技術が世界的に統一されて推進されることは、いわば神経組織の統一的共有という方向をもっているからである。つまり、マクルーハンがいっているように、「電気時代にいたって、われわれは初めて全人類を自らの皮膚とするにいたったのである」[19]。すべての人間が地球規模の一つの閉じられた社会に包括されるようになったということである。この地球規模の閉じられた社会をマクルーハンは「地球村」と呼んでいるのである。

しかし、それと同時に、ＩＴの世界的統一は、世界的な規模での選択機会 (global option) の拡大と同時に、国民国家以下の規模での選択機会 (subnational option) の拡大をもたらしていることに注目しておかなければならない。

たとえば、モンゴルの遊牧民は、大草原で移動しつつ自給自足で暮らしながら、移動式住宅ゲルに風力発電装置を装備し、その電力で、ＢＳテレビ、パソコン、携帯電話を使って、世界中と交信し、みずからの商品であるカシミアの相場を把握して、ネットで取引するというふうに、自立した経済を実現している。これは、技術特にＩＴの世界的統一があってこそ、小さな単位の自立が可能になったという例であろう。

ここにも、世界的・地域的統合の方向と、部分社会ごとの自立の方向が同時に現出しているのを見ることができる。

そして、多国籍企業のグローバルな展開は、技術移転を不可避的に促進しており、技術の独占ができにくくなり、多国籍企業が進出した地域の技術的キャッチアップはますます迅速になり、グローバルな規模で技術の均等化が進んでいる。中国の急速な擡頭は、こうした技術移転が迅速におこなわれたことに大きく依拠していた。このような傾向は、今後、さらに技術の世界的統一を促進していくにちがいない。

＊

このように、一九七九年にブルが検討した「新しい中世」成立の指標は、今日では、ほぼ現実のものとなり、世界は「新しい中世」状況に入りつつあると考えられる。ただ、近代世界システム、主権国家システムが崩壊し、無秩序な世界になっている、もしくはそれに代わるシステムがすでに建てられているというわけではなく、いまだ過渡的な状況にあると考えられる。だから、「入りつつある」

と表現したのだが、さほど遠くない将来に「新しい中世」状況が全面的に支配するようになるのはまちがいないように思われる。

世界に「新しい中世」が到来しつつある。

では、その過渡にあって、我々はやってきつつある「新しい中世」状況にどう対応したらいいのだろうか。

3 「新しい中世」状況への対応

「新しい中世」状況の中心問題

「新しい中世」状況にどう対応するかということを考えるために、こうした状況に入ることを通じて我々が直面している中心的な問題とは何なのか、をまず考えてみる必要がある。

すでに見たように、資本が国家とリンクして発展していく時代が終わり、資本が国家とリンクしていてはこれ以上発展できない時代に入ったことが「新しい中世」状況を生み出したのである。このために、政治的には国民国家、経済的には国民経済という近代世界の基本単位が揺らいできて、基本単位としての座を保てなくなってきているのである。

このとき、かつては国民経済―国民国家が連動しあいながら、国民経済―国民国家の外部にあるものから収奪し、外部にあるものを搾取し、それを内部に還流させることを通じて、内部を統合し収斂していくというかたちをとった。だから、国内統合が進むにつれて基本的に内外格差が拡大されていく方向に進んでいたのである。ところが、資本が内部における国民経済—国民国家の連動を断って、むしろ外部と国境を越えて統合していく方向を採るようになると、広域的・世界的経済圏が国民経済圏と併存・重合するようになった結果、これまで国民経済内部に還流していたものを外部である広域的・世界的経済圏に流出させるようになったのである。そのために、国民国家内部においては、そうした広域的・世界的システムとリンクしたものがどんどん伸びていき、リンクできないものが衰えていくというかたちで、国内格差が拡大していく方向に進んでいくようになったのである。

この点について、水野和夫は、総括的に「近代は国民に均質であることを要求したが、グローバル経済の時代には国家単位の均質性は消滅する運命にある」[20]として、「英国が産業革命に成功して工業化していく過程で、インドの生活水準は低下していった。……二一世紀は英国とインドで起きた上下への格差（収斂しない）が国内で長期にわたっておきても不思議ではない。……すでに日本国内で英国とインドの関係が一〇年超にわたって起きているのである」[21]と指摘している。つまり、いま外部的な広域的・世界的システムへの統合と内部的な国内システムの分断とが同時に進行することによって、かつて南北問題に象徴されたような水平的な内外格差が、いまは「格差社会」といわれる垂直的な階層格差へと構造化されるようになっている、ということである。日本と東南アジアの間に存在した格差が、日本のなかの上流と下流の間の格差に転移し、水平的だった格差の構造が垂直化されてきているのだ。

こうしたなかで、単に経済の問題だけでなく、政治的にも社会的にも文化的にも、国民国家への収斂が不全となり、広域的・世界的な方向へ拡散していく現象が進行している。そうした過程を通じて、かつてのように国民国家・国民経済を世界共通の基本単位とするシステムを保つことができず、政治的・経済的・社会的・文化的な主体と単位が多元的になり重層的になっているところに、「新しい中世」状況の中心問題があると考えられる。

そして、広域的・世界的な統合という「より大きな単位への統合」と部分的・個別的単位の自立という「より小さな単位の自立」とが相関しあいながら同時に進んでいる点に着目しなければならない。この「より大きな単位への統合」と「より小さな単位の自立」は、普遍化の方向と特殊化の方向、全体化の方向と個別化の方向というふうにとらえることもできる。「新しい中世」状況においては、これまでの基本単位が衰退して、より大きな単位とより小さな単位がそれぞれに力をもって多元化・重層化しているというだけではなく、その多元化・重層化の運動自体が、普遍化・全体化へ向かう運動と特殊化・個別化に向かう運動という相反する運動を同時に含み、しかもその両者が相反しあいながら強めあっている事態が観察されるのである。

ネグリとハートの〈帝国〉

このような「新しい中世」状況の中心問題をそれなりに的確にとらえて、それへの対応を打ち出しているのがアントニオ・ネグリとマイケル・ハートの『〈帝国〉』(*Empire* 二〇〇〇年)[22]である。

この著作のなかで、権力の「より大きな単位への統合」＝普遍化＝全体化は、〈帝国〉(Empire) としてとらえられている。すなわち、彼らが新たに打ち出した概念である〈帝国〉とは、国民国家の主権が衰退してきているなかで、国民国家のように領土に依拠し中心を構成するような権力ではなく、

「脱中心的で脱領土的な支配装置」[23]として現れてきているのである。それはまた、「市場と生産回路のグローバル化」にともない「グローバルな交換を有効に調整する政治的主体」[24]として現れているネットワーク状の権力であるとされる。

これに対して、衰退する国民国家の統合から不完全ながら解き放たれて自立したより小さい単位の主体が、これまたネットワーク状に集合したものが「マルチチュード」(multitude) と呼ばれている。これは、私が「より小さな単位の自立」＝特殊化＝個別化と表現したものに対応しているかに見える。しかし、ネグリとハートは、このマルチチュードは、〈帝国〉から切り離されたところに個別的にローカルな自律性を建てようとするものであってはならず[25]、あくまで「グローバリゼーションの諸々のプロセスを再組織化して、新しい目的に向け直す」ことを任務とする「対抗‐〈帝国〉」(counter-Empire) でなければならない[26]、としている。ここが私の考えとは大きく違う[27]。

ネグリとハートは、ドゥルーズとガタリに拠りながら、「資本のグローバル化に抵抗することよりも、むしろそのプロセスを加速させること」が必要だという立場をとり、「グローバルに思考し、グローバルに行動する」ようにしなければならないという。そして、「グローバリゼーションには対抗‐グローバリゼーションを」「〈帝国〉には対抗‐〈帝国〉を」という対決軸を立てるのである[28]。

こうした考え方は、ネグリとハートの権力観に淵源をもつもので、彼らは、ミシェル・フーコーらポスト構造主義の「権力者なき権力」「生かす権力としてのバイオの権力」といった権力観を継承して、〈帝国〉権力自体を「世界空間全体にまで及ぶような広域にわたる正統性の生産」としてとらえ、しかも漸次的に形成されるものではなく「新たな秩序がもうすでに構成されているかのように」最初から進行するものとしてとらえているのである。[29]

フーコーのいう「バイオの権力」(bio-pouvoir) とは、現代の権力は、かつて権力者が社会の構成員の生命を掌握して、死の恐怖によって服従を組織していた「殺す権力」「死の権力」から、社会の構成員の生命を管理経営して、生を維持し拡張していくことによって自発的な服従を生成させる「生かす権力」「生の権力」へと変貌しているとする論であった。[30] これを受け継いでいるから、ネグリとハートのいう〈帝国〉権力は、ローマ帝国や大英帝国のように、帝国中枢権力がほかの国や地域の人民を力をもって支配するようなものではなくて、国や地域の間、人民の間に自発的な服従を世界大に生成させていくような世界的な「バイオの権力」(biopower) として考えられているのである。

そして、〈帝国〉権力がそういうものだから、それに対抗するには、それが自発的に生成されるものとして組織してくる「生の維持拡張」のモードに対して、別のモードを対抗的に形成する必要がある、ということになる。それをもたらすのが、みずからを単数・一様性としてではなく多数・多様性として認識するマルチチュードの「生政治」(biopolitics) である、とされる。それは、結局のところ、生に対する姿勢を変えることにつきてしまうことになる。そこにはまた、ドゥルーズ＝ガタリが『アンチ・オイディプス』でいう「欲望機械」が無制約に作動することを至上とする考え方がうかがえる。

このようなとらえかたでは、さきにのべたような、グローバリゼーションを通じて広域的・世界的な統合がされていく過程で、多元的・重層的なかたちで主体、単位が自立していく契機が無視されてしまう。まったくの無視ではないが、〈帝国〉とマルチチュードというかたちで、それぞれに一括して一体化されることによって、統合と自立がそれぞれにもっている多元性・重層性、個々の自立性が否定されてしまう。

このように非構造化――「状態」化された世界である〈帝国〉というとらえかたにおいては、グローバル化する資本がみずからを政治的に実現していく際には、現在政治的権力を独占している国家を通して、資本の意志をたとえばアメリカ（ＵＳ）の政治的意志、イギリス（ＵＫ）の政治的意志として実現しているのだということが事実上無視されてしまう。そこにおいては、資本のような社会的権力と、国家のような政治的権力が、近代においては分離されたうえで関係しあっているという構造が看過され、そうした分離の上に構築されている近代世界システムの構造自体が、いわば「跳び越えられて」しまうのである。

また、同じような意味で非構造化されたマルチチュードは、ただ多数・多様性を保持するだけで、多元的・重層的な態様を無視され、世界的な主権としての〈帝国〉に対する対抗‐〈帝国〉として一元化・単層化されてしまう。そのようにして一元化・単層化されたマルチチュードの多数・多様性を全面肯定するだけでは、やはり同じように多数・多様性を全面肯定して、それをタギングによって多数・多様性のままデータバンクに取り込み、ネットワークを通して統合していっている現在進行中の「グーグル・アマゾン型支配」に吸い込まれていくだけなのではあるまいか[31]。

生世界の編成替えと管理権力

しかし、このフーコー＝ネグリ／ハートの系列の考え方は、「新しい中世」に対する対応において、貴重な示唆をあたえてくれてもいる。それは、いまのべたフーコーの「バイオの権力」(bio-pouvoir)

とその展開としてネグリとハートが提起している「規律社会・規律権力から管理社会・管理権力への移行」という論のなかに含まれている。これについて、ネグリとハートは、フーコーに依拠しながら、次のように論じている。(32)

近代における「規律社会」(disciplinary society) は「さまざまの慣習・習慣・生産的実践を生み出し、規制するようなディスポジティフ［諸力の配置・装置・メカニズム］または装置の分散したネットワークを通じて、社会的指令がそのなかで打ちたてられる社会」であった。そうした社会においては、「規律権力」(disciplinary power) が、監獄、工場、学校、病院といった規律的諸制度を通して、支配への服従を組織していた。

ところが、近代の終わりにいたって、ポストモダンへ向けて開かれた社会として「管理社会」(society of control) が生まれている。この社会においては、「管理権力」(power of control) がコミュニケーション・システムや情報ネットワークを通じて脳を直接に組織し、福祉制度や監視された活動などを通じて身体を直接に組織するようなマシーンを駆使する。そして、そのようなマシーンの駆使によって、脳と身体を「生の感覚や創造性への欲望」から「自律的な疎外状態」(a state of autonomous alienation) へ向かって編成し直していくのである。

一九六〇年代後半に、アメリカ、フランスをはじめとする先進国で、管理社会の成立が問題にされたことがあった。それは、「自発的服従」「管理委譲」「私生活管理」をともなうものとしてイメージされていた点で、ポストモダンの管理社会論と共通したものだった。だが、そこには、管理社会の管理権力である、中央管理センターやパワーエリートのようなものが支配の主体として想定されていた点に大きな相違があった。その点では、いまだに規律権力が統べる規律社会の枠組が残っていたのだ。[33]

こうした「規律社会・規律権力から管理社会・管理権力への移行」は何を生み出したか。「規律社会においては、権力と個人との関係は静態的なものにとどまっていたのだった。つまり、規律権力の侵入には、個人の抵抗が対応していたわけである。これとは対照的に、権力が全面的で生政治的なものになるさいには、社会体［social bodies 社会の身体］全体が権力機械［power's machine］によって構成され、その機械の潜在性のなかで展開されることになる。この関係性は開かれたものであり、質的かつ情動的なものである。社会構造とその発展過程の中枢にまで到達した権力の内部に包摂されてしまった社会は、まるで単一の身体のように反応するのだ。このようにして権力は、全住民の意識と身体の深奥にまで行き渡ると同時に、社会的諸関係の総体を横切って拡がっていくような管理として表現されることになる」[34]

このような「規律社会・規律権力から管理社会・管理権力への移行」を、産業社会から脱産業社会への移行にともなう社会の中心技術——社会の再生産をおもに担当する技術——の交替によって生世界（Lebenswelt）[35]が編成替えされていく過程としてとらえなおすことができるのではないか。[36]

ここでは、まえに少し触れたマクルーハンの「人間拡張」（extension of man）という概念が事態を解明するのに有効なのではないか、と思われる。[37]マクルーハンは、医学・生理学の知見にもとづきながら、人間は、均衡維持のために、みずからの身体諸器官やその機能を外部化して拡張する、と考えた。[38]そして、メディアというものを広く、このような外部化され拡張された人間の諸器官としてとらえた。だから、言語、貨幣、道具、機械、すべてがそのような意味でのメディアとしてとらえられる。このとき、新たなメディアが人間の拡張として外部化されると、新たな均衡をつくりだすために、そのメディアの形式や特性に応じて、人間の身体諸器官およびすでに拡張され外部化されているものとの比率関係を変えなければならず、それによって人間の感覚、知覚、思考の様式が変革される、とマクルーハンは考えたのである。そのような変革のうち、これまでもっとも巨大な変化をもたらしたのがグーテンベルクの印刷術の発明による活字メディアの導入であった。そして、それに続く巨大な変化が電波メディアと電子メディアの登場によってもたらされている、とマクルーハンはいう。

産業社会においては、人間の手・足・歯などの身体諸器官の外部化と拡張である機械体系が、逆に人間の身体を機械体系の器官とするかたちでみずからを展開していた。こうした逆向きの事態については、マクルーハンに拠らずとも、たとえば日本の哲学者・下村寅太郎がすでに一九四二年に「近代の超克の方向」で指摘しているところである。「現代に於てはもはや単なる肉体は現実的には存在してゐないのである。現代の身体は機械を何らかの仕方に於て自己のオルガンとしてゐるオルガニズムなのである」と下村はのべていた。[39] これと同じことを、マクルーハンは、より文学的に、次のように表現している。「植物界では蜂が植物の生殖器官になるように、人はいわば機械の世界の生殖器官になり、機械を受胎させ、新しい形態をいつも生み出していくのである。機械は人間の愛情に応えて、人間の願望や欲求に即応し、富を用意する」[40]

ところが、電波メディア、電子メディアによって組織される脱産業社会では、これとは根本的に異なった感覚、知覚、思考の様式変革が起こっている。そこでは、人間の手・足・歯などではなくて、「人間の中枢神経組織自体の生きたモデル」を外部化し拡張するのである。(41) そして、人間は、そのようにしてネットワーク状に外部化され拡張された神経組織のなかに、みずからの身体を入れる。こうして個々の人間は、外部化された神経組織ネットワークの結び目になるのである。マクルーハンは、こうのべている。(42)

「われわれは、自分の身体を、拡張した神経組織の中に入れて、一つの原動力をつくり上げる。その原動力によって、手、足、歯、体温調節器官の単なる拡張であった従来の［産業社会の］技術（都市も含めてみんな身体の拡張であった）は、すべて情報組織に移しかえられることになるだろう。電磁気の技術は、いまや頭蓋骨の外側に脳を持ち、皮膚の外側に神経をそなえた人間に相応しい、人間の完全な素直さと瞑想的静かさを要求する」

このようにして、脱産業社会の新しいメディアは人間の生世界の編成を根本的に変えていく。(43) そして、それに応じて、従来の規律権力では管理ができなくなり、新たな管理権力が形成されてくるのである。政治的・経済的・社会的な「新しい中世」状況の根底には、我々の感覚、知覚、思考の様式自体を包み込みつつあるこうした生世界の変容、そしてその変容にうながされて醸成されてきた新しい生権力《ビオプゥヴォワール》の活動——それはマクルーハンのいう「人間の完全な素直さと瞑想的静かさ」を組織していくことによって成立していくのだ——があることを見ておかなければならない。

生政治——社会が政治を再吸収する

ここで同時に見ておかなければならないのは、このような生世界の変容が、新しい生権力《ビオプゥヴォワール》を醸成してきているだけでなく、そうしたかたちでの包括をのりこえる条件をも生み出しているという点である。

ネグリとハートは、「[電波メディア、電子メディアを通じてもたらされている]コミュニケーション・ネットワークの発達は、新たな世界秩序の出現と有機的に関連している」として、その「新たな世界秩序」について、「近代権力の理論が、超越的なもの、すなわち生産的・社会的諸関係の外部にあるものとみなすように強いられていたものが、ここでは、生産的・社会的諸関係の内部において、それらに内在しつつ形作られるのである」としている[44]。

つまり、近代において超越したものとして社会的なものから分離されていた政治的なものを、ふたたび社会の内部にとりもどすような作用が働くというのである。ここで明示されないままに語られているのは、社会による国家の再吸収なのである。この作用をネグリとハートは「社会的空間の政治的綜合」(the political synthesis of social space)と呼んでいる。

カール・マルクスは、社会における自由権と国家における公民権の区別について、次のように論じていた。すなわち、フランス革命において一七九一年の人権宣言で「自由は、他人を害しないすべてをなしうる権能にある」と規定され、あるいは一七九三年憲法で「自由とは、どの他人をも害しないすべてのことをしたりやったりできる権利である」と規定された自由権は、この規定からしても、他人との結合においてこそ成り立つものである「公民」(citoyen)としての権利とは区別された意味で、他人とは分離された「ただの人」(homme)としての権利であり、したがって、「自由という人権は、人間と人間との結合にもとづくものではなく、むしろ人間と人間との区別にもとづいている」[45]「利己的人間の、人間と共同体から切りはなされた人間の権利にほかならない[46]」とするのである。

そして、このようにして政治的国家と市民社会を分離し、いわばそれぞれにおいて棲み分ける構成を創り出したこと、そして、それを通じて、外枠として公共の福祉を設定することによって、その内にある市民社会においては、孤立したモナド（単子）としての個人が、みずからの私的所有権にもとづいて、「すべてのことをしたりやったりできる権利」を「安堵」したこと、ここに近代の国家と社会の特質を見たのである。

だから、マルクスにとっては、公民としての権利、民主主義的平等は「非現実的な普遍性」ととらえられる――「人間が類的存在だと考えられている国家のなかでは、人間はある仮想的な主権の空想的成員であり、その現実的な個人的生活をうばわれて、人間は非現実的な普遍性でみたされている[47]」――のであって、ここからマルクスは、あくまで現実的で感性的な個人に立脚しながら、その現実的で感性的な個人が「利己的人間」「人間と共同体から切りはなされた人間」として現れてきてしまう（現れてこざるをえない）社会を変革することが必要だと考えて、社会革命のための権力奪取としての政治革命へという方向で考えていったのである。

ここでマルクスは、社会そのもの――この場合は近代市民社会――の自己運動のなかに、社会へ政治を取りもどしていく作用、現実的で感性的な個人のなかに他人との結合においてこそ成り立つ公民を取りもどしていく作用が働いていくとは考えていなかったので、アナキズムのような直接的な社会革命ではなく、政治革命を通じた媒介的な社会革命を考えたのである。

ところが、いまや事情は変化してきたかに見える。「社会構造とその発展過程の中枢にまで到達した権力の内部に包摂されてしまった社会」においては、権力の政治が社会的なものになると同時に、社会そのものの運動が、そのまま政治的にならざるをえないからである。新しいバイオの権力は、「公民」としての個人を組織するだけでなく、「ただの人」としての個人をも組織しなければならないし、現実に国境を越えて組織しつつある。ここにおいて、資本のグローバリゼーションと新自由主義とは深く結合しているのである。

それに対して、国境の内部に確立されている「公民」としての法＝権利（Recht）をもって対抗することは、ある程度はできるし、しなければならないが、決定的な限界がある。それはグローバルな組織化に対して、ドメスティックに対抗するのでは限界があるという理由からだけではなく、「公民」と「ただの人」の分離をのりこえておこなわれている組織化に対して、「公民」の領域だけで対抗するのでは限界があるからにほかならない。

このように進行しつつある「ガヴァメントなきガヴァナンス」（政府なき統治：governance without government）[48]は、それ自体が統治される側におけるセルフ・ガヴァメント（自己統治：self-government）を喚起し、醸成せざるをえないのである。そして、こうして醸成されたセルフ・ガヴァメントは、下から政治を社会に取りもどしていく方向に進むのである。そのときの「政治」は、市民社会と政治的国家の分離の上に立った近代的な意味での政治とは質を異にするものであり、むしろ中世における諸身分、諸団体の内部に成立していた自治秩序の運営と共通するところをもつものである。こうした方向こそが「新しい中世」状況に対する「新しい中世」的対応として必要とされているのではないだろうか。

ハーバーマスの世界市民状態

ネグリとハートは、しかし、まえに見たように、このようなかたちで下から社会が政治を取りもどし、部分社会の自治秩序を形成していくことは「ゲットー」をつくることにしかならないとして否定する[49]。また、グローバリゼーションと新自由主義に公民としての法＝権利をもって対抗することも、近代的な地平に固執する反動として否定される。そして、国民国家の衰退と解体を積極的に助長しながら、近代システムの残滓をいっさい跳び越えて、国民国家をポストモダンの方向にのりこえていくことをめざすのである。

こうしたポストモダンの方向を強く批判しながら、またいまのべたような部分社会の自治秩序形成をも否定し、もっぱら近代的な法＝権利を国民国家の枠を越えて普遍化していく方向を提起しているのが、ユルゲン・ハーバーマスである。ハーバーマスは、一九九六年に刊行した論文集『他者の受容』(*Die Einbeziehung des Anderen*)[50]で、この問題を主題的に論じているので、おもに同書に拠りながら、その議論を見ておくことにする。

ハーバーマスも、グローバリゼーションが国民国家の政治的正統性と社会的統合のいずれをも揺るがせ、それによって国民国家が危機に瀕していることを認めている。しかし、国民国家を「廃棄」するようないっさいの方向に反対する。そうではなくて、国民国家がになっていた「国家」の機能を「国民」から切り離して、国民国家を超えた政治主体に委譲することによって、国民国家を「止揚」することを提起するのである。――「国民国家は廃棄ではなくむしろ『止揚』されるべきである[51]」

ハーバーマスは、国家の機能は依然として必要とされていると考えるが、それがうまく働かなくなって危機に陥っているのは、国民という狭い枠にとらわれているからだ、と考えているのである。そして、この狭い枠から解き放って国家の機能をより上位の単位に包括（Inklusion）するための方法として提起されているのが他者の受容（Einbeziehung）という戦略なのである。つまり、国民という想像の上においてではあれ「同質」と見なされている仲間集団を基盤にして法＝権利を構成していくのではなく、さまざまな意味で「異質」な分子をそのままおたがいに受容しあうような非仲間集団をつくりあげ、それを基盤に法＝権利を構成していこうとするのである。

このような構成においては、他者というのは、同じ人間として関係し合えるはずなのに、現実には関係を結べないでいる者どうしのことであり、そのような者どうしの間で恒常的なコミュニケーションがおこなわれうるような構造を「グローバルな公共圏」としてつくりあげていこう、というのが「他者の受容」なのである。こうした発想は、「誰もが『人間』であることから生ずる根源的権利[52]」としての人権は、国民というような社会的あるいは文化的な統合を基盤にしては実現しえず、そのような基盤から離れた世界市民というレヴェルでこそ実現しうるという考え方に立脚している。実際に、ハーバーマスは、人権が「人間である限りの全員が所有する権利としての超実定法的妥当性を持つ[53]」という側面にもっぱら依拠しているのであって、そこから、まえに触れたように、カントが『永遠平和のために』で共和的あるいは立憲的な国家連合という「消極的代替物」に妥協するまえに掲げていた「世界市民法」にもとづく「世界市民的共同体」というもともとの理想的な構想にもどっていき、それをあらためて実現しようとするのである。——「世界市民法成立のポイントは、国際法の集団的主体である国家を飛び越えて、個人に法主体としての地位を付与することにあり、その地位のために、自由で平等な世界市民の連合に構成員資格を直接に根拠づけることにある」[54]とハーバーマスはいうのだ。これがハーバーマスのいう「世界市民状態」である。

ハーバーマスは、こうした世界市民状態を世界市民的民主制に拡張・発展させる展望についても語っている。それは、各国政府からではなく各国国民から直接選挙された代表からなる世界議会という立法機関、個別にその都度設置されてきた国際犯罪法廷を恒常的なものとして制度化した世界司法裁判所という司法機関、行為能力ある執行機関へと拡張・再編成された安全保障理事会という行政機関を三権分立のかたちでそなえたものであり、「世界共和国」と呼びうるものであろう。

さきほど問題にした「公民」(citoyen)としての権利と「ただの人」(homme)としての権利の区別でいえば、こうしたハーバーマスの世界市民状態の構成は、「公民」としての権利を無限定に普遍化することによって、その極度に普遍化されて道徳とほとんど一体化してしまったもののなかに「ただの人」としての権利を飲み込んでしまうことを意味している。ということは、近代的構成が、自由権の根拠とした「ただの人」としての権利、存在《ザイン》としての権利を認めないということであり、それを当為《ゾレン》としての道徳で覆ってしまうということになる。これは、ポストモダン思想が批判してやまない「寛容の強制」による「生かす権力」の機制と同じである。ハーバーマスは、それを「道徳の実定法化」だと認め、「道徳を法の適用や貫徹のための法的手続きを伴った実定法のシステムへと民主的に変換すること」[55]を提起しているのである。

だが、マルクスがすでに明らかにしていたように、近代において「国家が、生まれや身分や教養や職業を非政治的な区別であると宣言するとき、国家がこれらの区別にかまわずに国民のあらゆる成員を国民主権への平等な参加者であると布告するとき、国家が現実の国民生活のすべての要素を国家の見地から取扱うとき、国家は、生まれ・身分・教養・職業の区別を国家なりの仕方で廃止している。しかし、だからといって、国家は、私的所有や教養や職業がそれらなりの仕方で、すなわち私的所有として、教養として、職業として、作用し、それぞれの特殊な本質を発揮するのを妨げはしない。国家は、これらの事実上の［faktisch:「実際上の」「実質的な」という意味を含む］区別を廃止するどころか、むしろその区別を前提としてはじめて存在し、自己を政治的国家として感じるのであり、自己のもつこれらの諸要素と対立することによってはじめて国家は自己の普遍性を発揮するのである[56]」

だから、そのような国家のなかでは、すなわち政治的な領域においては、人間は現実的な個人的生活をいっさい捨象した存在として平等だとされるのだが、そうされることによって、かえって現実的な個人的生活のなかでは、すなわち経済的な領域においては、私的所有や教養や職業の区別が前提とされ、情け容赦なく不平等を強いられることになるのである。ハーバーマスのいう「世界市民状態」は、これをそのまま国民国家から世界市民的共同体にグレードアップしたものにすぎない。しかも、近代国民国家は、そのような政治的国家の機能を国民という社会的あるいは文化的な統合を基盤におこなっていたのに対し、ハーバーマスの世界市民状態は、そうした社会的・文化的統合をいっさい排除し、「人間としての同質性」という悟性的・抽象的な形式にのみ基盤をおこうとするものであることによって、より一層空疎なものとなっているといわなければならない。

量的個人から質的個人へ

ハーバーマスの構想は、彼自身がいっているように、「未完のプロジェクト」としての近代をやりなおすことなのであり[57]、その意味では「再啓蒙化」(Wiedererklärung) の企てにほかならない。そして、その再啓蒙化において、彼が国家を跳び越えて、あらためて法主体としての地位を付与しようとする個人は、あいかわらず「人類を分割したもの」としての近代的個人なのである。

社会学者のゲオルク・ジンメルは、量的個人主義 (quantitativer Individualisumus) と質的個人主義 (qualitativer Individualisumus) を区別し、一八世紀以来の啓蒙主義が立脚したのは量的個人主義だったのに対し、一九世紀に中世への回帰のなかから生まれ出てきたのは質的個人主義であったとした[58]。ジンメルがいう量的個人主義とは、人間にとって普遍的な理性というものを分有している者としての個人を尊重することを意味していた。つまり、尊重されるのは人類のもつ理性なのであって、個人というのはそうしたものとしての人類を単一の単位に分割したものとしてとらえられるのである。だから、それは理性の個人主義であり、単位存在 (Einzelheit) の個人主義、抽象的な個人主義である。そこで問題の基軸となる対概念は普遍と特殊であり、基本的には普遍の方向に特殊を包括する考え方である。普遍である人類に向きあっている特殊である個人は、人類に包摂されていくことでみずからの特殊性を克服していく、というわけである。そうした個人はあくまで他者との「類似」によってとらえられる。みんな自分と同じなんだから、個人をおたがいに尊重し合わなくてはならない、という論理である。これが、啓蒙主義が立脚していた個人主義であった。

それに対して、質的個人主義とは、一人ひとりがもっているかけがえのない個性を尊重することを意味しており、人類というものを考えるにしても、それは個性の集合につけられた名前にすぎない、とされた。この点では、人類の分割として個人をとらえる量的個人主義と、個人の集合として人類をとらえる質的個人主義とでは、正反対ともいえる。この質的個人主義は、個性の個人主義であり、唯一存在（Einzigkeit）の個人主義、具体的な個人主義である。そこで問題になる対概念は絶対と個別であり、基本的には絶対である超越者に呼び覚まされた個である個人が絶対を求めていくという考え方である。ここでは、個人は他者との「差異」によってとらえられる。みんな自分とはちがうのだけれど、それぞれが独特のやりかたで絶対と向きあっているだから、そのやりかたの独特さが尊重されなければならない、ということになる。これが、啓蒙主義に反撥して中世に回帰しようとしたロマン主義の個人主義であった。

ジンメルは、『社会学』のなかで、この量的個人主義と質的個人主義の違いを、自由と平等との関係をどうとらえるかの違いとして、考察している[59]。自由と平等は、啓蒙主義においては調和するものとして考えられていたが、ロマン主義においては対立するものとしてとらえられるようになった。だから、啓蒙主義においては、人類の分割として原子化された個人が個々に自由にふるまってこそ調和がもたらされると考えられたのであるが、ロマン主義においては、そうした原子化による平等が自由を疎外すると考えられたのである。これは、思想の違いであるとともに、時代の違いでもあった。一九世紀には、啓蒙主義が考えていたような調和が自然にもたらされるように見える時代が終わっていたのである。

だから、一九世紀の質的個人主義は、唯一存在（Einzigkeit）としての個人の自由に立脚しながら、いかなる調和がもたらされうるか、という問題を考えたのである。そのとき、彼らが到達したのは、中世にあった「多種多様な構成員を有機的に統一する全体」という観念であった。つまり、一八世紀啓蒙主義の自由競争の理念に対して、有機的分業の理念を掲げたのである。自由競争の精神的基礎が量的個人主義だったのに対し、有機的分業の精神的基礎が質的個人主義だったのである。ここからは、一方でジョン・スチュアート・ミルの『自由論』のような方向も、マルクス＝エンゲルスの『ドイツ・イデオロギー』のような方向も、クロポトキンの『相互扶助論』のような方向も出てくる。

これに対して、量的個人主義は、社会を構成する単位は単位存在（Einzelheit）としての個人でしかありえないとみなしていた。その典型はジェレミー・ベンサムだ。ベンサムは、単位存在としての個人が、苦痛を避け快楽を求めようとして行動する、その行動を制御することによって調和がもたらされると考え、その調和をプルーストリーがいう「最大多数の最大幸福」に見た。そして、ベンサムは、快楽・幸福を主観的なものから客観的に考量できるものに転化できればその制御ができると考え、その方法を功利主義（utilitarianism）と名づけたのである。

ベンサムは、このようにあくまで単位存在としての個人が各自幸福を追求していくことができるためには、中間集団、部分社会の束縛をいっさい排除していくことが必要だと考えた。また、快楽・幸福の客観的考量を可能にするには、道徳から文化価値を排除し、計量して取り扱えるものにしようとした。このように徹底的に構成員が原子化され、文化的紐帯が取り除かれた社会を解体させせないためには、規律権力が必要になる。だから、ベンサムが、ミシェル・フーコーが規律権力の象徴として採り上げた監獄の〈一望監視施設《パノプティコン》〉（panopticon）の考案者であったことは偶然ではない。フーコーがいうように、一望監視施設《パノプティコン》は、「個人化と同時に全体化」「孤立化と同時に透明化」を実現することを主題としたものだったからである[60]。

これが、啓蒙主義が基礎とした量的個人主義の行き着く先であったことを、いまあらためて同じ量的個人主義に拠りながら再啓蒙化を図ろうとしているハーバーマスの世界市民状態構想を考えるときに忘れてはならないだろう。ハーバーマスが「国家を飛び越えて法主体としての地位を付与する」としている個人は、普遍的な理性をそなえた人類の分割としての量的個人なのである。そして、ハーバーマスは、ベンサムと同様に、国家だけでなく中間集団、部分社会をも跳び越えて、社会的・文化的統合を排除する。そして、このようにして原子化された個人と全体システムを、いくつかの審級を通して、媒介していこうとするのである。その過程で、道徳は考量可能なものである実定法のシステムに変換されていく。だから、ハーバーマスの論理は、功利主義そのままではないが、修正功利主義の色彩をおびてくるのである。

ただ、近代国民国家の終焉を前にして、こうした啓蒙主義的ないし再啓蒙主義的枠組にとって必要とされてくる権力は、おのずから異なったものになってくる。ベンサムの一望監視施設《パノプティコン》のような近代的な規律権力ではなくて、ハーバーマスのいう「民主的な」世界市民政府としてのポスト近代的な管理権力が必要とされてくるのである。

質的個人と自治社会の再興

近代の終わりと「新しい中世」を目の前にして、我々は、むしろ、ジンメルのいう質的個人にもどらなければならないのではないか。それは、一九世紀のロマン主義者たちが、ヨーロッパ中世社会のなかに再発見した個人であった。ロマン主義の哲学者、フリードリッヒ・シュライエルマッハーは、『独白』のなかで、こうのべている。[61]

「人間性は外観上は切れ切れに見えるような同形の要素の集塊として存在する」わけではなく、また、「人間の精神の特殊な形態が全く内的な理由なしに、外的な仕方で、ただ摩擦と接触だけによって一時的な現象の連結した統一になる」のではない。そうではなくて、それぞれの個人が「人間性をそれぞれ独自の仕方で表現すべき」なのであり、「しかも人間性の胎内から生まれる種々のものを残らず時間と空間との充実のうちで実現するために、各人は人間性の要素を独自に混和すべき」なのである。

つまり、有機的全体というものは、それそのものとしては姿を現すことができず、むしろ限定された個体的存在のなかにこそ、自己を表出してくる、というのがシュライエルマッハーの考え方なのであり、これが質的個人主義なのである。そして、このような内発的な展開の方向をとって、質的個人が社会を形づくっていくのである。

ヨーロッパ中世社会では、たとえばドイツの場合、それは村落＝マルク共同体、ギルド、ツンフトや固有の裁判権をもった都市市民の友愛的結合、その都市内部の自立した街区、教区の共同体など、自立的な性格をもった単位包括的な公共団体として存在していた。それらの部分社会は、おたがいに押し分け合いながら、またピラミッド状ではない層を成して積み重なり合いながら、多元的・重層的に、国家から自立した「諸々の小社会から成る社会」を構成していた。そして、それらの小社会のなかでは、構成員による自治が実現されていた。それら自治小社会を上から統治する権力も、皇帝、王、諸侯領主とさまざまに多元的・重層的だったし、自由都市、ハンザ同盟のような自治権力も存在した。それは全体として有機的分業社会をなしていた。

これに対して、近代においては、国民国家が主権を具現した単位となって権力は一元化され、国家以外のさまざまな主体や部分社会は、国家の下に階層化されることとなった。そこでは、構成員は量的個人として把握されていた。そして、すでに見たように、こうしたピラミッド状の階層をなす一元的構成が崩れてきたのが、いま起こっている「新しい中世」状況なのである。我々は、ふたたび、多元的・重層的な主体がさまざまに興ってきているのを目のあたりにしている。

ここにおいて、我々は、もともとの中世状況を切り開いてきた質的個人にもどらなければならないのではないか。ハーバーマスは、いま見たように、量的個人に定位しつづけているし、ネグリとハートは、個人ではなく、共集合に基礎をおかなければならないという。[62] だが、一人ひとりがもっているかけがえのない個性を自覚し、他者との類似によってではなく差異によってみずからを意識していく質的個人主義なくして、生政治の共集合はありえないのではないか。そうした質的個人から内発的な展開の方向をとってこそ、部分社会の自治が実現されていくのではないか。それが、「新しい中世」状況を切り開いていく出発点になるだろう。

実際、ヨーロッパにおいては、EUという広域統合のような「より大きな単位への統合」が進む一方で、それと相即しながら、エスニック・グループ、都市、NGO、NPO、協同組合など「より小さな単位の自立」が進み、部分社会の自治が発展しようとしている。また、中国においても、共産党権力が国民国家形成をあきらめ、むしろ中華帝国を再興するかたちで〈帝国〉権力化していっている一方で、古代以来のギルド的社会が復活し、「幇《パン》」と呼ばれる相互扶助の秘密結社が広範に甦り、また法輪功のような宗教的色彩をもつ民間結社――これらも、かつての紅巾党や義和団のように相互扶助組織の性格をもっている――が大きく発展している。

ところが、日本においては、そもそも近代化自体が、上から国家によって進められたものであって、そこでは、量的個人主義であろうが質的個人主義であろうが、およそ個人主義というものの形成が抑えられる一方で、近世に成立していた自治的部分社会は徹底して解体された(63)。それがために、いまもって、質的個人主義にもとづく部分社会再興の契機がきわめて弱い。だから、ヨーロッパや中国のように――なお、日本と違い中国には中国の伝統的な個人主義がある――、個に立脚した部分社会の発展がほとんど見られない。そして、国内のいずれの勢力も、あいかわらず国民国家の枠にしがみついて、国民国家を通して状況の打開を図ろうとしているのである。だから、ますます、日本においては、質的個人主義と部分社会自治を創造していく営みが重要になっているといわなければならないのだ。

ローカルな場からの出発

ネグリとハートは、すでに見たように、グローバリゼーションに対しては、ローカルにではなく、対抗 - グローバリゼーションをもってグローバルに対抗しなければならないとしているし、ハーバーマスも、ローカルにではなく、世界市民状態というかたちでグローバルに対抗しなければならないとしている。

一九八〇年代に大いに叫ばれたスローガン、「グローバルに考え、ローカルに行動しよう」(Think

globally, Act locally.）は弊履のように捨て去られてしまっている。しかし、諸要素の間の相互関連性が高まり、一体性が高まっているからといって、またアイデンティティが多元的・重層的になっているからといって、それは個がなくなってしまったということではないし、個が働く場としてローカルティ（それは地域であり現場である）がなくなってしまったということでもない。

Think globally, Act locally. という言葉を最初に使ったのは、細菌学者・生態学者のルネ・デュボスだった。そして、それは、単なるスローガンのようなものではなく、デュボスの世界観にもとづくものだったのである。『生態学事典』によれば、それは、デュボスがみずからの研究を通して到達した、「自然においても社会においても、まずそれぞれの単位がアイデンティティを獲得ないし獲得し直すことから始まり、しかるのちに、それらの単位が、ゆたかなコミュニケーション・システムを通じて、おたがいに相互作用し合う」という順序をたどってこそ、一般的にいって「世界秩序の創造」がなしうるのだ、という結論にもとづくものだったのだ。[64] 生態系という、相互関連性と一体性が高く、多元的・重層的なシステムにおいても、まずローカルから始まらなくては、システムが創造されていかないということである。

そこには、自然科学研究を通じてデュボスが到達した「場所の精神」(spirit of place) という思想がこめられていた。[65] 有機的全体をなす生態系にとって、その部分であるそれぞれの「場所」には「内なる神」であるエンテオス（ギリシア語 entheos）に淵源する憑依 (enthusiasm) としてのインスピレーション (inspiration) が潜在しており、このインスピレーションを取り出す力こそが人間の精神の力である、というのである。[66]

そして、デュボスは、そういう意味での場所としての地球と生命との関係に準拠しながら、場所というものが人間の精神によってインスピレーションを喚起されて、人間の共同体である部落や都市や国家になっていった過程をたどる。その結果、それが産業社会化のなかで広い意味での技術に覆われていくことによって「場所の精神」を失っていった、とするのである。だから、デュボスは、あらためて「場所」に立ち、そこに人間の精神を働かせることによって、「場所の精神」を再興させることを提起するのである。

これが、Think globally, Act locally. にこめられていた思想なのである。(67)

この「場所の精神」の再興こそが、近代において超越したものとして社会的なものから分離されていた政治的なものを、ふたたび社会の内部にとりもどすこと、ローカルな部分社会による国家の再吸収なのだ。ネグリやハートがいう生政治は、このようなものとして、グローバルにではなく、ローカルに働かされなければならない。それが、「新しいかたちの政治による社会的空間の綜合」なのだ。そして、それを営むものは、「場所」において「内なる神」という絶対的なものによって呼び覚まされた個の精神が、絶対的なもののインスピレーションを求め取り出そうとしていく——そういう意味での再興された質的個人にほかならないのである。我々は、そこから出発しなければならない。

(二〇〇七年九月)

(Endnotes)

(1) ジャック・アタリ［柏倉康夫・伴野文夫・萩野弘巳訳］『21世紀事典』（産業図書、一九九九年）p.3 以下、本書中で引用文中の［　］内は引用者による補足。なお、一九八九年は、ベルリンの壁崩壊の年であり、ソ連の崩壊は一九九一年であるが、ヨーロッパにとってはベルリンの壁崩壊のほうがより重大であったともいえ、それをソ連圏社会主義崩壊の始まりとして「最後の帝国の終わり」としたのだろう。

（2）カール・ポランニーがいうように、貨幣と労働力はもともと商品化されにくい特性をもっていた。だから、商品化されても、自然的基盤からなかなか離れられなかったともいえるのである。

（3）水野和夫『虚構の景気回復』（中央公論新社、二〇〇五年）pp.38-41 参照。

（4）マルクスのいう「利潤率の傾向的低下の法則」については、『資本論』第三巻第三編参照（マルクス＝エンゲルス全集だと25ａ巻pp.265-334）。ここで「利潤率の傾向的低下の法則に反対に作用する諸原因」として挙げられているのは、「労働の搾取度の増強」「労働力の価値以下への労賃の引下げ」「不変資本の諸要素の低廉化」「相対的過剰人口」「貿易」「株式資本の増加」である。

（5）水野和夫「グローバリゼーション―資本の反革命と国家解体のプロセス」（三菱ＵＦＪ証券「水野レポート」№12、二〇〇七年五月一一日）p.10, p.13

（6）ヘドリー・ブル［臼井英一訳］『国際社会論』（岩波書店、二〇〇〇年）原著は Hedley Bull, *The Anarchical Society*, Columbia Univ. Press, 1977. 以下、同書からの引用は、原著の paperback edition からのもの。

（7）Hedley Bull, *ibid.* pp.233-248

（8）*ibid.* p.247 ここでいわれている「神聖同盟」とは、一八一五年にアレクサンドル一世の提唱によってヨーロッパに成立したもので、キリスト教の正義・友愛の精神にもとづいて行動しようという君主間の道義的盟約であった。これによってウィーン体制がイデオロギー的に補強された。

（9）*ibid.* p.248

（10）*ibid.* pp.254-255

（11）*ibid.* p.255

（12）田中明彦『新しい「中世」』（日本経済新聞社、一九九六年）

（13）Hedley Bull, *ibid.* p.267

（14）ＰＭＦについてはピーター・W・シンガー［山崎淳訳］『戦争請負会社』（日本放送出版協会、二〇〇四年）参照。原著は Peter W. Singer, *Corporate Worriors*, Cornell Univ. Press, 2004.

（15）前掲・田中明彦『新しい「中世」』p.180

（16）「技術の統一は、主権国家システムを片隅に追いやり、『宇宙船地球号』政治もしくは『地球村』政治に到達するにちがいない」（Hedley Bull, *The Anarchical Society*, p.273）「宇宙船地球号」とは、たとえばバックミンスター・フラーが『宇宙船地球号操縦マニュアル』（芹沢高志訳でちくま文庫に収録　原著 Buckminster Fuller, *Operating Manual for Spaceship Earth*）で展開しているコンセプト。フラーは、そこで、専門分化された諸科学や個別分化された諸国家の観点や立場からでは解明も解決もできない問題が生じており、包括的・総合的な学問と世界システムが必要だと論じている。「地球村」とは、マーシャル・マクルーハンの造語。マクルーハンは、電気技術の発達によって「『時間』は終わり、『空間』は消滅した。我々はいま地球村に住んでいる」（*The Media is Massage*, p.63）といっている。

（17）コンピュータ・アーキテクトの坂村健は、みずからが構想して推進しているインターネットの次に来るべきネットワーク・インフラとしてのユビキタス・ネットワーク（UCRnetwork）を左図のように、脳内神経ネットワークの外部化として概念構成している（坂村健『ユビキタスとは何か』岩波新書、二〇〇七年、p.142）。これは、情報通信技術がつくりだす世界記述のシステムが、「脳神経組織の外部化」によるものであることをよく示している。

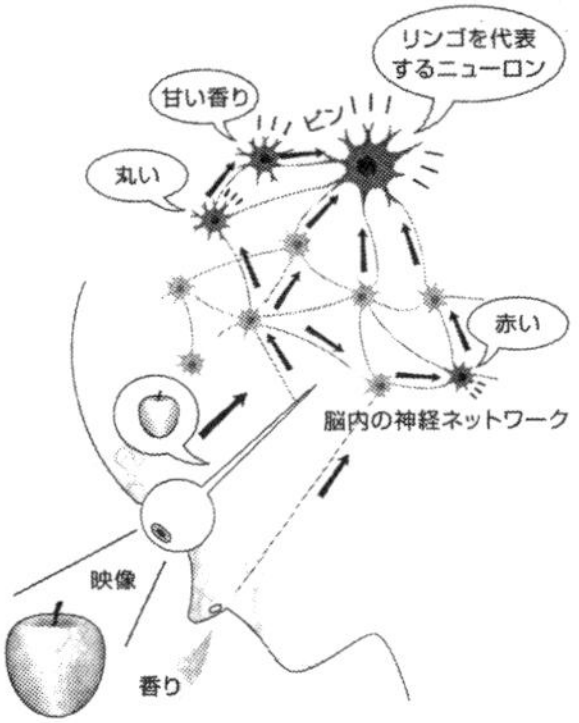

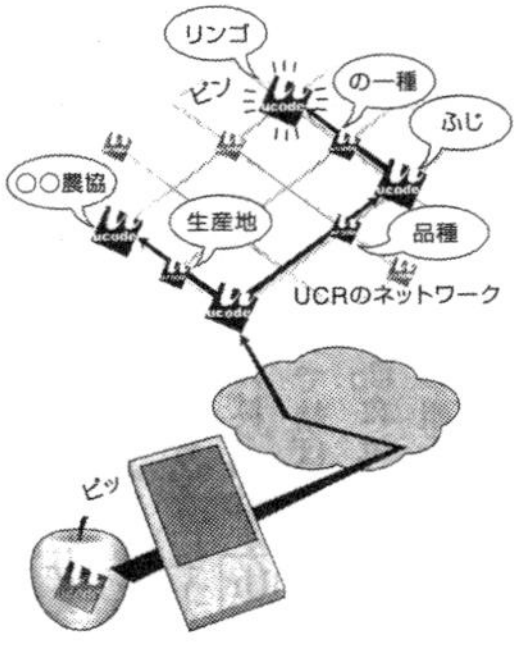

（18）　マーシャル・マクルーハン［後藤和彦・高儀進訳］『人間拡張の原理』（竹内書店、一九六七年　原著 Marshall Mcluhan, *Understanding Media*, NY, 1964）参照。同書でマクルーハンは、「電気技術の出現とともに、人間は中枢神経組織自体の生きたモデルを拡張、あるいは外在化した」（同訳書 p.58）「従来の技術は部分的で断片的であったが、電気技術は全体的で包括的である」（同前 p.76）といっている。マーシャル・マクルーハン、ブルース・R・パワーズ［浅見克彦訳］『グローバル・ビレッジ』（青弓社、二〇〇三年　原著 M.Mcluhan/R.Powers, *Global Village*, Reprint edition, 1992）も参照。

(19) 前掲・マーシャル・マクルーハン『人間拡張の原理』p.63
(20) 水野和夫『人々はなぜグローバル経済の本質を見誤るのか』(日本経済新聞社、二〇〇七年) p.3
(21) 水野和夫「BRICsの近代化と日本の格差拡大」(三菱UFJ証券「水野レポート」№10、二〇〇六年八月一日) p.8 なお、この点については、本書第Ⅱ章「『新しい中世』における日本」で具体的に取り上げている(本書pp. 80-85参照)。
(22) アントニオ・ネグリ/マイケル・ハート[水島一憲・酒井隆史・浜邦彦・吉田俊実訳]『〈帝国〉』(以文社、二〇〇三年) 原著はMichael Hardt ; Antonio Negri, *Empire*, Harvard Unv. Press, 2000.
(23) 同前p.5
(24) 同前p.3
(25) 同前p.271
(26) 同前p.8
(27) そのほか、『〈帝国〉』には私の考えと根本的に異なるところがいろいろとあるが、そのとき私が批判的にならざるをえないネグリとハートの見解は、いずれも彼ら以前からあるポストモダン思想ないしポスト構造主義に根ざしたものであり、その根から批判しなければならない。したがって、本稿では、これ以上論ずることができない。
(28) 前掲・『〈帝国〉』p.271
(29) 同前pp.29-30
(30) フーコーのこのような権力観については、ミシェル・フーコー[渡辺守章訳]『知への意志』(新潮社、一九八六年) 参照。

（31） ここで「グーグル・アマゾン型支配」と表現したものについては、ここでくわしくのべることはできないが、いいたいことは、要するに、次のようなことである。

Ｗｅｂ上でさまざまな便利なサーヴィスを（主に無料で）提供して、膨大な数の人間を参加させていきながら、同時に参加者のＷｅｂ上での行為態様をデータとして蓄積し、経営における「予測と制御」をより緻密化していくというのが現在擡頭しているグーグルやアマゾンの基本的な戦略である。目下のところこれは広告や仕入の効率を最大化するという企業の営利目的と結びついているわけだが、生活のあらゆる部面に政治性が遍在するようになる〈帝国〉状況においては、これと同じ「予測と制御」の理論が支配の目的を貫徹する上でも実効性をもつことになるだろう。この場合描かれる未来予想図は、セントラル・プランナーのような中央統括的な管理者がどこにも存在しないにもかかわらず管理が自働的に働くような体制である。そこにおいて、人は中央による抑圧や操作の結果ではなく、かえって自由な個々人が便宜を求めて参加することによって支配されていくことになる。膨大な人々の不断の参加により、データベースに蓄積された膨大な情報にもとづきながら、人間の情動パターンがますます精緻に分析されるようになっていく一方で、我々の方もタグという圧縮された近似値的な符号の集積で自己を表現することにますます慣らされて、知らず知らずの間に「コンピュータに予測されやすい人間」へと自らを変えていっている状況が進行している。そのような状況に鑑みれば、アマゾンが「的確に」勧めてくれる商品を「まさにこれこそ自分が欲しかった物だ」と疑いなく思って購入するようなスムーズさで支配の目的が貫徹される日がやってくるというのもあながち絵空事ではないだろう。（グーグル・アマゾンの具体的なシステムについては、森健『グーグル・アマゾン化する社会』［光文社新書、二〇〇六年］参照）

ネグリとハートは「新しい野蛮人」の登場をマルチチュードの中に期待しているが、コミュニケーションやネットワークの成立がコンピュータ・テクノロジーを抜きには考えられない現状において、内に向かって野生を探求していくのではなく、グローバル化を通じて自働的におこなわれていく野生の表出に期待するならば、その結果は期待とはまったく逆のものになりかねないだろう。

(32) 前掲・『〈帝国〉』pp.40-45 ただ、訳者には失礼だが、ここは原著の英語で読んだほうがずっとわかりやすい。paperback edition, pp.22-27 参照。

(33) こうした一九六〇年代管理社会論のイメージの原型は、ジョージ・オーウェルの小説『一九八四年』(George Orwell, *Nineteen Eighty-Four*, 1949) にあった。

(34) 前掲・『〈帝国〉』p.42

(35) ここで Lebenswelt というのは、エドゥムント・フッサールが用いた意味をふまえている。一般に「生活世界」と訳されているが、自然的態度に貫かれた日常的生活世界に限定されない世界を指す意味で「生世界」とした。

(36) ここでいう「産業社会」(industrial society) とは、生産手段が機械に依存しているために、機械技術システムによって編成され規定されている社会をいい、「脱産業社会」(post-industrial society) とは、生産手段における知識 (knowledge) と情報 (information) の比重が著しく高まって、情報通信システムによって編成され規定されるようになった社会を指している。

(37) 以下のマクルーハンの人間拡張とメディアに関する考え方については、前掲・『人間拡張の原理』、および同じくマクルーハン [高儀進訳]『グーテンベルクの銀河系』(竹内書店、一九六八年) 参照。

(38) この均衡とは、マクルーハンはそういう言葉を使っていないが、ホメオスタシス (homeostasis 生物体や有機体が体内環境を一定範囲に保つ働き) に対応するものだと考えられる。そうすると、ここからは社会的ホメオスタシスという考え方が出てくる。それは、「新しい中世」状況への対応に関連してのちにのべる「場所の精神」につながってくる。

(39) 下村寅太郎「近代の超克の方向」、冨山房百科文庫版『近代の超克』p.116

(40) 前掲・マクルーハン『人間拡張の原理』p.62

(41) 同前 p.58

(42) 同前 p.75　傍点は引用者。なお、マクルーハンの「人間拡張」(extension of man) という考え方よりもずっと前に、カール・マルクスが同様の考え方を示していたことに注意しておこう。マルクスは、『資本論』第一巻第三篇第五章「労働過程と価値増殖過程」の第一節で、「労働手段」について、「自然的なものそれ自体が、人間の活動の器官、すなわち、聖書の言葉に反して、人間がみずからの身体的諸器官に付加してみずからの自然の姿を拡張する器官となる」とのべている（マルクス＝エンゲルス全集第二三巻ａ、大月書店、p.235 参照。訳文は異なる）。この「みずからの身体的諸器官に付加してみずからの自然の姿を拡張する器官」(Organe, die er seinen eigenen Leibesorganen hinzufügt, seine natürliche Gestalt verlängert) は、マクルーハンのいう「身体諸器官の外部化と拡張」にあたる。ただ、マルクスがここではこれをもっぱら「労働手段」として、「人間の自然に対する働きかけ」においてとらえているのに対して、マクルーハンは「メディア」として「人間と自然との媒介」においてとらえている。

(43) こうした生世界の編成替えは、これまではおもにＩＴ (information technology 情報技術) によってもたらされてきたものだが、これにＢＴ (biotechnology 生物技術) を通じた編成替えがオーヴァラップしてきている。そして、注目しておくべきなのは、ＩＴとＢＴが同じ技術思想にもとづいているということである。従来の機械装置をになっていたのは、エネルギーを別の運動形態に変換しながら、能率よく伝達する技術であったが、ＩＴとＢＴは、ともに、エネルギーそのものではなくエネルギーのパターンを情報として変換しつつ伝達し、その増幅・再生・変調によって新しいものをつくりだす技術である。このエネルギー・パターンの増幅・再生・変調の機構がフィードバック（feedback）と呼ばれるもので、この機構を通して、①装置の外から送られてくるメッセージを装置が扱えるようなかたちに符号化する過程（インプット）、②それを装置の内に保存する過程（メモリ）、③符号を装置の外への行動に翻訳する過程（アウトプット）が遂行される。このようなフィードバックの技術を創始者のノーバート・ウィナーはサイバネティクス（cybernetics）と名づけたが、それは究極において、「思考する機械」「人間機械」をめざすものだった（だから、ウィナーの主著は *The human use of human beings*［「人間の人間的使い方」：日本語訳題『人間機械論』］と名づけられていたのである）。だからこそ、この技術の適用は、逆に見れば、世界全体に人間の神経を拡張していくものになるのである。ウィナーは、「社会における科学の目的は、未来の変転にたいしてホメオスタシス的に反応する能力をわれわれにあたえることである」とのべている（「科学と社会」、『世界の名著66 現代科学Ⅱ』p.467）。

（44） 前掲・『〈帝国〉』pp.52-53
（45） カール・マルクス［花田圭介訳］『ユダヤ人問題によせて』、マルクス＝エンゲルス全集第一巻、大月書店、p.402
（46） 同前 p.401
（47） 同前 p.393
（48） この「ガヴァメントなきガヴァナンス」（政府なき統治：governance without government）については、前掲・『〈帝国〉』p.29 参照。
（49） 前掲・『〈帝国〉』p.271

（50）ユルゲン・ハーバーマス［高野昌行訳］『他者の受容』（法政大学出版局、二〇〇四年）原著はJürgen Habermas, *Die Einbeziehung des Anderen*, Suhrkamp, 1996.

（51）同前p.152

（52）同前p.207

（53）同前p.217

（54）同前pp.207-208

（55）同前p.231

（56）マルクス『ユダヤ人問題によせて』pp.391-392　傍点は原文。［　］内は引用者による注記。

（57）ユルゲン・ハーバーマス［三島憲一訳］『近代　未完のプロジェクト』（岩波現代文庫、二〇〇〇年　原著はJürgen Habermas, *Die Moderne — ein unvollendes Projekt*, 1981）

（58）以下、量的個人主義と質的個人主義についての論は、ゲオルク・ジンメル［居安正訳］『社会学の根本問題』（世界思想社、二〇〇四年　原著 Georg Simmel, *Grundfragen der Soziologie*, 1917）pp.105-121にもとづいている。また、同訳書所収の付論・居安正「G・ジンメルにおける『社会的領域』の成立」pp.236-238に、ジンメルがこの概念を確立していく過程についての考察がある。作田啓一『個人主義の運命』（岩波新書、一九八一年）pp.101-108には、この概念についての適切な整理と解説がされているので、参照されたい。

　また、スティーヴン・ルークスは、「個人主義の諸類型」（Steven Lukes, Types of Individualism）で、この量的個人主義と質的個人主義が、もともと「個人主義」という言葉がはじめて使われたフランスにおいて、無秩序と社会的原子化を意味するindividualisme（量的個人主義に対応）と人格的自由と自己発展を意味するindividualité

（質的個人主義に対応）との違いとしてすでに現れていたことを指摘している（*Dictionary of the History of Ideas*, volume 2, p.594)。

(59) ゲオルク・ジンメル［居安正訳］『社会学』下（白水社、一九九四年）第一〇章「集団の拡大と個人の発達」参照。

(60) ミシェル・フーコー［田村俶訳］『監獄の誕生』（新潮社、一九七七年）pp.246-247　原著は Michel Foucault, *Surveiller et punir*, 1975.

(61) フリードリッヒ・シュライエルマッハー［木場深定訳］『独白』（岩波文庫版、一九九五年）p.39　原著は Friedrich Schleiermacher, *Monologen*, 1800.

(62) ネグリとハートは、「今日の政治的分析や提案の基礎は個ではなく〈共〉、すなわち生政治的生産関係の共集合にある」のであって、「多数多様な特異性と〈共〉的な社会的生」との「相補性」を理解しなければならない、といっている（アントニオ・ネグリ／マイケル・ハート［幾島幸子訳］『マルチチュード』下［日本放送出版協会、二〇〇五年］p.195)。

(63) こうした日本の近代化と個人主義、部分社会については、宮崎学『法と掟と』（洋泉社、二〇〇五年）参照。ただし、同書では、「部分社会」を「個別社会」と表現している。

(64) *The Encyclopedia of the Environment*, edited by Ruth A. Eblen and William R. Eblen, 1994, p.702

(65) 以下、「場所の精神」と「内なる神」に関するデュボスの思想については、René Dubos, *A God Within*, paperback edition, 1972 による。

(66) René Dubos, *ibid.*, pp.4-5

(67) 筆者はルネ・デュボスの思想に全面的に共鳴しているわけではなく、そのヒューマニズムやユニヴァーサリズムには疑問を抱いているが、デュボスが、みずからの細菌学・生物学の研究を通して得た知見にもとづきながら打ちだしている「全体ではなく個を基点にして構成する『場所の論理』」あるいは「個の内部からの『野生の思考』の創発」といった考え方に共感を覚えている。

第II章　「新しい中世」における日本

1　アジアにおける「新しい中世」状況

私は、数年前から、機会あるごとに「新しい中世」が到来しつつあるといってきたが、なかなか受け容れられないでいる。

私のいう「新しい中世」とは、もっとも基本的なところでは、

① 近代世界システムが終わって、次の世界システムへの移行が始まっている

② それは、少なくとも過渡的には中世ヨーロッパの世界システムと似た秩序を創り出そうとしている

ということを主張しようとしているものである。

しかし、従来「新しい中世」を主張してきたのが、いわゆる右派ないし保守派の論者であったこと[1]、また「中世」という表象が「暗黒の中世」「自由と平等なき中世」という否定的なものであることなどによって、かならずしも受け容れられるものとはなっていない。

ところが、いよいよ、この「新しい中世」状況がアジアを覆おうとしていることがだんだん明確になってきている。

そこに登場したのが安倍晋三政権で、安倍政権は、この新しい状況への対応を早速迫られ、政権獲得前と比べて大きな軌道修正をしている。それは、安倍政権誕生前後に相次いで現れてきた国際関係の重大な変化に関わっている。

米中接近と日米・日中関係の変化

二〇〇六年九月に誕生した安倍晋三政権は、発足直後に首相の中国・韓国訪問、北朝鮮の核実験を経て、岸信介政権以来の本格右翼政権としてのその相貌を次第に顕しつつある。

中国・韓国訪問とそこにおける両国首脳との合意は、小泉政権の頑なな反中国・孤立の選択とも見えるような東アジア政策に対して、安倍政権がこれを転換して中国・韓国に対する態度を軟化し、「左」旋回したものだと受けとめられている。朝日新聞が「君子豹変す」ととらえたのがそうした受けとめ方の代表である。

そもそも、安倍首相の所信表明演説、代表質問に対する答弁からして、自民党総裁選挙において提示した政権構想からするなら、大きく軟化・後退したものと受けとめられる内容であった。安倍は、そこで、日本の植民地支配と侵略とを認めて謝罪した村山富市首相談話を継承することを明らかにし、従軍慰安婦問題でおわびと反省を表明した河野洋平官房長官談話をも認めるとのべて、安倍政権誕生で時到れりと意気込んでいた右翼ナショナリストを大いに失望させ、また憤激させたのである。

それでは、安倍政権は本格右翼から中道左翼へ急旋回したのであろうか。そうではない。表層では状況に対応した一見大きく見える転換があったが、その転換によってむしろもともとの地金が顕わになってきたといったほうがいいのではないか。それでは、一定の転換をなさざるをえなくした状況の変化とは何か。また、そこで地金として顕わになってきたものとは何か。

北朝鮮の核実験は一〇月九日、安倍の中国・韓国訪問中のことだったが、中国はすでに九月初めには核実験実施の通告を受けていたし、アメリカもそれを知っていたと思われる。[2] そして、この段階から九月半ば過ぎまでの間に、米中、続いて米中日の間で、かなり重大な裏折衝と駆け引きがおこなわれたのではないかと考えられる。この場合、日本の当事者は、当然のことながら、当時の小泉首相ではなくて、次期首相が確実な安倍晋三である。そして、その結果、すでに発表されていた政権構想のデザインを変更しなければならなくなったのだ。

このときの裏折衝と合意の中身を推測するには、その背景として、最近の急速な米中接近の動向を押さえておかなければならない。

アメリカのブッシュ政権は、イラク戦争の失敗という状況の下で、世界一極支配を放棄して多極化のなかにあって選択的に自由に影響力を行使しうる体制の構築にむかって、秘かにではあるが、着々と手を打っているように思われる。そして、東アジアにおいては、中国を中心に日本をそれに張りつかせるかたちで彼らに地域安定化の主導権を譲り、みずからは米軍基地網を再編して、選択的な介入が迅速有効になしうるような配置をとろうとしている。そして、そのために中国への接近を図ってきたのである。こうした動きは、特に二〇〇五年九月に対中政策のキーマンであるロバート・ゼーリック[3]国務副長官が中国を responsible stakeholder（信頼を託すべき責任ある存在）と位置づけて以来、急速に強められてきた。

一方、中国は、このアプローチにただちには充分に応えることができなかった。胡錦濤政権は、急速な経済成長のスピードを緩和して着実に「和楷社会」への移行を図るために、アメリカ、日本との連携を追求してきた。しかし、急速成長路線の維持を追求し、また（そのために胡錦濤派批判の口実としても）反日を煽る江沢民派が依然として大きな力をもっていたのである。だから、裏では熾烈な権力闘争が展開されていたのだ。ところが、二〇〇六年春頃には、この権力闘争に胡錦濤派が完全勝利する目途が立ったようで――それはのちに九月二四日から始まった陳良宇らを中心とする上海閥＝江沢民派の大規模な粛清となってあらわれてくる――、そのころから靖国問題での態度の軟化――その象徴は小泉の八月一五日靖国参拝に対する対応となって結実してくる――、そして北朝鮮への態度の硬化があらわれた。これに苛立った北朝鮮の金正日政権が、アメリカに対してともに中国に対する抵抗のサインとしておこなったのが七月五日のミサイル発射だったのだ。

にもかかわらず関係は依然として膠着したままだった。そうしたなかで、北朝鮮がふたたび事態を動かす手段として中国に対して核実験実施の通告をおこなったというのが、この間の米中朝関係展開の大雑把な経緯なのだ。[4] ここにおいて、当面の東アジア政策についてはは合意ができている米中は、この核実験を梃子に日本を対中和解、アメリカの代貸としての東アジア秩序形成へのコミットに一気に引き込もうとしたのだ。アメリカは安倍サイドに対して、「いずれ中国とは何らかの和解をしなければならないわけだろう。いま中国が北朝鮮核実験実施を抑えている。だが、北朝鮮はかならずやる。核実験実施前に和解しておかないと、対外的にも対内的にも中国との和解がやりにくくなることはわかるはずだ」と説得したのだろう。[5] 安倍とそのグループは、これに乗った。乗らざるをえなかった。それで中国と手打ちをした。今回の日中会談では、安倍が持論を封印しただけではない。胡錦濤も靖国問題の追い撃ちをせず、この問題を封印した。両者歩み寄りの暫定的手打ちである。

つまり、さきほどのべた状況の変化とは、アメリカ＝ブッシュ政権の多極化志向の東アジアにおける展開が急速に進展したこと、中国＝胡錦濤政権が予測を超える速さで国内権力闘争に勝利し対米接近を図ったこと、それに反撥した北朝鮮がこれも予測を超えた思い切ったアクションを起こしたことにある。そうした状況の変化に対する安倍グループの対応は、見た目には転換（右派から見れば後退・裏切り、左派から見れば妥協・迂回）としてあらわれたが、実際には、長期戦略の上で先の段階にとるべきものと設定していたものを早めに発動することにした（せざるをえなかった）にすぎなかったと考えられる。それでは、彼らの長期戦略とは何だったのか。

岸信介路線と日本核武装

宮崎学＋近代の深層研究会『安倍晋三の敬愛する祖父岸信介』（同時代社）は、安倍が継承しようとしている岸の路線を歴史的に分析しているが、それによれば、岸の対米・アジア長期戦略は「対米従属下の大東亜共栄圏再興」にあったという。

岸は、戦前日本帝国主義の朝鮮から満州へという北進路線とは違って、まず東南アジアに戦時賠償がらみでアメリカと共同で進出して、中国・朝鮮半島を除く「中型帝国主義」（岸自身の言葉）を実現し、しかるのちに中国と平和条約を結んで和解し、対米自立の方向に進むという構想をもっていた。その上では日本核武装の選択肢も視野に入れていた。

実際に、岸は、次のような発言をおこなっている。

「大東亜共栄圏なんていうのは、ずいぶんいろんな批判あったけど、根本の考え方間違ってませんよ。私は今でもそう思ってるけどね(6)」

「日本の工業力と技術とをもって東南アジア新興国の経済的基盤確立を援助すると共に、日本の市場を拡大し、これによって政治的にも緊密に結びつく。こういう方向が今後の日本外交の進路である」[7]

「原子力を動力とする潜水艦も核兵器といえるし、あるいは兵器の発射用に原子力を使う場合も考えられる。といってこれらすべてを憲法違反というわけにはいかない。この見方からすれば現憲法下でも自衛のための核兵器所有は許される。実力のない自衛は無意味である。……日本も近代戦に対処しうる有効な自衛力を持たなければならない」[8]

安倍周辺の大学教授やジャーナリストといった言論人は、これまで、これとほぼ同様の主張をしてきた。ただ、もはや新植民地主義的進出は主張しないし、基本的には中国脅威論に基づきながら、その亜種としての北朝鮮危険論を通して「自己主張できる日本」「防衛のために攻撃できる日本」といった強国日本を実現する方向に集中してきたのであった。

そして、何よりも、彼らの議論は日米同盟強化が大前提になっていたのである。これは岸の時代と同じである。岸路線と安倍路線の共通点は、日米同盟強化と改憲とがセットになっていることにあった。そこにおいては、対米従属が自立に見える改憲を阻害せずにむしろ促進し、改憲が対米自立を促進せずにむしろ米戦略への従属を深化させるという関係にあった。そこに「自立と従属のパラドックス」という関係があったと、『安倍晋三の敬愛する祖父岸信介』はいっている。[9]

ところが、岸のグランドデザインの射程は、それを超えて広がっていたのである。岸は、中国との和解、提携——提携とまでいうのはあの時点では言い過ぎかもしれないが——と日本核武装により、アメリカと対等の関係に立てるアジアの盟主となることを最終的にはめざしていた。ただ、そのためには、まず改憲がどうしても必要である。だから、それを実現するために、当面は、日米同盟という名の対米従属を受け入れて、むしろそれによって目下の同盟者としての日本に改憲を求めてくるアメリカの圧力を利用しようという戦術をとったのである。

ここに一九六〇年代初めまでの日本で保守政治のなかに成立していたいくつかのオルタナティヴにおける岸路線の特質がある。基本的には三つの路線が継起した。対米従属を意図的に受け入れ、憲法をたてにして軽武装・経済優先を押し通す吉田茂の「従属・護憲」路線、アメリカだけでなくソ連・中国とも友好関係を結び、自主憲法を制定して自立をめざす鳩山一郎の「自主・改憲」路線、それらに対して岸信介の路線は、いまのべたような「従属・改憲」路線だったのである。[10] そして、それを通じてこそ、日本がアメリカに対して対等の立場に立てるアジアの盟主となっていく方向を切り開くことができる、と岸は考えたのだ。もちろん、その方向へ行くには飛躍が必要である。改憲だけではダメである。これにアジアへの経済進出の実質が加わっても、まだダメである。日本が核武装してアメリカの核の傘から出ることがどうしても必要なのだ。だから、岸の「核兵器所有合憲」発言は、戦略的な意味をもっていたのである。

それでは、安倍政権は「従属・改憲」路線の先に「対米対等のアジアの盟主」をめざすという岸の路線にもどろうとしているのだろうか。かならずしもそうではないだろう。安倍グループは一枚岩ではないからだ。当面の「従属・改憲」では一致していても、その先となると分裂している。日米同盟一辺倒派もいれば、対米自立派もいる。そこに対米協調の下での日中提携や対中協調の下での東アジア共同体の盟主といった方向がからんでくる可能性もある、ということにすぎない。

だが、その方向は、けっして夢物語ではなく、リアリティをもっているのだということを知らなければならない。だからこそ、日本核武装発言が相次いでいるのである。これは偶然ではない。単に北朝鮮核武装への対応としてではなく、以上のような文脈から見なければならないのである。岸の時と同様、日本核武装は従属・改憲路線の「次」に進むには不可欠なのであり、安倍政権は、米中急接近と東アジア情勢の流動によって、改憲以前に早くもその「次」に同時に直面させられているということなのだ。

一極支配から多極化へ

そして、そのリアリティは、岸の頃とは、根本的に性格を異にしている。いまは、岸の頃のように日本がアジアに実体的な勢力圏を「大東亜共栄圏の再興」として築いていくことは考えられない。そうではなくて、現在の日本核武装のリアリティは、冷戦終結後に世界を支配していたアメリカ一極支配といわれた構造が終わりつつあるなかで生まれてきたリアリティであり、さらに巨視的に見るならば、近代世界システムが壊れて「新しい中世」への過渡期が現出されているなかで現れているリアリティなのである。

中東でもアメリカは一極支配から引こうとしている。

二〇〇六年一〇月、リチャード・ハース外交問題評議会会長は『フォーリン・アフェアーズ』一一―一二月号に「中東における多難な時代の幕開け」(A troubling era dawns in the Middle East) と題する論文を発表した。

リチャード・ハースは、ブッシュ父大統領の中東問題特別補佐官、現政権でも二〇〇三年六月まで国務省政策企画局長を務めていた。そして、現在会長を務めている外交問題評議会は、外交政策のもっとも影響力あるシンクタンクである。ということは、これは、ブッシュ政権の中東政策に対して非常に大きなインパクトをもつ論文だということだ。

私は、『フィナンシャル・タイムズ』電子版でこの論文の要約を読んだのだが、そこでは、大略次のような点が主張されていた。
① 「中東におけるアメリカの時代」は終わった
② アメリカの時代の次に来る「新しい中東」では大きな混乱が起こる
③ しかし、軍事的介入をせずにアラブ・イスラエル諸国の地域フォーラム（regional forum）で問題を処理すべきである
これは、アメリカが中東においても多極化を進めるべきだという主張にほかならない。

そして、なかでも注目すべきなのは、「グローバリゼーションは、ラディカルな組織が資金、武器、理念を調達し、メンバーを新規補充することを容易にする方向に作用した」（globalisation, which has made it easier for radicals to acquire funding, arms, ideas and recruits）として、グローバリゼーションの諸結果を利用するうえでアメリカが負けたといっていることである。また、グローバリゼーションと一極覇権支配は両立しないと示唆していることも重要である。

もうひとつ、重要な論評がある。これは、政治学者の片岡鉄哉が指摘しているのを読んで知ったの

だが、二〇〇六年二月一〇日付の『ニューヨーク・タイムズ』に載ったトーマス・フリードマンの「四輪駆動車で中東の核に向けてドライブする」という論評である。[11] トーマス・フリードマンは、国際関係が専門のジャーナリスト、コラムニストで、日本でもベストセラーになった『フラット化する世界』(***The World is Flat***) の著者であり、重要なオピニオン・リーダーである。

フリードマンは、このコラムで、イランが原油価格と核武装という重大な武器でアメリカをはじめ先進国に挑戦しようとしているといって、「一バレル六〇ドルの石油と、国防の手段としての核兵器をイランが手にするとき、どれほどの悪戯ができるか、考えてほしい」と提起し、その点について、「インド、中国、ロシアと、権力および責任を分かち合いたい」と表明しているのである。ここでEU諸国を挙げていないのは、もはや「分かち合っている」と考えているからだろう。「権力と責任」の分有、これは多極化を進めようという提案以外のなにものでもない。

そもそも、今日のグローバリゼーションを、一九九〇年代以降に進行しているものとしてとらえるなら、それは何よりも情報化を最大の推力としているわけだが、確かに、一極支配は情報化には不適合なものであって、多極的なネットワークによる支配のほうが適合的なのである。しかし、そのグローバリゼーションの過程は、同時に、ソ連圏社会主義崩壊にともなう世界秩序再編期と重なっており、ここにおいては、過渡的にアメリカが一極支配のかたちをとらざるをえなかったという事情があった。しかし、その過渡的な過程は終わったのである。いまやアメリカは、世界一極支配を放棄して「多極化のなかにあって選択的に自由に影響力を行使しうる体制」の構築にむかっていると考えられる。ネオコンに煽られて陥っていたユニ・ラテラリズムから保守本流のキッシンジャー流バランス・オブ・

パワーへ回帰しているのである。

こうした多極化のなかで、アメリカは、東アジアでは、米日中のトライアングル＝三角関係のなかで日本と中国を競い合わせる構図を描いている。そして、日米関係基軸からそこへのシフトの過程は、世界の多極支配のひとつの極として中華帝国復活の道を歩む中国を置いて、その中国を米中接近によって世界支配のネットワークに編み込むというかたちで進行している。これによって、アメリカの東アジアにおける盟友関係の首座は、過渡的に日本から中国へと劇的にシフトしつつあるのだ。

日本は、このような構図に対抗するために、集団的自衛権の発動はもちろん、核武装までを射程に入れた「帝国」的機能の確立をめざさなければならなくなっている、というのが安倍内閣発足時点での状況だったのである。安倍の背後にいるナショナリストは、急速な多極化の進展に焦燥を深めながら、①集団的自衛権に基づく日米攻守同盟、②憲法改正、③核武装に活路を求めようとしているように思われる。

国際関係論学者ヘドリー・ブルは、三〇年前に、「近代国民国家間関係がすべてに優先するシステムに代わりうるモデル」が現実のものとなる可能性を提起した。[12] そのモデルをnew mediaevalism（新しい中世システム）と呼んだブルは、そのモデルの基準として、①諸国家の地域統合の可能性、②国家の分裂、③私的な国際的暴力の復活、④国境横断的な機構、⑤世界的な技術の統一化の五つを挙げていた。これらは、例えば①EU、②ソ連・ユーゴスラヴィア、③アルカイダ、④多国籍企業・イスラームネットワーク、⑤IT技術のように、いずれも現実のものとなりつつある。

アメリカが多極化を志向しているのは、根本的には、こうした状況への対応にほかならない。また、安倍政権も、こうした状況に対する本格右翼としての戦略的選択として彼らの路線を打ち出しているのであって、そうであるかぎりにおいて、それらはそれなりのリアリティを状況のなかにもっているのである。だとするなら、それらに対する対抗は、戦後的価値の保守主義、近代的価値の保守主義によってはなしえないといわなければならないだろう。

2　日本国民経済の融解

なぜ、いざなぎ景気を超えてもデフレが収まらないか

安倍政権発足直後に起こった事象の中で、もうひとつ、きわめて注目すべき現象が、経済分野において見られた。それは、「超いざなぎ景気」といわれる景気の長期拡大が確認されたにもかかわらず、デフレが収まらず所得が増えないという異常な現象である。

安倍政権誕生直後、二〇〇六年一〇月の政府月例経済報告は、「景気は回復している」とする評価をひきつづき掲げ、翌一一月には、これまで最長だった「いざなぎ景気」(一九六五年一一月から七〇年七月まで)を超えて、戦後最長の回復期間を記録した。ところが、同年一一月に発表された帝国データバンクの「いざなぎ景気超えに対する企業の意識調査[13]」によると、調査対象九七九九社中七七・四%までもが「景気回復の実感がない」と答えていた。企業に実感がないなら、国民、消費者に実感があるはずがない。島根銀行などがおこなった一般市民対象の調査でも、八〇%以上が「実感がない」であった。

実際、景気が回復しているといっても、デフレは収まっていないし、所得は増えていないのである。これでは実感しようがない。景気拡大＝インフレ・所得増というこれまでの常識がまったく崩れてしまっているのである。

政府の経済政策は、一貫して、経済成長が実現すればインフレ傾向になってデフレは収まる、という前提で進められ、景気を拡大できれば、すべての問題は解決するかのような考え方で進められてきた。それが、通用しなくなっているのである。それに対して、小泉内閣は、「改革なくして成長なし」をワン・フレーズとしてくりかえしながら、構造改革による景気拡大、経済成長という路線を推し進めてきた。しかし、かならずしも構造改革によってではないが、景気拡大が進んできたのに、デフレは続いている。

なぜこんな、いまだかつてない現象が起こっているのだろうか。さまざまなかたちで語られている、この現象の分析のなかでいちばん説得されたのは、三菱ＵＦＪ証券のアナリスト水野和夫の分析だった。

グローバル経済圏産業群とドメスティック経済圏産業群の分断

水野は、実質賃金を抑制し利潤率を上昇させる「利潤革命」のために、資本と労働の市場統合を推進し、国民国家を解体する「資本の反革命」こそがグローバリゼーションの本質だと考えている。[14] そして、それによって国境横断的に利潤率上昇の構造がつくられていることに着目しているのである。

それはどのような構造か。

水野は、日本の産業が、大きく二つに分断されてしまっているという。一つは、「グローバル経済圏産業群」で、グローバルなオペレーションを展開できる企業からなり、中国を中心とする、経済成長を続けている経済圏にリンクした産業である。もう一つは、「ドメスティック経済圏産業群」で、国際的な高度成長経済圏とリンクすることができずに、基本的に国内市場を相手とするしかない産業からなっている。日本の産業は、これら二種類の産業群に分断され、これらの二つが相互に影響し合い、統合される構造が失われた、というのが水野の見方なのである。

この背景には、グローバリゼーションによって、現在、大きな収益を上げられる経済圏と上げられない経済圏が二極化してきているという現実がある。大きな収益が上げられるのが、グローバリゼーションによって活性化し、急速な経済発展を遂げている、いわゆるＢＲＩＣｓ(Brasil,Russia,India,China ブラジル、ロシア、インド、中国)を中心とした経済圏である。これらの諸国は、国民国家の統合度が問題になる近代世界システムのもとでは経済的に発展できなかったが、そのシステムが崩れてきたところで擡頭し、ここでオペレーションする企業は大きな収益を上げることができているのである。これがグローバル経済圏である。それに対して、日本国内のドメスティック経済圏のように、市場が成熟した経済圏では、そんなに大きな収益は上げられない。

水野は、ＢＲＩＣｓ経済を、それらが非国民国家であり復活する旧帝国であること（水野が指摘しているようにブラジルは必ずしもこの規定にあてはまらないが）から、「帝国」経済と名づけ、いまだ国民国家に頼っている先進国と新興国の経済を「国民国家」経済と名づけて、両者の経済力の変遷を見て

図1　帝国と国民国家の経済力の変遷（世界ＧＤＰに占めるシェア）

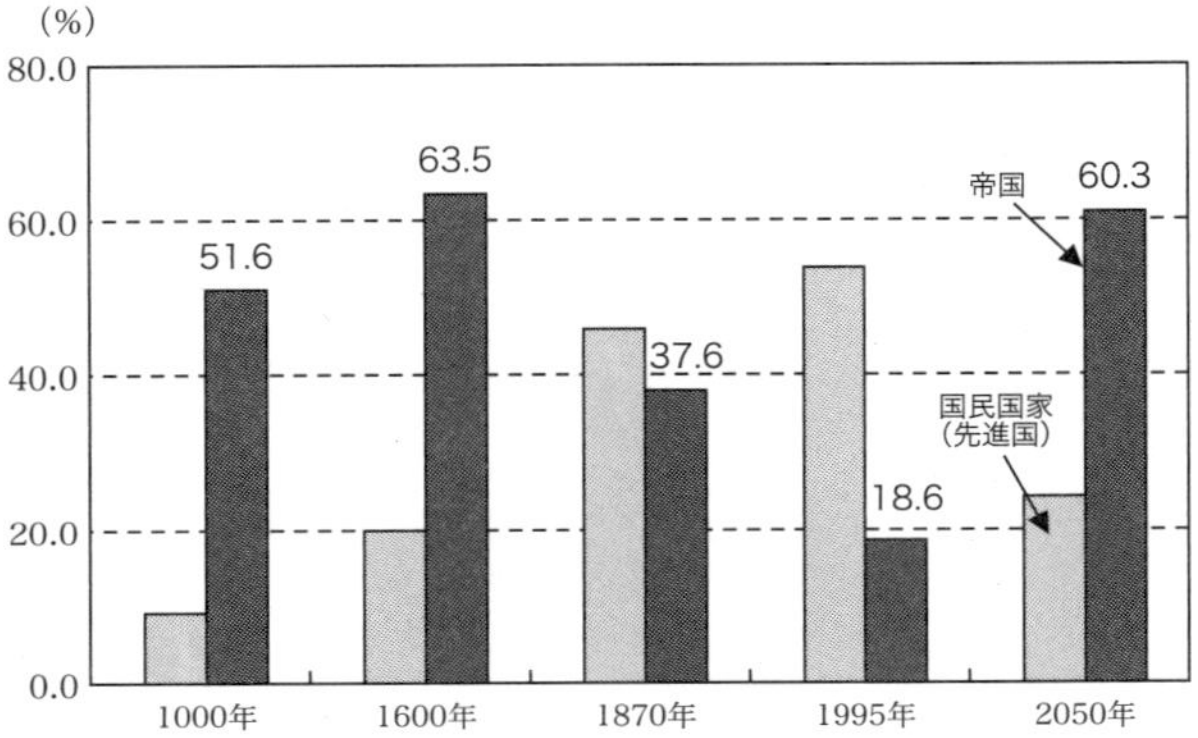

(注) 1.帝国は中国、インド、ロシア、トルコの4カ国。ただし2050年の帝国の中にはブラジルも含む。
2.国民国家は欧米の先進国と新興国を合計。例えば、1995年は19カ国が対象。
(出所) OECD「The World Economy : Historical Statistics」(Angus Maddison)

いるが、それによると、別図1のように、一九九五年を転機に両者は逆転を始め、二〇五〇年には、ほぼ一六〇〇年のころの比率にもどってしまうと予測されるのである。[15] まさしく中世への回帰である。

そして、景気拡大は、グローバル経済圏産業群によってもたらされたが、それがドメスティック経済圏産業群のアップにつながらないから、全体としての所得が伸びず、国内の物価が低いままデフレが続くわけである。

ここに、「経済成長がすべての問題を解決する」という処方箋を成り立たなくさせた新しい構造が現れてきているのである。

グローバリゼーションによって国家を超えた新しい資本・労働力の市場統合がなされ、その市場で上げた利益は、基本的に国民経済に還流しないで、その市場圏に停留する。そこに再投資されたほうが大きな利潤が期待できるからである。このようにして、多国籍企業を中心とする大企業からなるグローバル経済圏産業群は、そのグローバル経済圏に帰属する。

だから、グローバル経済圏産業群の業績拡大は、ドメスティック経済圏産業群の成長に波及しないで断絶してしまう。このようにして、国家を超えた新しい市場の統合によって国民経済の統合が失われて、国内産業と国内市場がふたつに分断されてしまい、国際産業と国際市場に融けこんでいくのである。国民経済の融解である。

一九九〇年代に入ってグローバル経済圏産業群がドメスティック経済圏企業群を抜き、九五年から一気に差を拡大するわけである。実際に、別図2(次ページ)に見るように、日本のグローバル経済圏産業群に属する企業は、一人あたり実質GDPの伸び率で見ると、一九九五年以降、七・九%と中国を上回る成長を見せているのに対し、ドメスティック経済圏産業群に属する企業は、一九九五年の第三四半期をピークにずっと下がりつづけ、二〇〇二年第一四半期以降はマイナス成長になっている[16]。

その結果として、「景気は循環的に回復しても六割の雇用者は構造的に所得が増えない。一九世紀初頭から二〇〇年間近く続いていた『景気が回復すれば、所得が増える』という命題は二一世紀には消滅した。ドメスティック企業で働く人々は小売業やサービス産業など、地方に多い。しかも、大企業が[グローバリゼーションの結果]生産拠点を海外に移しているため、景気回復のきっかけが輸出主導であっても、その恩恵が地方に波及しなくなった[17]」ということになっているのである。

いわば、かつての「豊かな国」と「貧しい国」との国際的な水平的経済格差が、かつて「豊かな国」であった日本の国内に転移され、国内的な垂直的経済格差に転化していくメカニズムが成り立ってし

図２　グローバル企業とドメスティック企業の実質付加価値（一人当り）

（注）1. グローバル経済圏企業=IT産業、鉄鋼、輸送用機械
2. IT産業=非鉄、電気機械、精密機械、一般機械、情報通信
3. ドメスティック経済圏企業=中小企業・非製造業（ただし、電力と情報通信を除く）
（出所）財務省「法人企業統計季報」

一人当り実質ＧＤＰ成長率

（単位:年率、%）

	近代化経済圏				非製造業(除く電力、情報通信)			
	規模計	大企業	中堅	中小	規模計	大企業	中堅	中小
【I.戦後の高度成長】(56/1Q～73/3Q)	8.1	9.1	8.1	7.5	3.2	4.3	3.9	3.3
【II.安定成長期】(73/3Q～91/3Q)	3.8	4.4	3.4	3.2	0.3	0.6	1.3	0.2
【III.グローバル化の時代】(95/1Q～)	5.4	7.9	6.1	3.7	−2.4	−3.0	−1.8	−2.1
(02/1Q～06/2Q)	6.6	11.0	8.5	3.8	−1.2	−0.1	−0.7	−1.4

（注）1.非製造業のIII期は00年3Ｑから06年2Ｑまで
2.実質ＧＤＰ=名目付加価値（人件費＋営業利益）/産業別デフレータ
（出所）財務省『法人企業統計季報』

まっているのである[18]。

これが、景気が拡大しているのにデフレが収まらず、企業収益が上がっているのに所得が増えない原因である。経済を成長しつづけさせるためには、グローバル経済圏産業群が収益を上げつづける必要があり、グローバル経済圏産業群が収益を上げつづけるためには、利益を国内に還流させないでグローバル経済圏に再投資する必要がある。こうして、景気を拡大することはできるが、それが国内全体に波及することはなく、むしろ、成長するほど格差が拡大するという結果になってしまうのである。

3　日本政治の二重拘束《ダブル・バインド》

時代のけじめがつけられない

以上見てきたように、一方で、北朝鮮核実験を契機に露呈された東アジア新秩序への政治的な動き、他方で、「超いざなぎ景気」を契機に露呈された世界経済と国内経済の大きな構造変動は、これまでの近代世界システムが、政治的にも経済的にも、そのままでは働かなくなり、アジアにおいても新たなシステムが生み出されようとしていることを示している。

日本の政治経済政策は、それに対応できていない。

休職中外交官の佐藤優は、鈴木宗男事件に連座させられた自分の体験を描いた『国家の罠』で、事件の背景には、「現在の日本では、内政におけるケインズ型公平分配路線からハイエク型傾斜配分路線への転換、外交における地政学的国際協調主義から排外主義的ナショナリズムへの転換という二つの線で『時代のけじめ』をつける必要があり、その線が交錯するところに鈴木宗男氏がいる[19]」という事情があった、とのべている。確かに、そのようなところから、佐藤のいう「国策捜査」がおこなわれたというのは事実であろう。

だが、ここで問題なのは、そのような「時代のけじめ」が迫られていたのは、いつからなのか、ということである。

少なくとも、一九九五年には、それは焦眉の課題になっていたはずだ。一九九五年は、一月に阪神淡路大震災、三月に地下鉄サリン事件、五月にオウム真理教代表麻原彰晃逮捕と続いて、これらの事件そのものより、それに対する人々の反応において、大きな時代の変化を感じさせた年だった。そして、いま問題にしているアジアにおける中国の擡頭が、だれの眼にも著しいものとして映ずるようになっていたし、水野和夫が問題にしているようなグローバリゼーションと日本経済の関係が、さまざまな指標においてはっきりと出はじめた年でもあったのである。これらすべては、戦後日本の政治と経済が、さらには社会統合が、根本的に転換しなければならないことを示していた。

さらにいえば、佐藤のいう「時代のけじめ」をつけなければならないということが明確に課題として意識された出発点は、一九八五年だったといえる。この年は、プラザ合意によって日本が金融自由化をはじめとして、全面的に国際化することを決意した年であった[20]。これが佐藤のいう「ケインズ型公平分配路線からハイエク型傾斜配分路線への転換」の出発点であった。また、ときの政権をになっていた中曽根康弘は、「戦後政治の総決算」を掲げており、これが今日の安倍内閣の「戦後レジームからの脱却」にまでいたる一連の「戦後体制の清算」の出発点をなしていたのである。そして、この年、中曽根首相は、二月に「建国記念日を祝う会」主催の式典に首相として初めて出席し、八月一五日には、戦後の首相として初の靖国神社公式参拝を果たしたのである。これが佐藤のいう「地政学的国際協調主義から排外主義的ナショナリズムへの転換」の出発点であった。

にもかかわらず、一九九五年から一二年、八五年からなら二二年経っても、いまだに「時代のけじめ」がつけられていない。これはどうしたことなのだろうか。

両立しない新自由主義とナショナリズム

問題は、新自由主義の導入であった。日本では、一九八五年以降、明確にその導入が図られていたが、うまくいかなかった。ヨーロッパやアメリカでは、一九八〇年代初めに新自由主義への転換が必要だと認識されると、すぐにサッチャリズムやレーガノミクスというかたちで政策化され、かなりスムーズに導入されていった。なのに、日本ではいまだにうまくいかない。これはどうしてなのだろうか。

ヨーロッパの資本主義経済と近代社会は、もともと自由主義と個人主義の基盤の上に、自生的に成立し発展したものだった。しかし、その後の社会・経済の展開のなかで、特に第一次世界大戦と世界大恐慌の経験から、経済においても、社会においても、自由放任ではなく、国家が介入して、資本の経済行動を規制し、市民に対しては社会権を導入するなど、組織資本主義・福祉国家の方向をとったのだった。けれど、この場合でも、あくまで基盤は自由主義と個人主義に置いたままで、それを捨てたわけでも修正したわけでもなかった。だから、組織資本主義・福祉国家から新自由主義への転換が問題になったときにも、この基盤があるから、新自由主義の思想を社会的に受け容れることが容易だったのである。

ところが、日本の場合は、資本主義経済も近代社会も自生的なものではかならずしもなく、上から国家によって導入され育成されて発展したものだった。そこには、自由主義も個人主義も育たなかった。戦後になって、自由主義が唱えられるようになったときにも、それは言葉だけで、自由主義の思想内容は看過されており、だから、個人主義が長い間敵視されてきた。個人主義ぬきの自由主義などありえないのである。そのようにして育成された資本主義と近代社会は、自由主義と個人主義を基盤にしないものであったから、新自由主義への転換が語られたときにも、もともと還るべき自由主義の基盤がないのだから、どうしようもなかったのである。そもそも新自由主義が拠り所としたフリードリッヒ・ハイエクの経済理論の基礎にあるのは、リベラリズム（liberalism）ではなくてリバタリアニズム（libertarianism）という完全自由主義の思想であって、およそ近代日本の思想風土とは合わないものなのである。(21)

一九八〇年代末になると、そのような日本型の資本主義では、新自由主義に転換した欧米資本主義に勝てないという認識から、日本型システム、日本型経営を転換、解体しなければならないという問題意識が生じて、企業組織において、「社内公募制」「社内起業」「分社化」「ヒューマン・ポートフォリア型組織」「ハイパーテキスト型組織」などが、アメリカ経営学の直輸入のかたちで導入された。しかし、社会に自由主義と個人主義の基盤がないところで、このようなものを形だけ導入しても、うまく機能するはずがない。案の定、うまくいかず、九〇年代後半には、「日本型経営の再評価」が叫ばれるようになったのであった。

「日本型経営の再評価」はナショナリズムの再評価と結びついていた。これは、八〇年代末から九〇年代前半に展開されたアメリカ経営学の組織思想移入に対する文化反動の面をもっていたし、同時に、新自由主義的政策によって次第に現れてきた日本社会の分解、一体感の喪失に対する危機意識を背景にしていたのである。だから、九〇年代後半の一時期、日本社会には、いわゆる「嫌米」感情と「日本回帰」意識が結びついて、一種のナショナリズムが発現されたのである。

しかし、これは、一〇年余前、中曽根内閣のころのナショナリズムとは、性格を異にするものだった。中曽根内閣のころのそれは、一九八四年に出版されたエズラ・ヴォーゲルの『ジャパン・アズ・ナンバーワン』(Ezra Feivel Vogel, *Japan as Number One*) が日本でもベストセラーになったことに象徴されるように、「ヨーロッパは没落した。アメリカは翳り、ソ連は停滞している。これからは日本の時代だ」という勝利感のナショナリズム、イケイケのナショナリズムだった。ところが、日本では、そのあと訪れた狂乱のバブル経済が一九八九年には崩壊し、のちに「失われた一〇年」といわれる大停滞がやってきていた。そのなかで興ってきた九〇年代後半のナショナリズムは、新自由主義の横行によってアメリカ型の社会像・組織像に傾倒したことが日本の社会と組織を壊したという認識から、「日本的なものを取りもどそう」という危機感のナショナリズム、受け身のナショナリズムだった点に特徴をもっていた。そして、それは新自由主義的構造改革の精神とは相反するものであり、したがって、橋本内閣で、かなりの精力を割いて省庁再編などの構造改革がおこなわれ、一定の制度上の改革は実現したにもかかわらず、それは頓挫させられることになる。

しかし、この九〇年代後半には、グローバリゼーションによる「新しい中世」状況が次第に鮮明になってきており、日本でも新自由主義的な構造改革が避けられなくなってきていた。これはもともと日本の近代化を推進した精神とはまったく異質な精神を持ち込まなければできるものではない。実際、橋本改革は、精神的基盤の転換がまるでできなかったからこそ、そのまま、むしろ反動として「日本的なもの」の再評価、復活を呼び起こしてしまったのである。

かくして、小泉内閣以降の日本政治は、新自由主義的構造改革による統合解体と、それに反するナショナリズムによる国内統合という、まったく矛盾する二つの路線を両方とも追求せざるをえないことになっていったのである。これは、ベイトソンのいう二重拘束《ダブル・バインド》とは厳密にいえば違うが、一種の二重拘束《ダブル・バインド》を強いることになる。それは、「構造改革をやりなさい」という命令を出しながら、それを実行しようとすると、「そういう精神でやるんではなくて、（それとは反する）日本的な精神でやりなさい」というに等しいからである。二〇〇〇年以後の日本政治は、そういう二重拘束《ダブル・バインド》のもとにある。

国民国家から離れられない日本

このような二重拘束《ダブル・バインド》に直面しながら、小泉純一郎は、これを巧みに回避して、構造改革に邁進した。小泉は、一方で靖国神社参拝をくりかえし、中国との関係冷却を放置することによって、九〇年代後半以来の「危機感のナショナリズム」に応えるかのような政策を採ったが、これはまったく中身のない政治的ポーズにすぎなかった。小泉は、本来、ナショナリストではないし、日本国内にナショナリズムを高揚させようなどとはまったく思っていなかった。それは、構造改革に対する右派、ナショナリストからの圧力を回避するための方便にすぎなかったのである。

そういうところからおこなわれた靖国参拝などの一連の行動が、大家族共同体的な統合を強めることにつながらなかったのは当然である。小泉政権時代、右派、保守派の言説はかまびすしかったが、それは小泉の政策とは噛み合わないで空回りしており、この五年を通じて、九〇年代後半以来に見られる国民のナショナリスティックな感情は、むしろ沈静化してきているといえる。

と同時に、構造改革のほうも、あたかも日本的なものへの回帰と両立できるかのようなかたちで展開され、自由主義と個人主義の精神的基盤をつくりあげる方向からおこなわれたわけではないから、国民国家の枠とは別の方向性を打ち出すものではなく、結果的にはむしろその枠を強める方向に向かったのである。というのは、小泉がおこなった構造改革は、実際には、彼の「丸投げ・店ざらし」といわれる手法によって、仕立てが官僚に牛耳られることによって、相当程度に骨抜きにされていたのが実態であった。

こうした関係を典型的に示していたのが、小泉構造改革の大きな目玉だった道路公団民営化であった。道路関係四団体民営化推進委員会委員長代理だった拓大教授・田中一昭は、道路公団民営化は「惨めな結果に終わった」と評価している。そして、「誰が民営化を殺したか」「失敗の責任者たち」と題して、その原因について次のように指摘している[22]。

「行政改革の旗手であるはずの小泉総理は、道路公団民営化という具体的な改革目標を掲げながら、その検討について委員会に丸投げしたばかりか、委員会の意見内容に対しても最後まで関心を示そうとしなかった」のであり、「改革のイメージがないままに、道路族・国交省が描いた『偽りの民営化構想』に易々と乗ってしまった」のが最大の原因である。「結局のところ、小泉総理は何もわかっていない……意見書骨抜きの主犯だ」と田中はいう。

また石原伸晃国交大臣については「抵抗勢力に対してあまりに弱腰で迎合的すぎ……族議員と官邸の間を右往左往するだけ……国交省や道路族の意見を聞いてきて、［民営化推進］委員会での改革意見をなだめる役を務めていたに過ぎない」として、「担当大臣というより〝御用聞き〟である」と指弾している。

こうしたなかで「明らかに見えてきたのは、道路官僚のしたたかさと傍若無人振りである。民営化委員会のスタートする半年前に閣議決定された特殊法人等整理合理化計画の際、彼らが構想していた『名ばかりの民営化』を実現したのだ」。

要するに、小泉はかけ声をかけるだけで、あとは石原大臣に丸投げし、石原大臣は官僚に牛耳られて右往左往するだけ、結局、国交省主導の「骨抜き改革」に終わったというのである。強まったのは官僚支配だけである。

なお、ここでは、「道路族」の政治家と国交省の官僚が一体であるかのようにいわれているが、一般に族議員といわれる政治家と当該官庁の官僚が一体であるわけではかならずしもない。族議員のなかには、政策と官僚組織に精通していて、官僚支配に対する政治的チェックをおこなえる政治家が少なくなかった。たとえば外務省に対する鈴木宗男がそうだった。ところが、こうした政治家を含めて、構造改革に異を唱える政治家を一律に「抵抗勢力」として排除していったのが小泉構造改革の実態で、これによって、およそ官僚に対する政治からのチェックが無力化されていったのである。構造改革をおこなうことによって、逆に官僚支配が強まるという皮肉な結果がここから生まれてきた。

このように、小泉構造改革は、国民国家の黄昏と「新しい中世」状況に対応して、官僚主導国家から脱却していくのではなく、むしろ多くの場合、官僚支配を強める結果になっていったのである。

安倍晋三政権はどうか。

総裁選の政策、所信表明演説、政権に就いてからこの一月余の動きを見ると、依然として、国民国家＝国民経済＝全体社会に一元的に収斂しようとしている。そして、「小泉構造改革の負の側面を修復する」としているだけ、この傾向が強まっている。その分、構造改革の後退は避けられない。構造改革による自由化とナショナリズムによる統合のトレード・オフ関係においては、もともと小泉とちがってナショナリストである安倍が、ナショナリスティックな統合を強めていくことが考えられる。

安倍は、「戦後レジームからの脱却」を掲げているが、近代日本の最大の強みだった国民国家への結集＝国民経済への統括＝全体社会の均質さが、あまりにもパフォーマンスの高いものだっただけに、それを捨てることは考慮されず、むしろそれを再建しようとする方向をとっている。これは、国民国家の黄昏、「新しい中世」状況にまったく対応できない逆行である。もはや近代化過程のような国民国家は再建できないし、それが高いパフォーマンスを発揮する時代は終わったのだ。それなのに、そこにしがみつこうとするなら、日本は没落するばかりである。

近代日本においては――左翼も右翼も、ほとんどあらゆる勢力が――すべての問題を「全体」という場に格上げしようとする志向、包括的に統合するかたちで「国家」に集約しようとしてきた統合型(integration-orientated)志向にとらわれてきた。いま、そうした拘束から脱却することがどうしても必要である。そして、個別の問題に現場において取り組もうとする志向、その場へと、地域、職業団体、自治体、国家、国際組織などなど、さまざまなレヴェルの関与を多元的・重層的に組織していく差異型（differentiation-orientated）志向へと転換していかなければならない。だが、そこに行こうとすらしていないのが現状だ。「戦後レジームからの脱却」を掲げた安倍政権も、そうした根本のレジームには目を向けようとしていない。

そうした現状とは裏腹に、どうしても近代国民国家＝国民経済＝中国人全体社会をつくれなかった中国が、そうしたものが必要なくなり、むしろ桎梏になってきたなかで、擡頭してきたのは日本と対照的である。特に一九九五年以降は、急速に成長してきた。インドも同様である。国民国家をどうしてもつくれなかったインドが、それが必要なくなったところで擡頭してきたのも、同じメカニズムの働きによるものである。

もはや日本は、かつての強みに頼るのをやめるべきなのだ。そして、自由主義と個人主義の価値、部分社会の自発性を開発することによって、個々のローカルな場からブルのいう「国境横断的な社会」の形成をめざすことこそが必要なのである。

（二〇〇六年一一月）

《追記》

安倍政権は、発足以来一年にして崩壊したが、結局、それは、小泉内閣が「ハイエク型傾斜配分路線」をふたたび全面に採り上げたことによって起こってきた矛盾を引き継がざるをえず、その矛盾を小泉のようには糊塗することができなかったためだったといえる。

安倍は、「ハイエク型傾斜配分路線」を継承しながら、同時にむしろ、その路線とは本来矛盾する「排外主義的ナショナリズム路線」――だから小泉はこれをポーズとしてとっただけだった――を強めようとして、そのふたつの路線の間にもともとあった矛盾をより鋭いものにし、その矛盾に引き裂かれた末に崩壊したのだ。

小泉は、なぜこの矛盾を顕在化させないでやってこられたのか。この矛盾を、「劇場型政治」といわれる手法によって糊塗してきたからだった。安倍は、この手法を引き継ぐことができなかった。なぜできなかったのか。小泉が「ハイエク型傾斜配分路線」を劇場型で進めることができたのに対し、安倍が「排外主義的ナショナリズム路線」を劇場型で進める条件が崩壊していたからだ。

安倍は、幹事長時代から、北朝鮮拉致問題での強硬姿勢を通じて、外交版の劇場政治を演出してきていた。ところが、政権担当とともに、東アジアをめぐる国際関係が底流において大きく変わり、もはや拉致問題での強硬姿勢がなんらかの効果を上げる条件が失われたのである。安倍の「排外主義的ナショナリズム路線」は、北朝鮮と中国の脅威を梃子に進めてきたものだが、米中接近と、それにともなう対北朝鮮宥和政策への転換によって、その梃子を失った。そこで一気に核武装を含む改憲路線を露出させる途をとろうとしたのだが、この改憲路線は劇場型で進めるには、あまりにも国民意識と乖離したものであった。こうして、安倍が掲げた「美しい国」は、空疎に響くものとなっていった。

劇場型が崩れれば、矛盾が露呈してくる。安倍は「ハイエク型傾斜配分路線」を修正して、矛盾を緩和しようとしたが、それがかえって状況追随のリーダーシップ不足と受け取られ、自民党内部での基盤が失われていった。

こうして自壊のかたちで崩壊した安倍政権に代わる福田康夫政権は、「ハイエク型傾斜配分路線」も「排外主義的ナショナリズム路線」も当面は推進することを放棄して、旧来の包括調停型自民党政治にもどろうとしているように見える。しかし、矛盾は止揚されたわけではなく、問題の所在を曖昧にすることで当面のジレンマが回避されているだけである。

しかも、この曖昧化は、問題の構造自体を融解させていくことに通じかねない。そこで現れてきたのが「大連立」構想である。安倍政権崩壊で理念離れを強いられた与野党は、ともに理念よりも生活重視という方向を向いているが、そうした掛け声とは裏腹に、生活の現場に還っていくのではなくて、全体へ全体へと、ローカルな場から逃避していくばかりである。その逃避の総仕上げが「大連立」である。いまやどの政党も国民に包括的な保障を具体的にはあたえられないけれど、「大連立」してしまえば形式的には包括的になるのではないか、ということでしかないのだ。

しかし、それこそ、現場から全体への逃避の最終形態にすぎない。政権が一括して委任を受けて包括的保障をあたえられるような時代はもう終わったのだということを知らなければならないのであり、統合型志向を排し差異型志向をになう政治組織こそが求められているのである。

（二〇〇七年一一月）

(Endnotes)

（1）日本で「新しい中世」の到来を論じていたのは、田中明彦『新しい「中世」』（日本経済新聞社、一九九六年）、野田宣雄『二十一世紀をどう生きるか』（ＰＨＰ研究所、二〇〇〇年）などであり、いわゆる「左派」に属する山口泉『「新しい中世」がやってきた！』（岩波書店、一九九四年）は、反動的で否定的なものとして「新しい中世」をあつかっている。

（2）田中宇は、八月三一日から金正日が秘密に訪中したとき核実験実施を通告し、中国がこれを抑えきれず、ただ期日のコントロールだけは確保した、としている（http://tanakanews.com/g1017japan.htm）が、妥当な推定である。

（3）ゼーリックは、We need to urge China to become a responsible stakeholder......と、中国が国際秩序を維持するために責任ある大国としてアメリカと協力していくように促さなければならないと発言した。これは中国でも大きく報道され、「利益相関的参与者」（stakeholder の中国語訳）はちょっとした流行語になった。

（4）中国は、北朝鮮に対して核の放棄と改革開放への全面転換を迫っているのに対して、金正日は全面的改革開放には前向きだが、軍強硬派の反撥を背景に、「国体護持」の保証を求めて、核を交渉手段に使っている、という状況だと思われる。

（5）この時点では、アメリカにとって、もはや米中関係のほうが米日関係より密接になっていたということを押さえておかなければならない。それは、のち一〇月二〇日におこなわれたライス国務長官と温家宝首相や李肇星外相との会談の雰囲気を見てもわかる。

（6）岩見隆夫『岸信介―昭和の革命家』（学陽書房人物文庫、一九九九年）pp.215-216

（7）吉本重義『岸信介傳』（東洋書館、一九五七年）p.292

（8）岸信介『岸信介回顧録　保守合同と安保改定』（広済堂、一九八三年）p.310

（9）宮崎学＋近代の深層研究会『安倍晋三の敬愛する祖父岸信介』（同時代社、二〇〇六年）pp.160-167参照。

（10）安倍グループは岸路線を「自立・改憲」路線のようにいっているが、看板はともかく実質はそうではない。これについては『安倍晋三の敬愛する祖父岸信介』第六章参照。

(11) 片岡鉄哉『核武装なき「改憲」は国を滅ぼす』(ビジネス社、二〇〇六年) pp.149-151

(12) ヘドリー・ブル〔臼井英一訳〕『国際社会論』(岩波書店、二〇〇〇年) pp.317-330 参照。なお、原著は一九七七年刊、原題は端的に *The Anarchical Society* (アナーキーな社会) である。いま、その Anarchical Society が到来しつつあるのだ。

(13) 帝国データバンク景気動向調査特別企画『いざなぎ景気超えに対する企業の意識調査』(二〇〇六年一一月七日発表) http://www.tdb.co.jp/report/watching/press/pdf/keiki_w0610.pdf

(14) 本書 p.14 参照。

(15) 水野和夫「帝国の復権と『新しい中世』」(三菱UFJ証券「水野レポート」№11、二〇〇六年九月八日) p.5

(16) 水野和夫「BRICsの近代化と日本の格差拡大」(三菱UFJ証券「水野レポート」№10、二〇〇六年八月一日) p.8 図表1・2も同レポートから引用。図2の下表で「近代化経済圏」といっているのは、本稿でいう「グローバル経済圏産業群」のことである。

(17) 同前 p.7 なお、ここで水野は、輸出企業が集中している東海地方の鉱工業生産指数のアップが他地方とどう相関し、どう連動してきたかをデータ化して調べ、かつては高い相関を示していた国内への波及効果が低下しはじめ、二〇〇六年には波及効果が遮断されたことを実証している。

(18) なお、本稿脱稿(二〇〇六年一〇月)後、二〇〇七年三月に、本稿が依拠したレポートをさらに精緻にして、分析を深めた水野和夫『人々はなぜグローバル経済の本質を見誤るのか』(日本経済新聞出版社、二〇〇七年)が刊行された。私とは見解を異にする点も少なくないが、分析そのものは非常に示唆的であり、参照されたい。

(19) 佐藤優『国家の罠』（新潮社、二〇〇五年）pp.292-293

(20) 一九八五年九月、ニューヨークのプラザホテルで開かれた先進五カ国蔵相会議で、各国がドル高是正のための協調介入をおこなうことを合意したが、実はその裏で、日本政府が経済における対外障壁を撤廃して本格的に商品・資本市場を開放し、経済構造、ひいては社会構造自体を国際化していくことを決意したという点で、画期的な転換点になったのである。

(21) たとえば、F・A・ハイエク〔田中真晴・田中秀夫訳〕『市場・知識・自由』（ミネルヴァ書房、一九八六年）所収の「真の個人主義と偽の個人主義」参照。原著は Friedrich August von Hayek, *Individualism : True and False*, lectured on December 17, 1945.

(22) 田中一昭『偽りの民営化』（ワック、二〇〇四年）pp.33-34, pp.254-258

第Ⅲ章　日本的なるものの近代的構成

1　日本的なるものの再検討

自己の本然をつくす

大川周明は、一九二七年（昭和二年）に刊行された『日本精神研究』の「はしがき」で、自己の思想遍歴を語っている。それによると、大川は、キリスト教、法然・親鸞という東西の普遍宗教に接し、一転してマルクスを師と仰いで社会制度の根本改造をめざし、そこからプラトンの国家論に遡って、かえってそこに儒教の思想、熊沢蕃山、横井小楠の思想との共通点を発見し、さらにはエマーソン、ヤコブ・ベーメからダンテ、スピノザ、ゲーテ……その末に、大川は「日本精神」に到達したのである。そして、そこに到達した契機は、インドの聖薄伽梵歌《ぼかぼんか》（『バカヴァット・ギーター』のこと）の思想信仰にあった、という。

「其の薄伽梵歌が、予に下の如く教へたのである。――『仮令劣機にてもあれ、自己の本然を尽すは巧に他の本然に倣ふに優る。自己の本然に死するは善い、他の本然に倣ふは恐るべくある』と。……予は此の原則が個人の上のみならず、実に国民の上にも同様に適用せられねばならぬことを切実に感じた。予をして多年の精神的遍歴より、再び魂の故郷に帰来せしめたるものは、他なし此の自覚である」(1)

つまり、どんなに劣ったものであっても自分自身のなかからもともと湧いてきたものに忠実であるほうが、どんなに優れたものであっても他者のなかから湧いてきたもののまねをするよりよい、ということである。それは、個人だけではなく、国家、民族も同じである。外来思想のまねをすることをやめて、自国思想の根源にもどることが必要だというのだ。この「自己の本然をつくす」という考え方が大川にとって日本回帰の契機になったのであった。

「新しい中世」状況のなかで、かつてのような一元的で単層のアイデンティティが揺らぎ、多元的で重層的なアイデンティティが問われるようになってきているいま、この本然の論理が、あらためて重要になってきているのではないか。

日本の左翼・革新派・近代派は、全体としては、このような志向を排除しつづけてきた。その思想には、普遍主義（universalism）の色が濃かったのだ。普遍的なもの・全体が上位にあるのであって、特殊なもの・部分は、そこにあずかることによってのみ存在意義をあたえられる、とする考え方である。だから、日本を考えるには、まず近代世界を考えなければならないし、そこから日本の特殊性を位置づけるというのならいいけれど、日本独特のもの、日本に根づいているものをまず考えるなどというのは、退行であり、反動である、とされた。

左翼・革新派・近代派のなかには、日本民族のありかたを考え、日本の伝統の再発見を唱えるものもいた。たとえば歴史学者の石母田正や彼が中心になって展開された国民的歴史学運動、あるいは中国文学者の竹内好などがそうであった。だが、それは全体を支配している普遍主義のなかで部分的なものにとどまるしかなかった。私は、日本の左翼が、消滅したあとに、日本社会に根づいたかたちで新たなものを生み出す足がかりになるものを充分に残せなかったのは、このような傾向に原因があったのではないか、と考えている。

左翼にかぎらず、いま「日本的なるもの」というのがどういうものなのか、我々自身が対象化して考えてみることが必要になっているように思う。

創られた伝統

ところが、それでは、右翼・保守派・伝統派は、「自己の本然」を大事にしたかというと、実はそうでもないのである。彼らは、日本の伝統に回帰した、といっているが、そういうときに彼らが帰ったといっている日本の伝統や「日本的なるもの」の中身は、近代になってから、近代化に合致するように造りかえられたものである場合が多いのである。

イギリスの歴史家・エリック・J・ホブズボウムは、イギリスにおいては、一九世紀後半から二〇世紀初めにかけて、特にその王室に関係する儀礼や儀式などで、はるか昔に起源をもっているかのような外観の下に、多くの「伝統」が新たに創り出されたことを明らかにして、これを「伝統の発明」(the invention of tradition)[2]と名づけた。そして、そのようにして創り出された伝統は、近代国民国家の確立という事業、国民国家への国民を統合する企てと深く関連していたのである。ホブズボウムはいう。[3]

「一方では近代諸国家が存在し、その一方では、一般に斬新さとは対極のものとされ、太古に起源を有する、近代国家のあらゆる障害物が存在し、また構築されたものではないもの、つまり全く『自然』で自己主張以外には何の定義も求めない人間の共同体が存在するのである。『フランス』や『フランス人』という近代的概念に埋め込まれた歴史的な連続性——誰もあえて否定しない——がどんなものであれ、こうした概念自体、構築され、あるいは『創り出された』部分を含んでいるに違いない。近代『国家』を主観的に作り上げたものの大部分は、そうした構築物によって成り立っているし、それらは（『国家史』等のように）固有でかなり最近の象徴あるいは適度に作り直された言説に結びついているので、『伝統は創り出される』という点に充分留意しなければ国家的現象を適切に探究することはできない」

これは、ナショナリズムとは「想像の共同体」であるとしたベネディクト・アンダーソン、「国民の自意識の覚醒ではなくて国民を発明することである」としたアーネスト・ゲルナーのいう、その「想像」と「発明」の中身を実証的に明らかにした仕事であった。ホブズボウムたちのプロジェクトは、イギリスを中心にヨーロッパ各国で一八七〇年代から一九一〇年代前半におこなわれた「伝統の大量生産」を発掘した。

この時期、日本でも「伝統の発明」がおこなわれていた。

そもそも明治天皇は、即位間もないころは、皇室の伝統に則って、「白い上衣を着て、詰め物をした長い袴は真紅で婦人の宮廷服の裳裾のように裾を引いていた」という装束で、「眉は剃られて額の上により高く描かれていた。頬には紅をさし、唇は赤と金で塗られ、歯はお歯黒で染められていた」というう、ほとんど女装といっていいような恰好をしていたのだ。[4] それが、短い期間の内に、大元帥服に身を包み、背筋を伸ばして、黒々とした口髭を蓄えて、こちらをきっと見つめている、あの御真影の天皇像に変身したのだ。「全国民にはじめて身をさらした天皇が、洋装・断髪、しかもかつては無頼のシンボルだった髭をたくわえていたことの衝撃は大きかった[5]」といわれている。[6]

また、「その源を皇祖皇宗と自然崇拝の儀式に発する」とされた皇室の宮中祭祀にしても、古くからずっと伝わってきて継承されたものは、新嘗祭（その大祭としての大嘗祭）、祈年祭、賢所大前の御神楽の三つだけで、その他の多数の儀式は、いずれも明治以降に創られた伝統なのであった。(7)

明治以降に創られた伝統は、このような形式だけではなかった。というより、近代化に適合した、近代国家への統合に資するような内容の「日本的なるもの」を「発明」するためにこそ、このような形式の創造がなされたのだ。そして、そこには「近代的に構成された日本的なるもの」が成立させられたのである。この日本版の「創られた伝統」は、日本の急速な近代化を支える国民的な規模での文化的基盤となった。

いま、右翼・保守派・伝統派が日本の伝統だとして強調しているものは、多くがこのようにして近代的に構成されたものであり、そうであるがゆえに、そこに帰ろうとしている彼らは近代を超えることができず、近代右翼・近代保守・近代主義的伝統派にすぎなくなってしまっているのである。

「歴史の終わり」における「日本的なるもの」

それでは、今日の日本には、近代的に構成されたもの以外の「日本的なるもの」がなくなってしまったか、というと、そういうわけではない。

ロシア生まれでフランスの外交官だった特異な思想家・哲学者、アレクサンドル・コジェーヴは、その主著『ヘーゲル読解入門』(Alexandre Kojève, *Introduction à la lecture de Hegel*) を一九六〇年（昭和三五年）に改訂したとき、日本について論述した、かなり長文の註を付け加えた。その註で、コジェーヴは、日本は「ポスト歴史」(post-historique)の時代に適合した「純粋状態のスノビズム」である、とする興味深い日本論を展開している。(8)

コジェーヴは、いま、人間の歴史的発展は、表面的にはともかく実質的には終末に達している、つまり人間は終わったという。それは「歴史の終わり」でもある。そして、この「ポスト歴史」の時代には、人間は自然状態、動物状態にもどってしまうのである。そして、その回帰をすでに「現前する確実性」として示しているのは「アメリカ的生活様式」だという。

これは、ミシェル・フーコーが、ニーチェのいう「神の死」は、人間と神が相互的なものである以上、「人間の死」でもある、として、「今日、人々はもはや消滅した人間が残した空虚のなかでしか思考することはできない」とのべたことを思い出させる。(9)もちろん、コジェーヴとフーコーでは、論拠はまったく別のものであるが、同じ「近代の終焉」、私のいう「新しい中世」状況の到来を先取りして指しているもののように思われる。

というのは、ふたりの論を少し注意して読めばわかることなのだが、彼らがいっている「人間」とは近代ヒューマニズムが確立した人間像にもとづく近代的人間のことであり、また「歴史」というのも、近代において確立されたヨーロッパ中心の世界史概念にのっとった歴史のことなのである。それをのりこえた内容を含んでいるともいえるが、さしあたりは、そうなのである。だから、ここで語られているのは、近代的歴史世界の終焉、近代的人間の消滅なのである。

ところが、一九六〇年改訂版の註で、コジェーヴは、前年に訪問した日本での体験をもとにして、日本では、すでに「歴史」が終わり、「人間」が終わったのに、動物状態にもどっていない、というのである。そして、それは、「生のままのスノビズム」「純粋なスノビズム」が日本にはあるからだ、という。ここでいわれているスノビズム（snobisme）とは、〈内容からまったく自立した形式を規範にして生きている状態〉というような意味だろうと思われる。コジェーヴは、「日本人はすべて例外なくすっかり形式化された価値に基づき、すなわち『歴史的』という意味での『人間的』な内容をすべて失った価値に基づき、現に生きている」といい、「どのような動物もスノッブではありえない以上、『日本化された』ポスト歴史の後の時代はどれも特有な仕方で人間的であろう」とのべている。[10]

誉められているのだか、貶されているのだか、即座にはわからないような評価だけれど、ここで、近代の終焉以後、脱近代の時代に特有なかたちで「人間的」であることをもたらしているものを、コジェーヴが、アジア的なものとか中国文明圏的なものとかにではなく、「日本的なるもの」に見出していることは重要である。しかも、それは「近代的に構成された日本的なるもの」ではないのである。コジェーヴはいう。「日本特有のスノビズム」が生み出されたのは、日本が「ほとんど三百年の長きにわたって『歴史の終末』の期間の生活を、すなわちどのような内戦も対外的な戦争もない生活を体験した唯一の社会だからである」[11]と。

つまり、コジェーヴは、鎖国のまどろみのなかにあった「日本的なるもの」こそが、脱近代のなかで活きてくるということを示唆しているのだ。ヨーロッパ文明はもちろん、中国文明からも、その他いかなる文明からもシャットアウトされて近代に入るまでずっと平和裡に純粋培養されてきた「日本的なるもの」が、近代を経過しても、まだ日本社会のなかに残っており、それがポスト歴史の時代における「人間的なもの」の源泉になっている、というのである。

これは、これからの脱近代の時代、「新しい中世」の時代をどう生きるのか、という点で貴重な示唆をあたえてくれるものなのではないか。だが、その示唆を汲み取るためには、いま「日本的なるもの」といわれているもののなかで、いったいどれが近代に入ってからの発明による「創造された伝統」、つまり「近代的に構成された日本的なるもの」なのかを見極めることによって、歴史汎通的な、つまりほんとうに伝統的な「日本的なるもの」を救い出す必要がある。そこにおいてはじめて、日本人が「自己の本然をつくす」出発点が固められるのである。本稿は、そのための試論である。

2　日本社会の異文化受容メカニズム

「近代的に構成された日本的なるもの」とはどういうものか——それを明らかにするための前提として、逆に、まず日本社会というのは、近代にいたるまでどのような社会だったのか、その社会はみずからとは異なる高度文明をどのように受け容れてきたのかということについて、一定の観念をえておくことが有効だと思われる。

その点で示唆的ないくつかの日本認識を手がかりにして考えていくことにする。

森有正のアシミラシオン文明論

哲学者の森有正は、幼少のころからキリスト教とフランス文化になじんだ生活を送り、三十代で国費留学生としてフランスに渡り、そのまま住み着いた。そして、デカルトやパスカルを研究する一方で、パリ大学などでフランス人に日本文学、日本文化について講じた。こうした営みを通じて、森は、みずから意識的に、西欧化を強いられた近代日本人のありかたを追体験し、それをみずからの経験として——「経験」というのは森の哲学において中心概念の一つであった——考察したのであった。

その森が、「日本人は経験することがない」といい、「それは日本人の自己が強いからだ」という不思議なことをいっている。なぜ日本人には「経験」がないのか、それは「自己の強さ」とどう関わっているのか、そもそも「日本人の自己の強さ」とはどういうものなのだろうか。森は、「アブラハムの生涯」と題した講演で、こう語っている。[12]

「日本の、日本人のある質というものは非常に強くて、最後までそれが残っている。仏教を採用した時でも、あるいは儒教を採用した時でも、あるいは中国の言語である漢文を摂取した時でも、日本人が持っているある一つの質と言いますか、あるいは物事の考え方と言いますか、感じ方と言いますか、そういうものは執拗に持っております。……自分のものを持っていて、他のものを摂取して自分に同化してゆく、自分でそれを使ってゆく、そういう点について日本人は非常に強いけれども、日本人は自分のほうから出発して、他の中に入り込み、そこで自分の新しい世界、新しい自分というものを築き上げるという力は非常に劣っているように思います」

自らを世界に対して立てて、世界に立ち向かって格闘する中で世界を変え、自己を変える——これが森のいう「経験」である。各自の経験が、それ自体としては主観的なものでありながら、コンパシオン（compassion　共感）を通じて相互に透明になって共有されるようになると、そこに普遍的な共通基盤ができてくる。このように自己を固定化しないで、世界を変える中で自己も変えていこうとする態度、それに貫かれた文明を森は「冒険」の文明、アヴァンチュール（aventure）の文明と呼んでいる。ヨーロッパの文明は、このアヴァンチュールの文明なのである。

それに対して、自らを世界にさらさず、自分に向かってやって来たものに対しては、同化・吸収できるものは同化・吸収し、同化・吸収できないものはできるものに変換して同化・吸収する、変換できないものは捨ててしまうという態度においては、「経験」することがない。自分は変わらないから「経験」にならないのだ。そのように変わらないである自己は、殻が硬いという意味で「強い自己」といえるかもしれない。こうした態度に貫かれた文明を森は「同化・吸収」の文明、アシミラシオン（assimilation）の文明と呼ぶ。日本の文明は、このアシミラシオンの文明なのである。

「日本の文明は同化の文明、自分がきちんとあって自分に合うものを外からみんな取り寄せる。ラジオでもテレビでも缶詰めでもみな取り寄せて自分の役に立たせてしまう。何にも保証されない、無の中に何かを求めて出ていくという冒険の思想というものは日本の文明には根本的に欠けております。あらゆる点からそれを立証することができます[13]」と森はのべている。

森は、このような日本のアシミラシオンの文明を否定すべきものとしてとらえている。プロテスタントのキリスト者である森にとって、世界に対したとき、それをひたすらアシミレートすることに終始するような関係態度は、「内的な促し」も「みずからの責任」も生み出すことがないからだ。彼にとっては、「私どもの存在を根底から動かす『約束の地』があって、そこに向かって私どもが内面の促しを感じている」ことが必要であって、そこでは「出発する私ども自身が責任を持たなければならない」のである。だから、この講演で、そのような世界に対してアヴァンチュールする関係態度の祖型として、旧約聖書の族長アブラハムを採り上げて、その生のありかたを語ったのである。

いずれにしても、ここには日本人の世界に対する伝統的な関係態度の特質のひとつがつかみだされていることはまちがいない。では、なぜ、どのようにして、このような関係態度が育まれ、定着したのだろうか。

神島二郎のマジックミラー社会論

柳田國男は、『明治大正史世相篇』で、日本人が「異郷を知る」ということをめぐって、こう書いている。(14)

「強いて細かな観察をすれば、外を知るということと、外から知られるのと、事が別々になっていてお互いでないのが、気にかかるただ一つの点である。田舎の世間通は簾《すだれ》などの中から、外を覗いているような姿がある。こちらは隠そうというつもりはなくとも、見られる機会だけがまだ後に残されているのである。この点は特に国外との関係において、模倣の不自然であったことをよく示している」

つまり、田舎の人間は、都会に対して、御簾の中から外を覗いているようなかたちで、こっちの姿は隠したまま、向こうを観察して、模倣するというのだ。そして、日本国内と国外との関係も同じで、直接ぶつからないで、こっちの正体はわからないようにしながら、模倣する。だから、誤解と不自然な模倣になってしまうというわけである。それを柳田は、「自由な都会式の対等の往来」ではなくて「己を空しゅうした一方的の興味」であるとしている。これは、「日本人は自己が強い」という森有正のとらえかたと反対のようだが、御簾の中に自己を隠して、自己は絶対に変えることなしに、相手から取り入れてしまおうというのだから、実際は同じことをいっているのである。

このような関係について考察した政治社会学者の神島二郎は、これは日本列島に人々が住み着いて以来、彼らが「〈島〉宇宙」のような世界に住んできたからだ、という。

日本列島は大陸との意識的なつながりは断たれていたが、海流による偶然のつながりは保たれており、列島の内部では、山岳重畳たるなかで河川沿いに移動が促され、人々は「〈山谷村〉的なミクロコスモス」に自足して生息した。このような生息環境においては、「見えざる視界外の世界に対するあこがれと神秘の感覚とがゆたかに醸成されていたわけである。したがって、日本列島は外から覗かれにくいが、内から外を覗き見することはできたのである」と神島はいう。[15] この「外から覗かれにくいが、内から外を覗き見することはできる」社会を、神島は、外から内は見えないが、内から外は見ることはできる装置であるマジックミラーに似ているとして、「マジックミラー社会」と名づけた。

そのようなマジックミラー社会の特徴はどこにあるのか。

マジックミラー社会では、「相互観照がなりたたないから、認識にひずみを生じざるをえないが、そのかわりに伝流する文化は無意識の変容を遂げながら順調に浸透し、アカルチュレーションに必然的な矛盾相克が期せずして回避される[16]」と神島はいう。

ここでいわれているアカルチュレーション（acculturation）とは、異文化との接触による文化変容、高度文化の文化型・文化様式への適応のことである。つまり、マジックミラー社会では、外から来る異文化、高度文化に対して、おたがいに対立相剋しあうなかで影響をあたえあうようなことをせずに、御簾を通して、自分をさらさずに、必要なところだけ受け容れてしまう。だから、受容が迅速かつ円滑におこなわれるが、認識に歪みが生じる、というわけである。

こうした日本型アカルチュレーションのメカニズムは、大陸・海外との交渉をもっぱら中央政権が管理し、そこで異文化にバッファ（緩衝）、フィルター（濾過）をほどこして消化できるように変形し、そのように受容可能となった異文化を高密度なtangible（接触可能）な社会において「日本化」して定着させてしまう、というかたちで作動してきたと考えられる。これが、中国文明と直面したときにも、ヨーロッパ文明と直面したときにも同じように作動した文化受容・適応の日本的な方式だったのである。

さっき見たように、森有正が「日本人には経験するということがない」ということをいって、そして、日本人は、だから、かえって、ヨーロッパ人よりも「自分」というものが強いのだ、といっているのは、まさに、この文化バッファ、文化フィルターの働きのことを指しているのだと考えられる。

それでは、古代に中国文明と直面したとき、この日本型アカルチュレーションのメカニズムは、どのように働いたのだろうか。

岡田英弘の鎖国社会論

日本古代史の佐原真、春成秀爾らは、日本がヨーロッパ文明を導入しながら近代的制度を確立していく過程としての日本「近代化」に類比して、中国文明を導入しながら律令制度を確立していく過程としての日本「古代化」を考えている。そして、そのほかの古代高度文明の周辺地域をも含めて一般的「古代化」の比較研究をしている。

それを見ると、日本では、農耕社会の成立が非常に遅れたのに、環濠集落の出現がきわめて早いという「世界史的に見て驚くべき」現象が見られるうえに、階層分化・身分分化の指標である墳丘墓の出現も異常に早く、農耕社会に入って六〇〇年から七〇〇年で巨大な王墓が出現し、古代王権が成立しているというのである。[17] つまり、「古代化」の着手は非常に遅いが、いったん着手してからのスピードが世界的に見ても異常に速いのだ。要するに、いろいろなレヴェルで、そのときそのときに必要とされた集権化を実現していく速度がつねに速いということができようか。

日本は、ヨーロッパ文明導入の「近代化」のスピードが非常に速かっただけでなく、中国文明導入の「古代化」においてもそうだったのだ。そこには、外来高度文明を受容する過程をスムーズにするなんらかの共通したメカニズムが働いていたと考えられるのではないか。

この点をめぐって、興味深い論点を提出しているのは、東洋史学の岡田英弘である。岡田が問題にしているのは、春成が問題にしていた王権成立のあと、統一日本国家の誕生と確立をめぐる事情である。日本統一国家成立への過程は、六四五年の大化の改新に始まる。中大兄皇子と中臣鎌足が中心になって進めたこの政治改革は、全体として、従来の氏姓制による皇室・豪族の個別分散的支配から、公地公民制による中央集権的・官僚制的支配への転換であった。しかし、岡田は、このような国内的要因よりも、当時の東アジア情勢という国際的要因のほうを重視する。

六六〇年に唐が百済を滅ぼし、六六三年に倭の艦隊が白村江で全滅し、六六八年に唐が高句麗を滅ぼしたことによって、朝鮮半島は唐帝国の傘下に入った。それまで日本列島にとって朝鮮が唐に対するバッファ（緩衝地帯）になっていたのが、これで列島は直接に唐の脅威にさらされることになった。

これに対して、日本列島の住民は強い危機感をもち、諸氏族が大同団結して統一国家を結成しようという気運が高まったことは事実だったろう。岡田は、この契機を重視する。

それが結実したのが六六八年の天智天皇近江朝の成立である。このように、日本国家は、日本列島を「外」——近世になるまでは「外」とは中国大陸のことであった——からの脅威に対して防衛することを最重要課題として成立した、というのが岡田の統一国家成立のとらえかたなのである。[18]

そして、以後、日本はアジア大陸就中中国文明圏から隔絶することを意識的に選択し、鎖国が日本国家の本質になった、と岡田はいう。日本とアジア大陸との関係は、イギリスとヨーロッパ大陸との関係に似ている。しかし、ヨーロッパ大陸の王家とブリテン島の王家との間で婚姻関係が結ばれることはしばしばあったのに対して、日本の皇室がアジア大陸の王家と婚姻関係を結んだことは一度もない。それどころか、日本はアジア大陸の国とずっと国交がなかったのである。経済的貿易関係はあっても、政治的な国交はない。一貫して「政経分離」なのだ。政治的国交を開いたのは、実に一八七一年（明治四年）の日清修好条規が最初なのである。明が足利義持を日本国王に封じたとき、江戸幕府が朝鮮国王と和を結んだときが例外ではあるが、いずれも征夷大将軍レヴェルのことであって、日本国全体のレヴェルにすることは慎重に避けられていた、と岡田は指摘する。

このように、日本は建国以来、鎖国を国是とし国家の本質として、「鉄のカーテン」ならぬ「竹の御簾」を下ろして、そのバッファ、フィルターを通してのみ外部とつながっていた、その意味で日本は一貫して鎖国社会であり、マジックミラー体制を意識的にとってきた、というのが岡田の日本鎖国社会論なのである。

ここで重要なのは、日本においては「国語」の成立が、これまた非常に早い時期におこなわれたということだ。

七世紀の日本では、倭人が使う土着の言語である倭語ともに、渡来人が使う中国語――それも出身地方によっておたがいに通じないほどちがう諸言語――が話されており、共通語としての日本語というものはなかった[19]。ところが、天智天皇の近江朝のころに、すでに漢字を使って倭語を書き表す試みがおこなわれており、それも意訳漢字を和語の語順で並べるだけのものから、意訳漢字と音訳漢字の組み合わせで倭語を表現するようになり、やがて九世紀初めに、かな文字が成立する。こうして、漢文訓読と漢字かな混じり文によって文章を表現することができるようになり、国語としての日本語の成立にいたる。

岡田のいいかたを借りると、「漢文［中国語］を基礎として、その一字一字に対応する意味の単語を、土着の倭人の言語から拾ってきて、順番にはめこむというやり方で、実用になる新しい国語を人工的に作った[20]」のである。

朝鮮語が国語として成立するのは一五世紀である。それまでは、中国語をそのまま韓国式漢字音で音読するのが公用語であった。それを考えれば、日本では非常に早い時期に国語の成立がなされたことがわかる。

そして、この国語の成立の過程自体が、高度文明であった中国文明を受容する際の文化フィルターをつくりあげていく過程だったのである。というのは、表意文字としての漢字は、意味とともに日本に入ってきたわけだが、日本人は、その意味のうち、理解できる部分だけを取り、理解できない部分を捨てたのだ。同時に、中国語にはなかった新しい意味を、倭語の概念にもとづきながら、付加することもあった。このようにして漢字が日本語化されたのだ。これは、中国文明の各要素を取捨選択しながら同化・吸収していく過程でもあった。そして、そこにつくられていった変換装置こそが文化フィルターの役割を果したのである。

3 近代日本語の成立と新しい文化フィルターの形成

新しい共通語としての近代日本語

このような「古代化」における中国文明との関係、そこにおける文化フィルターの形成は、「近代化」におけるヨーロッパ文明との関係を処理し、そこにおいて文化フィルターの形成していく際に、基本的には同じようなメカニズムでくりかえされたのである。

幕末・明治初期にヨーロッパの言語を受け容れたときにも、同じやりかたをとったのだ。そして、それは、「古代化」の際に共通語としての日本語をつくりだしたのと同じように、新しい共通語としての近代日本語をつくりだすことに結果したのだったのだ。

そのときの事情は、井上ひさしの『国語元年』に巧みに描き出されている。[21] この作品は、明治初期、もと長州藩士の若侍が、文部省学務局の役人になって、全国共通話し言葉の規則をつくるという話だが、そのときには、古代日本では倭語と中国語各方言とが入り乱れて共通語がなかったのと同様に、徳川幕藩体制が各藩ごとの地方分権だったために、非常に多くの、おたがいに通じないほどちがう方言が入り乱れており、しかも、それらのどの言語を用いても、西洋から入ってきた新しい事物や概念を表現することができなかったのである。

そこで政府は、共通語としての国語を、西洋語と対応できるようなかたちで新たに生み出そうとして努力を傾けたのである。そして、そのときには、西洋から入ってきた新しい事物、新しい概念に対しては、まず英語、ドイツ語などのヨーロッパの言語で考えて、それからヨーロッパ言語の文章を一語一語日本語で置き換える作業をしたのだった。そして、その過程で、その作業が可能になるようなかたちで、人工的に新しい日本語の語彙と文体をつくりだしたのである。先に見たように、古代における国語の成立の際に、「漢文［中国語］を基礎として、その一字一字に対応する意味の単語を、土着の倭人の言語から拾ってきて、順番にはめこむというやり方で、実用になる新しい国語を人工的に作った」のと同じやりかたである。そこには、西洋特有の語彙を日本語化するという翻訳語の問題と、欧文脈を日本語に取り入れるという文体の問題とがあった。

これは、古代に中国語を日本化するときに、まず中国語を中国語として理解して、次にレ点、返り点などの方法を導入して漢文を訓読し、読み下し文というスタイルをつくることを通じて、漢文脈に対応できる日本語文語をつくりだしたのに対応している。近代日本語の場合は、さらに、欧文脈に対応できる文体と語彙をつくりだしただけでなく、言文一致の国語改革をともなっていた点に特徴があった。そして、このようなかたちで近代化の初期に近代化の推進の大きな武器となる近代日本語が創出されたことは、大きな意義をもっていたといわなければならない。

横のものを縦にできたことの意義

これまで、このような近代日本語成立の意義は、国粋主義否定が原則になった戦後には、一般に過小評価されてきたように思われる。しかし、近代化を進めていこうとするとき、異文化の言語ではなく自分自身の母語である日本語を通じて、西洋の思想や論理を理解し、みずからのものとして使えるようになっていたということは、近代化というものが、西洋の思想・技術・制度の導入としておこなわれるものであった以上、非常に意義の大きなことだった。

同じように近代化を進めようとした中国、朝鮮などでは、近代日本語のような機能をもつ近代中国語、近代朝鮮語などを創造することができなかった。だから、たとえば清や民国が近代化を図ったとき、膨大な数の留学生が日本に送り込まれたのである。それは、日本に行って日本語で学べば、西洋の思想・技術・制度がそのまま自分のものにできたからである。中国思想史の溝口雄三がいっているように[22]、中国人は、日本自体に関心があったわけではなくて、ヨーロッパを覗く「窓」として日本に関心をもっていたのであり、日本はその「窓」としての機能を充分に果たしえていたのである。

逐語訳・直訳の翻訳やそこから出てくる翻訳調の欧文脈の文章は、生硬で不器用なもののようにいわれ、「横のものを縦にしたにすぎない」と否定的に評価されたりした。また、もっぱら欧米異文化移入の役割にあたり、そういう翻訳や翻訳調の文章をこととした近代知識人は、単純で融通が利かない偏狭な精神の持ち主で、西洋崇拝の事大主義者のように見なされてきた。最近の研究である鈴木直『輸入学問の功罪』（ちくま新書、二〇〇七年）でも、そうした知識人のありかたは、地方出身の下級武士が上級士族の遊び心もなく農民のおおらかさも欠き、現実の多様性、複雑性に対応できないままに、西洋的教養で対抗しようとしたものであって、言語表現の複雑性や多様性に対する近代エリートたちの不安がなせる業であると評価されている。

確かにのちにはそうした傾向も現れてきたといえるかもしれないが、もともとそういうものであったわけではない。これについては、徳川時代の蘭学・英学など洋学の努力にさかのぼって考える必要があり、明治に入ってからの近代日本語確立への営みも、その延長上でとらえなくてはならない。蘭学・英学など洋学の努力が開拓精神と冒険精神――森有正のいうアヴァンチュールの精神――、そしてまことにインダストゥリアス（勤勉）な態度――それが勤勉革命（industrious revolution）としての産業革命（industrial revolution）につながったのだ――に満ちていたことは、杉田玄白の『蘭学事始』や福沢諭吉の『福翁自伝』を読めば、脈々と伝わってくる。明治初期の知識人にも、その精神は生きていた。そのなかから生み出された近代日本語の「横のものを縦にできる」技術は、非常に大きな意義をもっていたのである。

それだけ意義の大きなものであっただけに、このような近代知識人による西洋異文化の移入技術の確立は、単に個人の努力としてではなく、政府の事業としておこなわれた。したがって、政府と直結した官学アカデミズムが、帝国大学を中心に形成されていくことになる。彼ら官学アカデミシャンは、根本において国策にもとづき、近代化推進のために、この「政治的」学問に邁進していくのである。そして、この政治性が、創造された近代日本語をしてひとつの文化フィルターたらしめていったのである。

「自由」のアシミラシオン

近代日本語が文化フィルターになっていったとはどういうことか。それについては、ひとつには翻訳語の問題があった。

西洋語はどのように日本語に訳されたのか。たとえば、杉田玄白の『蘭学事始』によると、こんな具合だった。「ウヲールデンブック」(辞書)というものがないので、鼻の絵のそばにフルヘッヘンドと書いてあるのをみて、フルヘッヘンドという蘭語の用法をいろいろ調べてみる。木の枝を切るとその跡がフルヘッヘンドになるとか、庭を掃除するとゴミが集まってフルヘッヘンドになるとかいうところから、「フルヘッヘンド=堆」ではないか、と推測して、ほかにあてはめてみると、すべてあてはまるので、「堆」という訳語を確定する。そういう手順を辛抱強くとっているのだ。「思ひを労し、精を研り、辛苦せし」あとだけに「その時の嬉しさは、何にたとへんかたもなく、連城の玉をも得し心地せり」というのもよくわかる。[23]

杉田玄白は、たとえば「精神」にあたる「シンネン」(zinnen)などは日本語に該当する語がなかったので、「一向に思慮の及びがたき」こととなり、「わからない」という印に丸の内に十文字を引いた「轡十文字」という記号を書いておいたという。[24] そして、特に明治に入ってからは、このような、それまでの日本語にはない概念語の翻訳が中心的な課題になってくる。ここで重大な問題が生じてくる。翻訳論の専門家である柳父章は『翻訳の思想』(平凡社、一九七七年)『翻訳語成立事情』(岩波新書、一九八二年)などで、「自然」「社会」「個人」「自由」「権利」といった概念語の訳語がどう確定されていったのか、その過程を詳細に検討しながら、明らかにしている。このなかから「自由」という訳語を例にとって、その問題点を見てみよう[25]。

「自由」を採り上げるのは、今日にいたっても日本では「自由」「自由主義」という言葉で、ヨーロッパのliberty, liberalismとは異なったものを表象しながら、自分たちには自由があり自由主義の国にいる、ヨーロッパ諸国と「価値観を同じくしている」と思い込んでいるからだ。そして、その大きな原因のひとつが、もともと、この訳語選択にあったのではないか、と思われるのである。

Libertyに当たる日本語はなかった。中国語にも、それに当たるものはなかった。中国文明圏にはない概念だったのだ。そこで、近代知識人は、さまざまな訳語を当てて、日本語としての概念を創り出そうとした。

西周『万国公法』(一八六八年)は「自主」、津田真一郎『泰西国法論』(一八六八年)も「自主」、加藤弘之『立憲政体略』(一八六八年)は「自主」「自在」という訳語を当てた。そして、中村正直が『自由之理』(J.S.Mill, *On Liberty*の翻訳　一八七一年)で使った「自由」という訳語が定着した。「自由」が民衆の日常語だったから定着したという面があったが、これによって意味のずれが生じてしまった。

「自由」というのは、それまでの日本語ではあまりいい意味で使われる言葉ではなかったのだ。「我がまま」「勝手」「気まま」というような意味が強く、社会的制約の外に立つという意味合いが含まれていたのである[26]。それに対して、libertyには「自主」「自立」という含意があり、社会の内において自己責任・自主管理をもって立つという意味があった。「自由」では、そのニュアンスが切り捨てられてしまう。その意味では、西周や津田真一郎、加藤弘之らの「自主」「自在」のほうがよかったのかもしれない。少なくとも、そのほうが自己責任、自己統治、自己管理の精神という含意がよりよく伝わる。しかし、西洋の概念をそのまま移植するよりも、外来概念と「日本的な概念構成」「日本的な思想構造」との調和のほうが採られて、liberty は「自由」としてアシミラシオンされたのであった。

これについて、柳父章は、次のようにのべている。[27]

「かつてルソーは、『人間は自由な libre ものとして生まれた、しかもいたるところで鎖につながれている』と、『社会契約論』の冒頭に書いた。この文句は、やがて西欧の至る所で、人々の心を燃え立たせたのであった。東洋や日本にも、圧制に反抗する運動はもちろんいろいろとあった。しかし、そのことを、『鎖』から解き放たれるということだけでなく、積極的に求めるべき価値として、人類の内部にある観念としてとらえることばがなかったのである」

「自由」という訳語は、そのような観念を呼び起こす言葉にはならなかったのだ。このような訳語選択は、もちろん政治的な意図から意識的におこなわれたものではない。しかし、意識的な意図ではなかったとしても、政治性を帯びたものであったこともまた確かであり、それが近代化のなかで定着させせられることによって、大きな政治的効果を発揮したのであった。

かくして、昭和に入るとやがて、「自由主義」は「我がまま」「勝手」「気まま」主義として國體にそぐわないものとして排撃されるようになり、また戦後にいたっても自称「自由主義者」は、権力に対抗して社会の内に自己統治、自主管理の主体を立てることをしないまま、社会の外に立って無制約をいいたて、「借物の表象をかざして現実の醜悪を鞭打する役割を始めから背負はされたわが国の自由主義者たちは、この本来的な傾性のゆゑに、おなじく民衆の心理に眼をそむけた強権政治と容易に手を握つたのである[28]」と福田恒存にいわれるような状態を示したのである。これらも、すべて、遠因はlibertyが「自由」としてアシミラシオンされたことにあったともいえよう。

カミと神とゴッド

この「自由」の場合は、もともと日本にも中国にもlibertyにあたる概念がなかったので、外来の概念が変えられるだけで、内にあった概念が変えられるということはなかったわけだが、内に似たような概念があった場合には、その概念も外来概念に当てられることによって変えられていってしまうということが起こりえた。そうすると、そこに「伝統の創造」と似た事態が成立してくることがあったのである。

近代に入って、ヨーロッパから来たGodという観念を「神」と訳したケースがそうであった。実は、このケースは二重の問題を含んでいた。まず「古代化」の段階で、日本にもともとあった「カミ」の観念に中国から伝来した「神」を重ねたことが問題だった。そして、さらに「近代化」の段階で、その「神」にヨーロッパから伝来したGodを重ねたことがもう一つの問題を生んだのである。

もともと、日本の「カミ」は非人格的なもので、事物に籠もっている威力の基、人類学・宗教学でいうマナや精霊のようなものを日本人は「カミ」と呼んでいたのである。それに対して、中国の「神《シエン》」は、人間の心に連なるものでありながら、しかも超人間的なもので、精妙で窮め難い事理、「神仙」のような道を体得した人、「精神」というような人の心のなかに宿っている精気のようなものなどを指していた。また、キリスト教のGodは、それらとも違い、人格的な存在ではあるが、人間の心に連なるものではなくて、唯一絶対の永遠者であり、人間のみならず万物を創造した創造主として啓示をもって人間に倫理的な関係をもってくるものとしてとらえられるものであった。

このようにたがいに異なっているものなのである。だから、中国ではゴッドを「神」と訳すか、「上帝」と訳すかをめぐって論争があり、結局「上帝」派が勝って、そう訳すことになった。実際、「上帝」のほうが「神」よりも、いまいったようなゴッドの観念に近いのだ。だから、日本でも「神」とともに「上帝」を使っているキリスト者もいる。たとえば、サムライ・クリスチャンで儒教の教養が深い柏木義円などはそうだ。

カミは神ではなく、ゴッドでもない。それなのに、日本では、これらが事実上等値なものとされてしまった。それによって、伝統的なカミ観念が、儒教・道教の神観念を通じて「古代化」されて変質していたうえに、さらにキリスト教のゴッド観念を重ねられることで、「近代化」されて変質したのである。ここには、近代化のなかで、西洋の観念に和語としての日本語や中国語由来の日本語を重ねていくことで、もともとの観念を変質させていく作用が働くことが示されている。かくして、歴史家の津田左右吉が指摘しているように、「日本の上代に神権政治（theocracy）がおこなわれていた」などという途方もないとらえかたが知識人のなかからさえ生まれてきてしまったりしたのである。[29]

そもそも、天皇が神であるという考え方、神勅主権といった観念自体が、儒教の神《シェン》、キリスト教のGodがカミに重ねられたことによって、はじめて成立してきたものなのである。津田左右吉が、次のようにのべているとおりである。[30]

「歴代の天皇を神として祭るといふことは、昔から皇室には無かつたことであるが、メイジ四年になつて新たに神殿（皇霊殿）を宮中に設け、列祖を祭られることになつたのは、この思想［儒家の思想の形に現はれたものである」

「昔から天皇の地位なり権威なりを宗教的意義での神から与へられたとするやうな思想は無かつた。これは上代に神といはれたものの性質から見ても当然なのである。神といはれたものは生物なり無生物なりいろいろの霊物や形の無いさまざまの精霊であり、人格を具へてもゐず、宇宙を支配し全体としての人間を支配するほどの力をもつてもゐないから、君主の権威がさういう神から与へられたといふことは、考へられなかつたのである」

ここにも、ホブズボウムのいう、近代化によって「創られた伝統」を見ることができる。

柳父章は、津田の見方に基本的に同意しながら、しかし、近代の初めに、言葉だけでなく制度も輸入したのであって、大日本帝国憲法をつくったとき、伊藤博文たちがドイツのシュタインらに教えられて「神勅主権」「神権政治」的な制度を取り入れたのであって、そこには「言葉の翻訳」だけでなく「制度の翻訳」もなりたっていた、とする[31]。大日本帝国憲法の天皇制は——私の見るところ——、かならずしも「神勅主権」「神権政治」ではなく——だから「的」と表現した——、君権論と民権論との政治的対立を回避して、君権を基本にできるだけ立憲的要素を導入した「君民両権」という妥協的な制度設計であったと考えられるが、確かに、彼らはこのとき、まちがえてカミとゴッドを同一視したのではなくて、意図的に混同させるようにして、invention（発明＝捏造）をおこなったのである。

4　近代日本国家の制度設計と「日本化」戦略

日本近代化のパタンを創り出し推進したのは、維新の元勲で維新政府の中枢をになった大久保利通、伊藤博文ら第一世代であるともいえるが、彼らのもとで実際に具体的な制度設計にあたったのは、たとえば井上毅、穂積陳重・穂積八束、井上哲次郎、小村寿太郎といった、第一世代に見出されて抜擢された優秀なテクノクラートやイデオローグたちであった。

井上毅は、一八四三年（天保一四年）、熊本生まれ、維新後司法省に入って江藤新平に、江藤処刑後は大久保利通に見出された人間である。井上哲次郎は、一八五五年（安政二年）、福岡生まれ、その学才を買われて帝大の官学アカデミズムの代表として教育勅語を國體理念として仕立てるなどイデオロギー政策に深く関わった。彼らは、いずれも、倒幕・維新の行動には直接加わることはなかったが、革命家であった第一世代に登用され、その手足となって、新しい国家と社会をつくりだすプランナーとして働いたのであった。

明治維新第一・五世代

こうした一群のテクノクラートやイデオローグは、維新のときにはまだ生まれていないか少年で、明治国家のなかで育まれてやがてそれをになうことになった、美濃部達吉、上杉慎吉、三宅雪嶺、高山樗牛といった第二世代とは、その歴史的に負わされたものが明確に異なる。そうした第二世代と第一世代との間にあって、第一世代に密着していた「維新第一・五世代」ともいうべき存在だったのである。

これら一・五世代に共通する特徴はどこにあったか。第一に、彼らはみな武士階級の出身者で、しかも儒学のきわめて深い教養をもちあわせていた。第二に、ヨーロッパに行って西欧近代の国家・社会制度、文化・思想のありかたを直接学び、しかも的確に学び取ったインテリゲンティアだった。彼らの教養と才能を見出し、彼らをヨーロッパに派遣して、それをさせたのは第一世代である。だから、第三に、これら一・五世代は、そうした第一世代の要請に応えて、みずからの資質・能力を総動員して明治近代国家の構築に全霊を捧げたのである。

明治維新後の近代国家建設が成功した要因として、この一・五世代の働きが非常に大きかったのではないか。たとえば、ロシア革命の場合、革命の指導者となったボルシェヴィキは、革命後の社会主義建設をになっていくテクノクラート、イデオローグをみずからの影響下から見出して、みずからのもとに働かせていくことができず、結局、旧体制の官僚や技術者を登用していくしかなくて、それによって革命の変質を招き寄せたのであった。中国革命にしても、いつまでも第一世代がすべてをになわなければならなかったことが、社会主義建設失敗の原因になったと考えられる。それに比べると、明治維新の場合は、第一世代が、危機意識と使命感をもちながら、革命者であるみずからが建設者としては限界をもっているということに自覚的で、そこから建設者として一・五世代をただちに積極的に登用し、彼らにみずからの危機意識と使命感を共有させたのだった。このことは非常に大きな意義をもっていたと考えられる。

近代国家構想の対立と展開

日本の近代国家形成にあたっては、政府部内に三つの潮流、三つの路線があった。

一つは、絶対主義的有司（エリート官僚）専制による「君権」路線である。

これは、黒田清隆ら薩摩系参議が唱えたもので、彼らの主張の背景には、人民の政治的未成熟のもとでは、民選議会の設立を通じて人民を政治に参加させたりすることはかえって混乱を招くだけであって、まずは開発独裁によって急速な近代化を進め、そののちに政治的成熟を待って参加を考えるのが至当だとする認識があった。

もう一つは、近代的立憲君主制による「民権」路線である。

これは、政府内では大隈重信の立場だったが、そのバックには在野の自由民権運動があった。有司専制派がいうようなかたちは、早道のように見えて、かえって近代化をなしえないやりかたであって、何よりもまず人民を政治的に成長させないと近代化はできない、と主張した彼らは、英国流の議会君主制（議会が主で君主はそれを追認する体制）の確立を志向した。

第三が、絶対主義の立憲的修正による「君民両権」路線であった。

これは、伊藤博文ら長州系参議がとった路線で、そのもとでテクノクラートとして井上毅がプランニングにあたっていた。彼らは、「君権」路線、「民権」路線それぞれの根拠を理解していたが、国民統合のためには天皇中心の体制であることが絶対必要であること、しかし、まだ権力基盤が弱いから、人民との対立を惹起することは避けなければならないこと、を根拠に、「絶対主義的天皇制にできるかぎり立憲的要素を入れる」という妥協路線をとったのである。

政争の末、結局、「君民両権」路線が勝利した。一八八九年（明治二二年）に大日本帝国憲法が発布され皇室典範が制定され、翌一八九〇年（明治二三年）に国会開設、教育勅語発布がおこなわれて、「君民両権」路線による「中性国家」としての明治国家が成立したのである。(32)

しかし、この近代国家は、いまだに社会的基盤が充分ではなかった。国民の間には広く「客分」意識が残っていた。国を治めるのは「主人」である武家出身の政府・官僚の仕事であって、自分たちは「客分」にすぎないのだから、もっぱら私益を追求し自由にふるまっていればいいのだという意識である。このような国民の「客分」意識が、「君権」派には「そういう未成熟な人民を政治参加させれば勝手放題をやって混乱するだけだ」というふうに受け取られ、「民権」派には「そういう意識のままではだめなので、参加の機会をあたえて、能動的に国政に参与するような国民にしないと近代化は進まない」というふうに受け取られていたのである。

それではどうなったか。結論的にいうと、いま政治的な部面において立憲主義体制をつくり、そこに国民を統合することはできないので、そうではない「君民両権」にするが、これから社会的な部面において国民を育て、「客分」意識を払拭して「能動的国民」として参与させるようにもっていく、ということになったのである。これが、政治的な部面においては大日本帝国憲法と皇室典範を柱とするいわゆる「典憲体制」、社会的な部面においては教育勅語による人民教化体制というかたちで具体化されたのである。

帰朝者のコンプレックスと危機感

この「典憲体制」を設計管理したのが井上毅であり、「教育勅語による人民教化体制」を先導したのが井上哲次郎であった。では、井上哲次郎は、どういう問題意識で、教育勅語を基軸としたイデオロギー対策にあたったのか。

私はかつて井上哲次郎の『日本古学派の哲学』(冨山房、一九〇二年)を読んだとき、なんという牽強付会な論法だろうか、国粋主義に固まって、西洋哲学をよく知りもしないで歪めているのではないか、と思った。

「古学派」というのは、山鹿素行・伊藤仁斎・荻生徂徠ら、朱子学・陽明学を乗り越えて孔子そのものに還ろうとする学派で、その志向はヨーロッパでいえばハルナックの原始キリスト教回帰に似ている。その意味では興味深い思想内容をもっていると思ったのだが、井上のこの本では、たとえば、カントの実践理性批判の命題を陽明学・武士道にすでにありとしたり、ヘラクレイトスのパンタ・レイ(万物は流転する)は宋儒の中で仏教説を採用していることに見られるとしたり、プラトンのイデア説は朱子の理気説と同じだとしたり、という具合で、総じて、西洋思想を儒家の思想の中に読み込んでいる。私は、それを見て、「牽強付会」「国粋主義」と思ったのだが、実はそうではなかったことが、のちになってからわかった。

井上哲次郎は、さきにふれた「維新第一・五世代」の代表の一人であり、彼らに共通する特徴を典型的に持ち合わせていた人物だった。

彼が儒学にきわめて深い教養をもっていることは、『日本古学派の哲学』を見れば明らかなことであった。その上、井上は、外国語の習得に非常に優れていた。若いときから、漢文を習えば漢文の先生を追い越し、英語を習えば英語の先生をすぐに追い越した、という。そして、一八八〇年代末にヨーロッパに留学するや、ドイツ語・英語・フランス語をたちまち身につけ、原語で西洋哲学の原典を読んで、ハイデルベルク大学に留学したときには一カ月くらいでドイツ人の哲学教授と論争を始めたほどだった。

このように、井上哲次郎は、ヨーロッパをそのものとして受け取り、それと闘って「経験」をつくっていく「アヴァンチュール」の人だったのである。一・五世代はなべてそうだった。大正デモクラシー期に近代日本を背負うようになる第二世代となると、一・五世代によってこのようなアヴァンチュールを通じてアシミラシオンされたものを、そのままヨーロッパだと思って丸呑みにして、安心している姿が見られるが、一・五世代自身は、そんなものではなく、死にものぐるいでヨーロッパと格闘して、森有正のいうみずからの「経験」として、思想を打ちたてたのである。

井上哲次郎は、ハイデルベルクでヘーゲル学派の哲学史家クーノー・フィッシャーに学んで、西洋哲学を身につけ、それを通じて西洋思想を体得した。そして、そうした「西洋的なるもの」が生で日本に入ってくることに非常な脅威と危機感を感じたのである。

かくして、ドイツ留学中に『内地雑居論』(哲学書院、一八八九年)を著すことになる。[33] この著作を見ると、井上が、次のように考えたことがわかる。

《日本人は、西洋人より思想的にも身体的にも劣っているので、彼らが条約改正で日本社会に雑居することになると、彼らとの競争に敗れ、国家の統治は困難になる。

けれど、彼ら西洋人の制度は必要だし、そこにある制度思想が入ってくるのを妨げることはできない。だから、西洋的な概念を導入するとともに、それを系統的に換骨奪胎して「日本化」してしまう必要がある。そのためには、特に西洋制度思想のバックボーンであるキリスト教を解体して、西洋思想を骨抜きにしてしまわなければならない。》

ざっと、このように考えたのである。

井上が西洋人に対して劣等感を覚え、彼らが本格的に日本にやってくることに危機感をもったのは、当然のことであったといえよう。その裏には、維新を成し遂げた第一世代の要請に応え、その使命を受け継いで近代国家を確立していこうという、一・五世代に共通した使命感があった。そうしたところからヨーロッパを「経験」すれば、コンプレックスと危機感をもつのは自然であり、むしろ、そうでなければならなかったはずである。

そして、こうしたコンプレックスと危機感にもとづきながら、ヨーロッパ人と西洋思想に対抗するために、西洋的な概念をそのものとしては尊重するようなかたちをとりながら、実は系統的に換骨奪胎していく戦略を立てるのである。[34] これは、当時の支配層にとっての統治のイデオロギー戦略としては、認識においてリアルであり、方法においてそれなりに適切であったといわなければならない。

教育勅語による近代的なものの日本化、日本的なものの近代化

近代国民国家をつくっていくうえで、大日本帝国憲法と皇室典範が政治的統合の中心であったなら、文化的アイデンティティ形成の中心に据えられたのが教育勅語であった。そこには「近代的に構成さ

れた日本的なるもの」の精華が表現されていたともいえる。
教育勅語は、一部文部官僚の手による作文のようなものではなかった。地方長官会議での建議に始まり、井上毅、中村正直、元田永孚《ながざね》など当時の第一級の知識人が起草に関わったもので、昨今の安倍内閣教育再生会議のようなおざなりなものではなく、さまざまな思想的・政治的立場から徹底した論議がおこなわれた末に起草された「作品」であった。そこには、儒教、仏教の代表だけでなく、中村正直のようなキリスト者も加わり、あらゆる思想潮流、宗教宗派が合意できるものにする努力が払われたのである。[35]
政治的・思想的には、勅語成立の中心になったものとして三つの線があったと、哲学者の高坂正顕はいう。[36]第一の線は元田永孚を中心とした宮中側近の儒教原則派、第二の線が伊藤博文を中心とする立憲政体主義派、第三の線が山県有朋を中心とする軍人勅諭型規律倫理派である。そして、主には伊藤博文のブレーンでありながら、山県を含む元勲全体につながっていた井上毅が、第二と第三の線をつないで、元田たちと対抗する中心になっていった。だから、全体としては、元田の流れと伊藤の流れが、教育勅語をめぐる政治的・思想的対立の軸となった。そして、中村正直草案を批判的に改作して勅語を実質的に起草したのは井上毅だったといわれている。
その井上毅は、教育勅語起草の基本方針について、次の七つの条件を挙げている。山県有朋宛の書簡に記されていたものだが、概略、次の諸点である。[37]
① 普通の政事上の勅語とは違い、命令ではなく「社会上の君主の著作公告」とみなすべきである。
その理由は、「君主は臣民の心の自由に干渉せざる原則なり」というところにある。

② 勅語のなかに「敬天尊神等の語」を使わないようにすべきである。その理由は、「これ等の語は忽ち宗旨上の争競を惹起する」からである。

③ 勅語のなかに「哲学上の理論」を入れないようにすべきである。哲学理論はかならず反対の思想を引き起こすし、その是非は君主の命令で定めるべきものではないからである。

④ 「政事上の臭味」も避けるべきである。

⑤ 「漢学者の口吻」も「洋風の気習」も吐露すべきではない。

⑥ 「消極的の砭愚戒悪［愚や悪を戒める］の語」を用いるべきではない。

⑦ 「世にあらゆる各派の宗旨の一を喜ばしめて他を怒らしむるの語気」があってはならない。

ここには、思想・信条の自由、信教の自由に天皇が干渉することがあってはならないという原則を厳格に守りつつ、神道・仏教・儒教・キリスト教などあらゆる宗教宗派、あらゆる哲学理論から中立な中性的な道徳宣言をおこなうべきだという井上の姿勢がうかがえる。これは、社会統合に関するすぐれて近代的なアプローチだといえよう。

実際、教育勅語の起草は、この基本方針を守っておこなわれ、発布された勅語もそのようなものになっている。発布された教育勅語が説く道徳は、次のようなものであった。勅語全文を掲げる。(38)

勅　語

朕惟フニ我カ皇祖皇宗国ヲ肇ムルコト宏遠ニ徳ヲ樹ツルコト深厚ナリ我カ臣民克ク忠ニ克ク孝ニ億兆心ヲ一ニシテ世々厥ノ美ヲ済セルハ此レ我カ國體ノ精華ニシテ教育ノ淵源亦実ニ此ニ存ス

爾臣民父母ニ孝ニ兄弟ニ友ニ夫婦相和シ朋友相信シ恭倹己レヲ持シ博愛衆ニ及ホシ学ヲ修メ業ヲ習ヒ以テ智能ヲ啓発シ徳器ヲ成就シ進テ公益ヲ広メ世務ヲ開キ常ニ国憲ヲ重シ国法ニ遵ヒ一旦緩急アレハ義勇公ニ奉シ以テ天壌無窮ノ皇運ヲ扶翼スヘシ是ノ如キハ独リ朕カ忠良ノ臣民タルノミナラス又以テ爾祖先ノ遺風ヲ顕彰スルニ足ラン

斯ノ道ハ実ニ我カ皇祖皇宗ノ遺訓ニシテ子孫臣民ノ倶ニ遵守スヘキ所之ヲ古今ニ通シテ謬ラス之ヲ中外ニ施シテ悖ラス朕爾臣民ト倶ニ拳々服膺シテ咸其徳ヲ一ニセンコトヲ庶幾フ

このうち、道徳内容を説いているところは、「爾臣民父母ニ孝ニ兄弟ニ友ニ夫婦相和シ朋友相信シ恭倹己レヲ持シ博愛衆ニ及ホシ学ヲ修メ業ヲ習ヒ以テ智能ヲ啓発シ徳器ヲ成就シ進テ公益ヲ広メ世務ヲ開キ常ニ国憲ヲ重シ国法ニ遵ヒ一旦緩急アレハ義勇公ニ奉シ以テ天壌無窮ノ皇運ヲ扶翼スヘシ」の部分であって、これに関するかぎり、井上毅の方針は貫徹されており、「日本的」な色彩を多分にもってはいるものの、中立・中性の一般道徳が説かれている。たとえば、ここには「孝」は出てくるが、「忠」は出てこないのは、そのためである。だから、戦後になってからも、倫理学者の家永三郎でさえ、これを「頗る普遍性豊かにして近代的国家道徳を多分に盛った教訓」と評価しているのである。[39]

ところが、問題は、その前段である。勅語は、「我カ皇祖皇宗国ヲ肇ムルコト宏遠ニ徳ヲ樹ツルコト深厚ナリ我カ臣民克ク忠ニ克ク孝ニ億兆心ヲ一ニシテ世々厥ノ美ヲ済セルハ此レ我カ國體ノ精華ニシテ教育ノ淵源亦実ニ此ニ存ス」といっている。ここには、二つの非常に大きな問題が含まれている。ひとつは、「国を肇めること」と「徳を立てること」とをともにおこなったのが天皇だとすることによって、日本においては政治的支配と道義的支配が一体のものであるという「肇国＝建徳」の國體像を打ち出したことである。

そうすると、政治的権力と社会的権威をふたつながらもつ天皇は、「臣民の心の自由」に介入することができるということになりかねない。勅語では、歴史の問題として書かれているのであって、現在の天皇の機能ではないといえないこともないが、そういうふうにもっていくことは充分にできる文言である。そして、実際、その後の教育勅語運用は、その方向に突き進んでいったのである。井上毅がもっとも戒めた「天皇の名による思想・信条の自由、信教の自由への干渉」が現実に進められていった重要な契機が、教育勅語のこの規定に含まれていたのだ。

もうひとつは、臣民すべてが「忠」と「孝」で「心を一つに」してきたのが日本の伝統だという國體像を打ち出したことである。

これは、「君に忠」と「親に孝」とはつながっていて一本のものだ、親に孝行するように天皇に忠義をつくさなければならない、という「忠＝孝」という価値観まではほんの一歩である。確かに文言上は「忠＝孝」とはいっていないが、実際には、明治二十年代後半から三十年代に、教育勅語の道徳は「忠＝孝一本」だという見解に統一されていき、共同体倫理がそのまま国家にまでブローアップされて、「大家族制的共同体国家」へとまとめあげられていったのである。これは、井上毅が護るべきものだとした「中性国家」が「価値国家」へと変えられていくことを意味していた[40]。

これらは、いずれも日本の伝統であるかのように語られているわけだが、かならずしもそうではなくて、おもに水戸学國體論によって「創り出された伝統」だったのである。たとえば会沢正志斎の『新論』が、「神聖、忠孝を以て国を建て給へる」ことを國體として論じて以来のことである。[41] そもそも、明治に先行する徳川期の近世社会と幕藩体制を考えてみれば明らかなように、それ以前から、政治的支配と道義的支配は分離されていたわけだし、武家はともかく百姓・町人において、忠と孝がつながっているなどということはありえなかったのである。

それにもかかわらず、水戸学國體論の「報本反始」のロジックによって原初に還りつつ[42]、近代国民国家の形成という近代的な目的のために、おもにドイツの家族国家論と社会有機体説という近代的思想を媒介にして、「近代的に構成された日本的なるもの」へと「創造」したのである。[43] そうした方法によって描き出された国家像は、拡張家族としての日本国家をとらえる〈家族国家観〉と個体を超えた生命を個体が分有しているとする社会有機体論からなる〈超個体的生命観〉が合体した〈天皇制有機体国家〉像にほかならなかった。

教育勅語に含まれていたこうした契機に拠りながら、このように解釈された教育勅語を道徳的基礎として社会統合の中心にすることによって、天皇制国家の社会的基盤を創出していく上からの運動が展開されていったのであるが、イデオロギーの面において、その先頭に立ったのが井上哲次郎であった。

井上哲次郎は、教育勅語発布の翌年、その正統な解説書として『勅語衍義《えんぎ》』を著したが、これは文部省検定済教科用図書として、公認の勅語解釈の書となった。この公認解釈において、井上は、「蓋し勅語の主意は、孝悌忠心の徳行を修めて国家の基礎を固くし、共同愛国の義心を培養して不慮の変に備ふるにあり[44]」として、勅語中段にのべられているところの、家永三郎のいう「普遍性豊か」な「近代的国家道徳」ではなくて、前段にのべられている特殊日本的に「創り出された伝統」に当たる「孝悌忠心」「共同愛国」を中心思想として打ち出していったのである。こうして、「政治＝道義一体」「忠＝孝一本」が、結局のところ教育勅語のエッセンスにされていき、それによって「中性国家」が「価値国家」に変えられていってしまったのであった。

キリスト教の「日本化」

井上哲次郎は、一八九〇年（明治二三年）に七年の留学を終えて帰朝した。彼は帝大教授として官学アカデミズム哲学の中心に座るとともに、政府のイデオロギー政策のブレーンともなった。そうした井上が、みずから『勅語衍義』を著し、それに拠りながら教育勅語にもとづく社会統合を進めるうえで、まず標的として定めたのはキリスト教であった。

彼は、すでに一八八二年（明治一五年）に発表した「耶蘇弁惑序」において、日本にとってのキリスト教の害悪を説き、「今にしてこれを撲滅せずんば救ふべからざる災を致さん」と警告していたという[45]。そのうえに、キリスト教こそが西洋思想のバックボーンであることを留学中に痛感していた井上は、キリスト教をこのまま受容していたのでは日本は大変なことになる、と考えたのだった。西洋思想のバックボーンであるキリスト教を解体して、日本に入ってきた西洋思想を骨抜きにしてしまう必要がある。

これは、統治の上からすれば、実に的確な認識だった。キリスト教をなんとかしなければならない。しかし「信教の自由」の建て前がある。キリスト信仰を禁ずることはできない。そこで、キリスト教自体を「日本化」し、醇化してしまうことを考えたのである。そして、キリスト教をも「日本化」す

郵便はがき

料金受取人払郵便

神田局承認

3865

101－8791

507

差出有効期間
平成21年7月
31日まで

東京都千代田区西神田
2-7-6 川合ビル
(株) 花伝社 行

お名前《ふりがな》

お電話

ご住所（〒　　　　　　）
（送り先）

◎新しい読者をご紹介ください。

お名前

お電話

ご住所（〒　　　　　　）

愛読者カード

このたびは小社の本をお買い上げ頂き、ありがとうございます。今後の企画の参考とさせて頂きますのでお手数ですが、ご記入の上お送り下さい。

書名

本書についてのご感想をお聞かせ下さい。また、今後の出版物についてのご意見などを、お寄せ下さい。

◎購読注文書◎

ご注文日　　年　月　日

書　名	冊　数

金は本の発送の際、振替用紙を同封いたしますので、それでお支払い下さい。
3 冊以上送料無料）
おご注文は　FAX　03-3239-8272　または
メール kadensha@muf.biglobe.ne.jp　でも受け付けております。

ることによって、西洋思想とは違うバックボーンをもった近代化の論理を「日本的なるもの」として確立し、そこにたてこもって、制度的には近代化を実現しながら、日本の伝統的思想の優位性を確立していく道を進もうとしたのである。これが井上哲次郎のいう「日本主義」であった。

このために、井上哲次郎は、意図的に「教育と宗教の衝突」論争を起こした。一八九二年(明治二五年)、まず『教育時論』編集者の質問に答えるかたちで、「宗教と教育との関係につき井上哲次郎氏の談話」を発表して、キリスト教と教育勅語とは相容れないとする意見をのべ、これに対して、本多庸一、横井時雄、大西祝《はじめ》、押川方義《まさよし》、植村正久、柏木義円らキリスト者のインテリが反論、論争になった。井上は、これらの反論に対して、反批判を加えながら、さらに論点を深めて追及していく論説を次々に発表、キリスト教側を追いつめていった(46)。

この論争には、井上哲次郎のキリスト教思想解体、「日本化」の戦略がどのようなものであったのか、がよく現れている。井上の論点は多岐にわたるが、基本的には、次のような点にあった。

《教育勅語は日本独特の、しかし最高の道徳を説いている。それに対して、キリスト教は世界普遍の、そうであるがゆえに最高の道徳を説いている。キリスト教徒は、いったい、どちらを最高のものとするのか。普遍をとるのか、日本をとるのか。

また、キリスト教徒は、キリスト教の神と日本の天皇のどちらをとるのか。キリスト教は地上の国家を相対的なものとし、天上の神の国を絶対的なものとしている。最終的には天皇をとらず、キリストをとるのではないのか。

さらには、日本の道徳の中心は忠孝道徳にあり、それは教育勅語が説いているとおりである。その忠孝道徳をキリスト教は軽視している。およそ「君に忠＝親に孝」の思想がない。したがって、教育勅語の根本精神である「忠孝」に反するのではないか。》

そういった土俵を設定して、そこにキリスト教徒を追い込んで、彼らが「支配的イデオロギー」＝教育勅語から逸脱すれば、社会的な圧力によって圧迫し、その教義を漸次変えさせていくことによって、枠内にとりこんでしまう――そういう戦略をとったのである。

こうしたイデオロギー攻撃に直面した日本のキリスト者たちは、新約聖書のイエスの言葉「カエサルのものはカエサルに、神のものは神に」[47]、「ローマの信徒への手紙」一三章のパウロの言葉「税を受くべき者に税をさため、畏るべき者をおそれ、尊ぶべき者をたふとべ」[48]によりながら、二王国論（神の国＝神の権威と地上の国＝世俗の権力の区別と両立）に逃げようとした。だが、井上哲次郎は、「天皇は単なる世俗の権力ではなく、神を祀る祭祀王であることによって天皇である。この天皇の神、天皇霊とキリスト教の一神とは背反するのではないか」などと追い込んでいき、彼らが「内心の自由」に逃げ、そこに立て籠もるのを許さないで、「内心」そのもののありかたを問うていく。こうしてキリスト者たちは、一歩一歩後退していった。

キリスト者たちは、二王国論に立って反論しようとしたために、井上の見解を世俗の権力の論としてはもっともだとしてある程度容認した。そして、井上の見解をキリスト教的な概念に置き換えたり、天皇の恩沢と神の恩寵を類比でとらえたり、皇室―国民関係を神―人間関係の「活現」（象徴）と見たりして、キリスト教の立場を正当化しようとした。そのため、井上が設定した土俵から出ることができず、かえって深みにはまっていったのである。[49]

結局、キリスト教の場で教育勅語を聖書のように奉読し礼拝説教を聴くようになっていってしまい、一八九四年(明治二七年)日清戦争のときには、教会は全面的に戦争協力に走ったのだった。「天佑を保全し万世一系の皇祚を践める大日本帝国皇帝は忠実勇武なる汝有衆に示す」とした宣戦の詔勅に対して、「日清戦争に関して基督教徒の協議」と題する声明を出し、「日本臣民たるもの焉ぞ感奮尽砕せざるを得んや」「各々其分を尽して以て上意を賛し国家に報すべき」などと宣言したのである。

その少し前、キリスト教こそほんとうのコスモポリタニズムでありリベルタリアニズムだと信じて受洗した若き反抗者・大杉栄は、このときの戦争に対するキリスト教の態度を見て、すっかり教会を見限ってしまった、と『自叙伝』に書いている。(50)

「戦争に対する宗教家の態度、ことに僕が信じていた海老名弾正〔大杉は本郷会堂で海老名の説教を聴いて入信した〕の態度はことごとく僕の……信頼を裏切った。海老名弾正の国家主義的大和魂的キリスト教が、僕の目にはっきりと映ってきた。戦勝祈祷会をやる。軍歌のような讃美歌を歌わせる。忠君愛国のお説教をする。……僕はあきれかえってしまった」

このときが、日本近代キリスト教の転機だったのだ。こうして、日本のキリスト教は、全体として教育勅語の井上哲次郎的＝文部省公認解釈による國體のなかに取り込まれていった。その後、海老名弾正の流れから、日本組合教会のなかには「日本は神国であり、これを完成するのは基督教である」という主張が生まれ、また日本基督教会のなかには「皇国即神国」「天皇即神」とする潮流ができていった。(51) このようにして、西洋思想のバックボーンであったキリスト教は、「日本化」されて、〈天皇制有機体国家〉に囲い込まれていったのである。それは、まさしく、井上哲次郎らの手によって実践された「國體ノ精華」であったといえよう。

外国の糸を織った大和錦

このようにして、井上哲次郎にとって西洋思想のバックボーンであり最大の障害と考えられていたキリスト教が「日本化」されて統融されていった先、それは井上らが創り上げた「日本的なるもの」であった。それでは、そのような創られた伝統としての「日本的なるもの」とは、どういう性格のものであったのか。

当時、『太陽』を主宰し、同誌上で井上哲次郎とともにキリスト教・仏教批判の論陣を張っていたのが高山樗牛であった。樗牛は、井上哲次郎同様、のちの凡百の「日本主義者」のような単純な国粋主義者ではない。ロマン主義、キリスト教、日蓮宗国柱会、ニーチェといった思想遍歴を重ねた末に、それらすべてを統融したものとして「日本的なるもの」を建てたのである。だから、その「日本主義」は、みずから傾倒したことがあるだけに鋭さをもつキリスト教・仏教への批判に立脚していたし、またそこには近代的な思想が日本に適合するように換骨奪胎されてこめられていたのである。

樗牛は、「国民精神の統一を論ず」（『時代管見』一八九九年刊所収）という論説で、「日本的三段階論」というものを論じている(52)。それによると、明治維新以来、日本は国民的自覚の上で、純客観段階→純主観段階→主客合一段階という三段階を振り子のような振幅を経験しながらたどってきて、いまようやく主客合一した「日本主義」の段階に到達している、とされている。このとき、純客観段階とは、みずからを純粋に客観的にとらえ、「外邦の事物を移植して我土壌を飾表せんことに務む」段階で、

「欧化主義」の時代である。それに対して、純主観段階は、欧化主義が実情に合わないので、むしろみずからを主観的にとらえて、「自尊排外の精神を振起するに到る」段階で、「国粋主義」の時代である。そして、主客合一段階において、欧化主義の発展形態としての「世界主義」（ユニヴァーサリズム）と国粋主義の発展形態としての「国家主義」（ナショナリズム）とを対峙させ統一して、「日本主義」にいたる、とされているのである。

ここに示されているように、高山樗牛と井上哲次郎が、明治三十年代に『太陽』に拠りながら展開した「日本主義」は単純な復古的国粋主義ではなく、西洋的なものを否定的な媒介にして近代的なものを含み込んだものであり、外なるものに対しては、同化・吸収できるものを同化・吸収し、同化・吸収できないものはできるものに変換して同化・吸収するという、森有正のいうアシミラシオンを施した「日本的なるものの近代的構成」だったのである。そして、その近代的なものとは、前述したように、水戸学國體論が提出したような肇国のロジックで武装された「〈島〉宇宙」の内側からマジックミラー越しにアカルチュレーションされたものだったのである。

高山樗牛は、『時代管見』所収の「国粋保存主義と日本主義」という論説で、彼らの日本主義における、このアシミラシオンの方法、國體を核としたマジックミラー越しのアカルチュレーションの機制に当たるものについて、次のようにのべている。[53]

「日本主義の眼中には國體と民性とを外にして、国の内外なく洋の東西なし。苟も國體民性に適合するものは、外邦の文物と雖ども是を収容同化するに躊躇せず、是に反して、苟も是に有害なりと認むる時は、設令ひ数千百年の間、我国に存在し発達せるものと雖も是を排斥打破するを憚らず。……

是を以て日本主義は、内に向ては基督教と共に非国家的非現世的なる仏教を排斥し、保守的進歩的なる儒教の一部を排斥し、外に向ては独乙《ドイツ》の国家社会主義を容れ、英国の功利実験主義の一部を容れ、内外一切の文物に向て縦横の撰択を行ひたりき」(54)

このようにして、彼らは、西洋思想、西洋の概念を「食べられるもの」に換骨奪胎し、それを同化・吸収(醇化)する道を開いたのである。そして、それによって旧来の「日本的なるもの」を維持しつつ変容させ、括弧付きに「近代的」に構成された「日本的なるもの」を成立させたのだ。この系統的な戦略が、西洋文化と日本文化の間に、文化フィルターをつくりだし、西洋文化は日本に入ってくるときに、その文化フィルターを通して濾過されることになる。また、日本人は、西洋に行っても、その文化フィルターを通して自分に近しいものに翻案して西洋的なものを受容するから、スムーズに受け容れているように見えて、実は何も受け容れていない、ということがありうる。そういう事態がここに成立したのである。

これは「近代精神」とは似て非なるものだったが、近代化——特に近代国民国家の形成——にはきわめて効果的な「近代化精神」として機能したのである。これによって、近代日本国家は、ある意味ではヨーロッパ国民国家以上に高い国民の統合を実現したのである。

社会人類学者のアーネスト・ゲルナーは、ナショナリズムとは政治的統合と文化的アイデンティティとを一致させることによって成立すると考えた。すなわち、ゲルナーによると、「ナショナリズムとは、第一義的には、政治的な単位と民族的な単位とが一致しなければならないと主張する一つの政治的原理である」(55)のだが、このとき「政治的な単位」とは国家のことであり、「民族的な単位」とは文化を共有するものだと考えられる。この場合、文化とは「考え方・記号・連想・行動とコミュニケーションとの様式から成る一つのシステム」であり、しかもそれは人間が作り出すもので、「人間の信念と忠誠心と連帯感とによって作り出される人工物」なのである。[56] したがって、ナショナリズムとは、本質において、「政治的な統合と文化的なアイデンティティを人工的に一致させようとする運動」だということになるわけである。

このような運動がヨーロッパ各国で展開された一九世紀後半から二〇世紀初めにかけて、ホブズボウムのいう「伝統の大量生産」がおこなわれたのは、まさにこの文化的アイデンティティのための人工物としての伝統文化を「創り出す」必要があったからである。それは、近代国民国家への統合と一致させるものであったから、「近代的」な性格をもつものにならなければならなかった。かくして、「近代的な性格をもつ伝統的なもの」がつくりだされていったのである。

日本においても同様だった。教育勅語のいう「國體の精華」は、まさしく「近代的な性格をもつ伝統的なもの」として人工的につくりだされたのであった。教育勅語に示された「肇国＝建徳一体」の國體像、「忠＝孝一本」の國體像は、「肇国」「忠」という政治的なものと「建徳」「孝」という文化的なものを重ね合わせることによって、政治的な統合と文化的なアイデンティティを人工的に一致させようとしたのである。

大日本帝国憲法、教育勅語の起草をともに領導した井上毅は、

外つ国《と》の　千草の糸をかせぎあげて　大和錦に織りなさばやな

という歌を残している。

外国から移入したさまざまな文物（外つ国の千草の糸）を材料にして、日本的な構築物（大和錦＝我が国で織った錦のことで「唐錦」に対応している）を織り上げてみようではないか、というのである。ここには、彼ら維新一・五世代がおこなった「伝統の創造」、「日本的なるものの近代的構成」の手法が問わず語りに表現されているといえる。

5　近代に強い日本と脱近代に強い中国

近代国民国家をつくれた日本、つくれなかった中国

「近代的に構成された日本的なるもの」は、ある意味ではヨーロッパの近代国民国家によく似た国家、しかも機能としてはヨーロッパ諸国以上に凝集力の強い国家をつくりだすことになった。それは、状況の組み合わせのなかで、昭和超国家主義として軍国主義的・帝国主義的形態をとったこともあったが、かならずしもそれが本質ではなく、戦後高度成長期に現出した「日本株式会社」（Japan Inc.）の平和主義的・一国主義的形態もまた、「近代的に構成された日本的なるもの」に根をもつものだったのだ。両様のかたちにおいて日本が高速で近代化を進めることができた秘密は、まさしく「日本的なるものの近代的構成」にあったのである。

一方、中国は、西洋列強の侵略にさらされるなかで、日本のような近代化を図ることが必要だという認識を遅ればせながら強め、特に孫文をはじめとする民国革命派は、中国国民国家の形成を目標に、さまざまな努力を傾けたのであった。それは、一九四九年に中国全土を掌握した中国共産党も同様で、

毛沢東の「大躍進」路線においても、鄧小平の「現代化」路線初期においても、「国民」という言葉は使わなかったが、人民全体が共和国に主体的に結集してくる国家をつくりだそうとしたのである。しかし、このような「国民国家」の中華民国版も人民共和国版も、いずれも形成することができなかった。

それは、なぜだったのだろうか。なぜ日本は近代国民国家を——それもきわめて短時日のうちに——つくることができ、中国はいつまでたってもつくることができなかったのであろうか。

この問いに導かれながら、中国社会と日本社会の伝統的なありかたの違いを考えていくならば、その理由は、日本においては、「日本的なるもの」を近代的に構成することができたが、中国においては、「中国的なるもの」を近代的に構成することができなかったというところに求められるのではないだろうか。そして、この点を追求していくと、「日本的なるものの近代的構成」というものがどういうものだったのかがより鮮明になってくるように思われる。そのために、東洋史学者や中国専門家の中国論に学びながら、以下に若干の比較を試みてみたい(57)。

中国と日本の前近代

中国においては、非世襲制である科挙官僚制が中心におかれ、社会的な流動性があったうえに、財産の相続においても均分相続制だったため、財産が細分化し流動化しやすかった。家産や職業が世襲されることが原則的にない社会だったわけである。

この細分化・流動化は、ヨーロッパ的なものとは違う中国的な個人主義を生み出すとともに、それがまったく分散的なものになってしまうことを防ぐかたちで、宗族制と宗教結社・相互扶助結社

──「幇《パン》」と総称される秘密結社──が広範に組織されていく基となったのである。こうして、漢以来、中国の国家と社会は、〈皇帝システム〉と〈幇システム〉、中華帝国＝専制国家と宗族・幇コンプレックス＝ギルド社会が相互補完し合うかたちで成り立ってきたのである。

経済史学者の根岸佶は、『中国のギルド』で次のように述べている。(58)

「世上往々中国の政府なるものは治安を維持し、租税を徴収するを以て職能と為すに止まるものとするものがある。此二つのものは政府の重要なる職能に相違ないけれども、その他の職能あること言ふまでもない。但し、政府は人民の福利を保護増進するにつき遺憾あるのみならず、特に商人に対しては、抑制政策を採つた。しかし郷村などについては可成《かなり》人民の自治に一任し、治安に害なき限り、民間諸団体に干渉しなかつた。それで人民は国家に依存することなく協同自治により生活することを図った。彼等の生活を見るに三様式あつて、一は家族、二は郷党、三はギルドである」

この点について、また東洋史学の岡田英弘は、「二十世紀になるまで、中国大陸には中国という国家もなかったし、中国人という概念も、さらには意識もなかったのである。数千年もの間、あの広大な大陸に存在していたのは、ただただ『個人』だけであった(59)」という見方をしながら、そこでは個人本位主義が原理とならざるをえなかったが、その半面どうしても相互扶助団体が必要になったとして、「知識人階級の人々は科挙によって擬似的な親子関係である師弟関係を作ったが、それ以外の一般の人々は、秘密結社という、擬似的な兄弟関係を結ぶことによって生きてきた(60)」のだとのべている。

そして、この場合の「帝国」とは、支配の正統性を高度な文化の独占においた「文化帝国」であった。科挙官僚制は、この文化帝国を支えるものであり、官僚とは何よりも言葉の真の意味での文化人であった。マックス・ヴェーバーが「中国の官人《マンダリン》はもともと、西洋ルネッサンスの人文主義者に近い存在で、遠い昔の古典について人文主義的な訓練をうけ、かつ試験「科挙」によって登用された読書人「文人《リテラーテン》」である」「中国の全運命は中国の古典を中心に発達した慣習を身につけたこの階層によって決定された」[61]とのべているとおりである。

これに対して、日本は、先に見た岡田英弘が「鎖国社会論」としてのべたように、天智天皇の近江朝以来、中国文明圏のなかにありながら大陸から隔絶することを意識的に選択し、その文化帝国の支配から実質的に逃れるかたちで、独自の文化を構築してきた。

そして、社会のありかたも中国とは大きく違うタイプをつくりだしてきたのである。すなわち、前近代の日本においては、士農工商とのちにいわれた職業階層制が世襲的に定着しており、身分秩序が固定的だったうえ、財産の相続においても、長子相続制で、家産が安定的に継承されるとともに、家長を中心とする大家族制が発展したのだった。

このような世襲による職業と財産の安定的な継承は、職業意識と私有財産権意識を発展させた。これは、近代資本主義のエトスと適合的であったといえる。また、長子相続制により家産を継承できなかった次男・三男以下は、武士の場合は、多くが勉学に向かって知識階層を形成することになり、農家の場合は、農村から流出して都市を形成する契機となった。

このような前近代システムの違いによって、西洋近代のシステムと制度が入ってきたとき、中国はこれとなじむことができなかったのに反し、日本はある面ではすばやく適応することができたのである。

このような前近代日本の近代化適応性について、中国思想史の溝口雄三は、次のようにのべているが、あたっているというべきだろう。

「[基本的には長子相続だが、その実質においては血統主義よりは実力主義であった]実力主義的な世襲制により、士・農・工・商の各階層に職業意識が、また農民や商人の間には私有財産権の意識がそれぞれ形成され、富農や商人の間には資本の蓄積も見られた。

このように、都市の発展、全国市場の流通、職業倫理、私有財産権意識の形成、機能の重視などの特徴は、資本主義の道を選ぶのに都合のいい条件になっていった[62]」

それは、西洋が本格的に入ってくる以前に、中国、日本それぞれにおいて進行していたと考えられる「内発的」な近代化の方向にもあらわれていた。

「内発的」近代化の方向

ここでいう「内発的」近代化とは、近代化を西洋という「外」から強いられたものとしてだけ見るのではなく、それとは別個に前近代社会そのものの「内」に生まれていた、その社会なりの近代化につながる要素の胎動、衝迫、あるいは自己革新への動きから見ていこうという視点のことである。確かに、一九世紀半ばからの欧米列強の進出は、東アジア諸国に大きな衝撃をあたえて、近代化を促したが、それが近代化の出発点ではなかった。それより以前、一七世紀以降に始まっていた内発的な社会変動の構図があり、西洋による衝撃はその構図の実現を促進したにすぎないともいえる。

そのような観点から見るとき、中国においては、一七世紀初頭以来、清王朝政府からの地方分権をめざす動きが活発になっており、それが西洋の進出以降には中国革命の動きに接続していって、やがて一九一一年の辛亥革命を経て、各省の独立、地方分権化へと進んでいったという経緯が観察される。国民国家としての中国をつくりあげるためには、まず皇帝の私有物である帝国を解体しなければならなかったからである。それはまた、政治的には帝国であった中国が、社会的にはギルド社会であったこととも関連している。

一方、日本においては、一七世紀初頭以来、地方分権的な、いわゆる「封建」領主制が確立されていたが、一八世紀以降、商業市場の全国化が進むにつれ、中国の場合とは逆に、中央集権志向が生まれ、これが幕藩体制打破と結びついて、明治維新を経て、天皇制中央集権国家の樹立へと進んでいった。国民国家をつくりあげるためには、多様に分かれた藩の分権的権力を中央に集中することが必要だったからである。

つまり、中国と日本では、「内発的」近代化の方向がまるで逆だったということである。これについて、溝口雄三は、「中国の政治の近代化は、地方分権化による王朝中央集権体制の崩壊という構図であった」のに対して、「日本の政治の近代化は、地方分権制の解体による中央集権的な天皇制国家の樹立という構図であった」と指摘している。(63)

そして、こうした違いは、もともとは、中国と日本の共同体の特質、社会原理の違いに淵源しているともいえる。

中国と日本の共同体の特質と社会原理

中国の共同体の特徴は、先に見たような非世襲的で細分化に向かう社会的流動性のもとで、しかも戦乱が連続することによって、共同体構成員が固定していないで流動的に入れ替わったという点にある。だから、そこにおける共同性は、自然的な地縁・血縁よりも、むしろ宗族[64]と秘密結社とによる人為的な共同性によって担保されている。だから、中国における共同体の規範は、明示的に定立されたものとならなければならない。

これに対して、日本の共同体は、古代よりずっと、定住的で、自然的な地縁と擬制的といわれるものを含めた血縁による結びつきが強く、そうであるだけに、そこには共同体ごとに同質的で排他的な親和性が成り立っていた。神島二郎がいう「原始漁撈・狩猟に由来する獲物の平等配分制」をもった自給自足の「〈山谷村〉的なミクロコスモス[65]」である。だから、そのような共同体は、明示的な規範によってではなく、非明示的な暗黙の秩序によって運営される。

また、中国の共同体を考える場合、重要なのは天命観念である。確かに、各共同体は、専制的な皇帝の下に服従していた。しかし、皇帝の上には主宰者としての天がある。そして、皇帝も天の意志には逆らえないのである。ここに、「天の意志は民の意志である」として、民が天と結びついて、皇帝に対抗するということがありえたわけである（別掲の図「中国の公私と日本の公私」参照）。「民の欲する所、天必ずこれに従う」「天の視るは我が民の視るに自《したが》い、天の聴くは我が民の聴くに自《したが》う」と書経（泰誓）にあるとおりである。

そこから、天・道・理などといった普遍的な理念性・教条性を具えたイデオロギッシュな観念が生

中国の公私と日本の公私

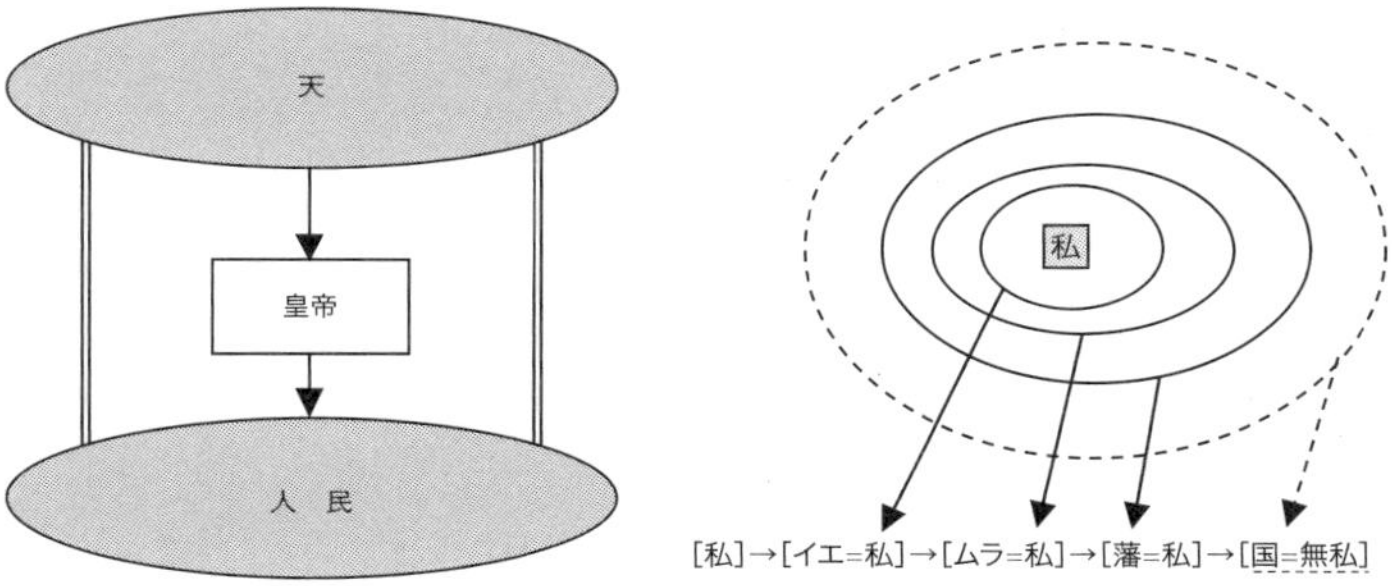

「天の意志は民の意志」

じたわけである。西洋の revolution とは異なるものだが、「革命」という観念もここから生じた。このようなところから、中国の公私には倫理性があり、公は「大公」「天地の公道」へと超出していく。そして、皇帝にしても、天地の公道から見下ろされれば「一姓一家の私」と貶称される。

これに対して、日本の共同体においては、非明示的な暗黙の秩序のなかで、独特の公私観念が生み出されていった。すなわち、「公」（おおやけ）に対する「私」（わたくし）は、確かに個人である私から始まるのだが、それにとどまるものではなくて、まずイエという単位では、イエの外に対しては、自分のイエが即私（私共）になり、私はイエの体現としての私になる（イエ＝私）。またムラの外に対しては、自分のムラが即私（私共）になり、私はムラの体現としての私になる（ムラ＝私）。そこでは、イエ・ムラの内部で公であるものが、外に対しては、そのまま私になるのである。さらには、藩という単位でいえば、藩内において公であるものが藩外に対しては私（私共）になる。こういうふうに順次私は同心円的に拡張されていく（別掲の図「中国の公私と日本の公私」参照）。逆にいえば、公がより大きな領域に対しては私になるのだ。私は相対的なものであり、公をどこにおくかで変化する「膨張・収縮する私」である。このように膨張したり収縮したりする私が個人である以上、日本では個人主義というものが語られる場合にも、それは、公をどこにおくかによって内容が変容する融通無碍なものになってしまうのである。

そして、国家と国家との間の関係が問題になる局面においては、日本においては、公の最大領域が国家であり最高存在が天皇である——それが岡田英弘のいう「鎖国社会」である所以でもある——から、それを超えた公は定立できない。ここから、中国社会においては、あらゆるレヴェルにおいて個人を立てることができるのに対し、日本では、前近代的な関係のなかにあるかぎり、国というレヴェルにおいては、私を定立できず、無私になってしまうという、滅私奉公を必然化する構造になっているのである。

そして、この同じ構造が、近代において、国際関係を展開しなければならなくなったときには、普遍的な公として国際法を立てるという方向とともに、そうではなくて、「私の同心円構造」をさらに拡張していって、私を世界大にまで拡張する「八紘一宇」という同心円的グローバリズムに達していくことにもなっていったのである。

これとの対照で見れば、中国における近代的発想は、孫文のいう「天下為公」にあらわされるように、いまいるところが自分の家郷であって、それが公であるという考え方、すなわち世界中どこでも自分の家郷であって、それが公でなければならないとする世界市民主義のグローバリズムを生んでいったのである。(66)

ネットワークの社会＝中国と場の社会＝日本

このように、中国社会と日本社会では、そのありかたが根本的に違うところがある。

中国人社会では人間関係それ自体が共同関係の基本となっているのに対し、日本人社会では自己の所属する場が共同関係の基本となっている。中国のほうは、あくまで独自な存在としてふるまおうとする主体である「個人」(the individual) が基本になっている「個人」主義であるのに対し、日本のほうは、他者との関係を包摂したかたちで場において成り立っている主体である「間人」(the contextual) が基本になっている「間人」主義である。[67]

この「個人」と「間人」の違いについては、社会学者の濱口恵俊らが、次のように整理している。[68]

自己中心主義と相互依存主義――「個人」においては、しっかりとした自己を確立し、それが世界の中心になって活動すべきだとする自己中心主義。「間人」においては、相互に依存しあいながら助け合っていくのが人間の本態だとする相互依存主義。

自己依拠主義と相互信頼主義――「個人」においては、自分のことは自分の力でなすべきであり、そこに立脚して自律した社会生活を送るべきだとする自己依拠主義。「間人」においては、他人は必ずわかってくれるはずだという前提に立って、自分をさらけだして相手に信頼してもらうことを第一に考える相互信頼主義。

対人関係の手段視と対人関係の本質視――「個人」においては、対人関係というのは、あくまで自立した個人の間の関係なのだから、個人にとっては手段である。「間人」においては、対人関係は、それを含めて一人一人のアイデンティティが成り立つものであり、手段ではなく、それ自体価値があるものである。

これは、もともと、ヨーロッパと日本の比較を通じて概念化されたものだが、中国と日本の比較にもあてはまる。

そして、中国的「個人」における共同は、一方で、超越的な天と対応する絶対的なものである個人が、強い自我意識をもちながら、それを前提とした相互扶助関係によってつながっていくことによって形づくられる。いうならば「つながりの共同」である。それに対して、日本的な「間人」における共同は、それぞれのレヴェルにおいて異なった公の領域に内属することによってつくりだされる。いうならば「場の共同」である。だから、日本では、友人の間での信義は両者が所属する領域の公の関係、すなわち場に従属するが、中国では、それぞれの場の領域の利害は友人同士の信義に従属する。

このような関係の下で、日本の場合、近代化のなかで、先に見たように、「膨張する私」が内属するさまざまなレヴェルの公のなかで、天皇を最高の公とし、国家を最大の公とすることによって、私を、同心円構造を順次伝いながら最終的に国家に統合し凝集することができた。このようにして、近代国民国家が容易に形成されたのである。

ところが、中国においては、近代化を推進しようとした革命派にとって、「天下為公」で天下が公としていたため、公を国家というところに集約することができず、近代国民国家形成に成功しなかったのである。溝口雄三が、「天下の公は、中国人から国家=公という『焦点』に結集する力を奪い、いわゆる国民国家を形成する上で、日本に大きな遅れをとらせる要因ともなった」と指摘しているとおりである。[69]

これが近代化における中国と日本の決定的な差として働いた。日本が高速で近代化を成し遂げ、中国がいつまでたっても近代化を達成できなかった原因は、根本的には、ここにあったのだ。

しかし、その一方で、日本の「場の共同」は、国民国家を上限として、それ以上に出られない——出ようとすれば、「八紘一宇」といった同心円型グローバリズムを展開していくしかない——ものであったのに対し、中国の「つながりの共同」は、まさに世界市民主義的に、国家を超えてネットワーク状に展開されていくことができるものだったのである。

溝口雄三は、こうした点について、「つながりの共同を軸とする中国の公は、清末以降、公所や公会などの商業ネットワークを形成し、国家の枠を超えて、華僑社会に現在もはりめぐらされており、中国人が国家の民であるよりも、天下の民であることを実感させる[70]」とのべているが、この華僑を通じたグローバルなネットワークが、脱近代では非常に大きな役割を発揮してきているのである。

近代日本の黄昏と脱近代中国の夜明け

日本人にとっては、明治維新を境に、尊崇する文明が、中国文明からヨーロッパ文明へと明らかに転移した。そして、近代日本人は、「進んだ」ヨーロッパと「遅れた」中国という二つの模範的存在——かつての模範＝中国とこれからの模範＝ヨーロッパ——の中間にみずからを位置づけ、近代化の成果を測ってきた。日本は、新しい規範であるヨーロッパに急速に追いついていくように見えたのに対して、古い規範であった中国は、どんどん差を開けられていくように見えた。そこから、日本人の中国に対する優越意識が生まれてきた。

しかし、これまでの日中比較論で見てきたように、近代化において日中の優劣の差と考えられていたものは、タイプの差にすぎなかったのだ。

そして、近代国民国家が重要だった時代には日本社会がそれに適合的で優位にあったが、グローバリズムが進み、それを通じて近代が終わり、「新しい中世」がやってこようとしている時代には、むしろ中国社会のほうがこの状況に適合的で、これからは優位に立つ。

反対に、日本は、脱近代の「新しい中世」状況に対応できていない。近代において特異なまでの適合性を誇った「非個人主義的＝間人主義的」な国民国家への凝集は、脱近代にはかえって桎梏になっているのだ。ところが、近代において発揮されたパフォーマンスの高さが忘れられず、それを復活しようともがいているのが現代日本の国家主義なのである。

溝口雄三は、「かつて〝西洋の衝撃〟によって日本の突出した擡頭をうながし、中華文明圏を舞台から退場させたと思っていた歴史が、〝中国の衝撃〟……によって、反転されはじめた」[71]とのべているが、いままさにそうした事態が進行しているといえよう。近代化にあれだけ適合的だった日本が、近代が終わるにつれて、脱近代化に対応できずに凋落し、逆に近代化には不適合だったが脱近代化には適合している中国がぐんぐんと擡頭してきたのだ。近代日本の黄昏と脱近代中国の夜明けが訪れているのである。

だが、中国の強みは、まだいまのところでは、脱近代化という過渡的な時代への適合性、過程的な強みでしかない。ほんとうに定常的な「新しい中世」が成熟していったとしたら、それに適合できるかといえば、かならずしもそうではない。特に権威主義的政治と相互扶助的社会との肉離れは、大きな障害になるだろう。

そして、定常的な「新しい中世」に関するかぎり、むしろ、日本社会のほうがそれに適合できる特質をもっているともいえる。それがアレクサンドル・コジェーヴのいう日本特有の「生のままのスノビズム」「純粋なスノビズム」である。

しかし、この特質は、明治期に形成された「近代的に構成された日本的なるもの」には含まれていなかったように思われる。そこにはなくて、渡辺京二が『逝きし世の面影』で採り上げている、江戸後期、明治初期に来日した外国知識人が感じ取った「日本的なるもの」と共通しているもののように思われるのだ。[72] それは前近代の共同社会のなかに根づいていたものであって、近代的構成によってはとらえられないままに、近代化によって逼塞させられていった「逝きし」ものなのだ。「近代的に構成された日本的なるもの」からは抜け落ちていた、抜け落ちざるをえなかった「日本的なるもの」だったのである。

ただ、それはまったく死んでしまったわけではなくて、一九五九年にコジェーヴによって検出されたものでもあったのである。であるとするならば、「近代的に構成された日本的なるもの」ではなくて、そこからさらに遡って、「原日本的なるもの」にもどって、それを復元しつつ、近代的にではなく、脱近代的に構成していくことが求められているのではなかろうか。そして、この「日本的なるものの脱近代的構成」こそが、いま、この時代状況において「自己の本然をつくす」ということにつながっていくのではないだろうか。

（二〇〇七年二月）

(Endnotes)

（1）大川周明『日本精神研究』、橋川文三編『近代日本思想大系21　大川周明集』（筑摩書房、一九七五年）p.81

（2）inventionには「発明」という意味と同時に「捏造」という意味もあることに留意しなければならない。the invention of traditionは「伝統の捏造」でもあるのだ。

（3）エリック・J・ホブズボウム／テレンス・レンジャー編［前川啓治ほか訳］『創られた伝統』（紀伊國屋書店、一九九二年　原著はEric Hobsbawm and Terence Ranger edit., *The Invention of Tradition*, Cambridge Univ. Press, 1983）p.26

（4）A・B・ミットフォード［長岡祥三訳］『英国外交官の見た幕末維新』（講談社学術文庫版、一九九八年　原著A.B.Freeman-Mitford, *Memories by Lord Readesdale*, London, 1915）pp.177-178　これは、一八六八年（慶応四年）三月、パークス公使がミットフォードとともに天皇に謁見したときの記述である。

（5）牧原憲夫「文明開化論」、『岩波講座　日本通史』16（岩波書店、一九九四年）p.268

（6）明治初年代における天皇の変身については、多木浩二『天皇の肖像』（岩波新書、一九八八年）、八木公生『天皇と日本の近代　上　憲法と現人神』（講談社現代新書、二〇〇一年）第一章「『御真影』としての天皇」参照。

（7）戦後最高の神道家の一人である葦津珍彦も、「宮中祭祀の中で所謂伝統的なるものは、新嘗祭、祈年祭、賢所大前の御神楽のみにして、他の大祭小祭は殆ど明治天皇の創始し給ひしものである」とのべている（「現代神社の諸問題」、『葦津珍彦選集』第一巻［神社新報社］p.431）

(8) アレクサンドル・コジェーヴ［上妻精・今野雅方訳］『ヘーゲル読解入門』（国文社、一九八七年）pp.244-247
(9) ミシェル・フーコー［渡辺一民・佐々木明訳］『言葉と物』（新潮社、一九七四年　原著 Michel Foucault, *Les mots et les choses*, 1966）p.363
(10) 前掲・アレクサンドル・コジェーヴ『ヘーゲル読解入門』p.247　傍点は原文のまま。
(11) 同前 pp.246-247
(12) 森有正『アブラハムの生涯』（日本基督教団出版局、一九八〇年）p.59
(13) 同前 p.43
(14) 柳田國男『明治大正史世相篇』、新編柳田國男集第四巻（筑摩書房）pp.148-149
(15) 神島二郎編『近代化の精神構造』（評論社、一九七四年）p.20
(16) 同前 p.21
(17) 春成秀爾「弥生の集落」、『歴史と社会』第一〇号（リブロポート、一九九〇年）pp.30-31「日本の『古代化』の異常なスピード」の項参照。
(18) 岡田英弘『日本史の誕生』（弓立社、一九九四年）pp.196-202「鎖国は日本国家の本質」の項参照。なお、岡田は、「日本列島の雑多な種族たちは、新羅に併呑されて独立と自由を失なわないために、倭国王家の天智天皇のもとに結集して、日本国を作りあげる。これはマレーシア連邦が、日本軍の占領、マラヤ共産党の反乱、さらにスカルノが仕掛けたゲリラ戦争という危機の連続に対抗して成長してきたのとよく似ている」（同前 p.206）とのべているが、適切な分析というべきだろう。
(19) 岡田は、『新撰姓氏録』に拠りながら、倭国の中心部であった摂津・河内・和泉・大和・山城の平野部の主な聚落は、ほとんど秦人《はたびと》・漢人《あやびと》・高句麗人《こまびと》・百済人《くだらびと》・新羅人《しらぎびと》など帰化人（彼らの大半は何らかの理由で中国にいられなくなった、あるいはいたくなくなった技術者やインテリである）の聚落であったことを明らかにしている。そして、原住民の倭人は片隅に追いやられていたのであって、帰化人はそれぞれグループごとに違う言語を話していて、かろうじて商用共通語として百済方言を使っていた、としている。百済方言が漢字でつづった文語に最も近い言語だったからである。同前 pp.205-206 参照。

(20) 同前 p.201

(21) 井上ひさし『国語元年』（新潮文庫）参照。

(22) 溝口雄三『中国の衝撃』（東京大学出版会、二〇〇四年）p.7

(23) 杉田玄白『蘭学事始』（岩波文庫版）pp.32-33

(24) 同前 p.33

(25) 柳父章『翻訳語成立事情』（岩波新書、一九八二年）pp.173-191 参照。

(26) 「自由」の近代以前の用例については、津田左右吉「日本語雑感」（『津田左右吉全集』第二一巻［岩波書店］）のなかの「自由といふ語の用例」(pp.74-84) を参照。津田は、さまざまな用例を考察した末に、「自由といふことばには、法令上の用語としてはいふまでもなく、その他のでも、何ほどか非難せられるやうな意義の含まれてゐるものが多い」p.84）と結論づけている。

(27) 前掲・柳父章『翻訳語成立事情』p.182

(28) 福田恒存「民衆の心」、『福田恒存全集』第一巻（文藝春秋）p.543

(29) 津田左右吉「日本語雑感」、『津田左右吉全集』第二一巻（岩波書店）pp.67-70 参照。津田は、「カミといへば、神といふ文字を用ゐる訳語によつて、思ひ出される唯一神としての『神』をすぐに連想し、または何となくそれと同じやうなものであるかの如く思ひなされる傾向さへもある。日本の上代に神権政治（セオクラシイ）が行はれてゐたといふ俗説が知識人の間に生じたのも、一つはそのためではあるまいか」(pp.69-70) とのべている。ここには、アシミラシオンないし「逆アシミラシオン」ともいうべきものの機制がよくあらわれている。

(30) 津田左右吉「メイジ維新史の取扱ひについて」、『津田左右吉全集』第八巻（岩波書店）pp.436-437

(31) 柳父章『「ゴッド」は神か上帝か』（岩波現代文庫、二〇〇一年［原版＝筑摩書房、一九八八年］）参照。

(32) この三つの路線とその展開、帝国憲法発布までの経緯については、原口清『日本近代国家の形成』（岩波書店、一九六八年）pp.240-245 参照。

(33) この著作は、国会図書館の近代デジタルライブラリーを利用すれば、オンラインでデジタル画像を閲覧できるし、ダウンロードすることもできる。そのほか、この近代デジタルライブラリーを利用すれば、私たちが個人では入手がむずかしい明治期の重要な文献の多くを自宅で研究することができる。

(34) 哲学者の加藤尚武は、井上哲次郎はフィッシャーからショーペンハウエルを学んで、「西洋思想をトータルに克服して、新しいより包括的な地点に日本哲学が立ちうる」と考え、「西洋近代の二元論を克服した東洋のパラダイムによって新しい思想を生み出そうという現在のポストモダニズムの先駆」のような立場に立ったと評価し、そうした「明治期における二元論克服の思想的営為は多くのすぐれた文物を生んで、西田幾多郎『善の研究』に結晶化されている」とのべている（加藤尚武『見えてきた近未来／哲学』［ナカニシヤ出版、二〇〇二年］pp.141-142)

(35) 教育勅語の成立過程については、海後宗臣『教育勅語成立史の研究』（厚徳社、一九六五年　海後宗臣著作集第一〇巻［東京書籍、一九八一年］に所収）、八木公生『天皇と日本の近代　下「教育勅語」の思想』（講談社現代新書、二〇〇一年）を参照。

(36) 座談会［臼井吉見・石田雄・井上清・勝田守一・高坂正顕・和辻哲郎］「教育勅語をめぐって」、『講座現代倫理』6（筑摩書房、一九五八年）での高坂の発言（pp.263-264）

(37) 一八九〇年（明治二三年）六月の二通の山県有朋宛井上毅書簡。山住正己編『日本近代思想大系6　教育の体系』（岩波書店、一九九〇年）pp.357-378 に解題・注釈付きで全文が収録されている。

(38) 前掲・山住正己編『日本近代思想大系6　教育の体系』p.383 から引用。

(39) 家永三郎「教育勅語成立過程の思想史的考察」、『史学雑誌』一九四六年一一月　なお、家永三郎は、一九九〇年に、前掲・『日本近代思想大系6　教育の体系』月報に掲載した「教育勅語をめぐる国家と教育の関係」と題する一文で、この評価について、「自由民権を中心とする、いっそう決定的な対立のあったことを全然知らずに書いた」もので「今では恥しい限り」であるとしているが、その評価の背景には自分が「伊藤［博文］＝井上［毅］の国教反対を高く評価して」いたことがあったとして、その点では評価の撤回はしていない（月報 p.3）。

(40) 井上毅は、なぜみずから掲げた原則に結果的に反することになるような文言を起草したのだろうか。前掲・座談会「教育勅語をめぐって」で、和辻哲郎は保守派をなだめるためだったといい、高坂正顕は井上毅が水戸学に親近性をもっていたからだ、としている（pp.272-273）。おそらくこの両方が作用していたのだろうと考えられる。ここでは詳しくのべられないが、井上毅は、「日本的なるものの近代的構成」の精華として本気で「天皇一神教的市民宗教」――それはあくまで近代的な政教分離の上に建てられた日本的な祭政一致であり、信仰としての宗教ではなくて世俗的な市民宗教である――をつくろうとしていたのではないか、と考えられる。

(41) 会沢正志斎『新論』（『日本の思想20　幕末思想集』筑摩書房）p.40　また、同書「国体上」の始めのところで、「夫そ君臣の義は、天地の大義なり。父子の親は、天下の至恩なり。義の大なる者と、恩の至れる者と、天地の間に並立し、漸漬積累して、人心に洽浹し、久遠にして変ぜざる、此れ帝王の天地を経緯し、億兆を綱紀する所以の大資なり」(同前p.41)としているところなどにあらわされている。

(42) 水戸学國體論とその「報本反始」のロジックについては、本書第Ⅳ章の「『美しい国』の國體論的底流」pp.180-184の「水戸学國體論と『報本反始』」の項を参照。

(43) 水戸学の國體論は、津田左右吉も「メイジ維新史の取扱ひについて」などで指摘しているように、あくまで儒学のロジックによるものであって、その意味では「日本的なるものの儒学的構成」なのであるが、その儒教の「道」を日本において建てた者(立法者)として建国の神々、その連なりとしての天皇を発見――というより「発明」――したところに、復古が革命になり、革命がすなわち復古であるというかたちの独特の起爆力が生まれたのである。そして、この点を近代国民国家形成に利用したところに、「日本的なるものの儒学的構成」が「日本的なるものの近代的構成」に転化する契機があったのである。

(44) 井上哲次郎『勅語衍義』(前掲・『日本近代思想大系6　教育の体系』に収録)p.409

(45) 土肥昭夫「近代キリスト教と天皇制」、富坂キリスト教センター編『近代天皇制の形成とキリスト教』(新教出版社、一九九六年)p.268

(46) こうした論争に関わる双方の論説は、井上がまとめた『教育ト宗教ノ衝突』(敬業社、一八九三年)にまとめられている。本稿では、『井上博士と基督教徒』(復刻版、みすず書房、一九八八年)に拠った。

(47) マタイによる福音書二二・21　マルコ、ルカにも同様の箇所あり。ファリサイ派がイエスを陥れようと、「皇帝に税金を納めることは律法にかなっているか」と問うたのに対して、イエスが税金に納める銀貨にはだれの肖像と銘が入れられているか、問い返して、「皇帝のものです」と答えると、イエスは、「では、皇帝のものは皇帝に、神のものは神に返しなさい」といった。これは、かならずしも権力への従順さを説いたものではないが、そのように解されて使われることが多かった。

(48) ローマの信徒への手紙一三・7　これもパウロが支配者への従順を説いたものとされているが、そうではない解釈も出されている。

(49) キリスト教の側からの反論の要点とその問題点については、前掲・土肥昭夫「近代キリスト教と天皇制」を参照。

(50) 大杉栄『自叙伝・日本脱出記』(岩波文庫版) pp.177-178

(51) 笠原芳光「日本的キリスト教批判」、『キリスト教社会問題研究』二二号 (一九七四年) 参照。

(52) 高山樗牛『時代管見』(博文館、一八九九年) pp.91-94

(53) 同前 pp.75-76

(54) このロジックは、のちに『國體の本義』が提起した「没我同化」のロジックとよく似ている (これについては、本書第Ⅳ章「『美しい国』の國體論的底流」pp.189-191 の「醇化の論理としての没我同化」の項参照)。我を捨てることによって向こうに同化し、同化することによって我を捨てるというのは、消極的で「弱い自己」のように見えるが、そうではなくて、『國體の本義』を読めばわかるように、ここで捨てられているのは「小我」であって、「小我」を捨てるのは「大我」に就くためなのである。そして、この「大我」こそが、森有正のいう「日本人の強い自己」にほかならないのである。

(55) アーネスト・ゲルナー [加藤節監訳]『民族とナショナリズム』(岩波書店、二〇〇〇年　原著は Ernest Gerner, *Nation and Nationalism*) p.1

（56）同前 p.12

（57）以下の項に関しては紙幅の関係もあって略述せざるをえなかったので、それぞれの記述について依拠した文献を明示することができなかった。依拠した著作を、ここに列挙しておく。以下の考察は、おもに次のような著作から学んで作成した研究ノートを要約したものである。
溝口雄三『中国の衝撃』（東京大学出版会、二〇〇四年）、同『公私』（三省堂、一九九六年）、同『中国の公と私』（研文出版、一九九五年）、岡田英弘『この厄介な国、中国』（ワック、二〇〇一年　『妻も敵なり』［クレスト社、一九九七年］の改訂版）、同『歴史の読み方』（弓立社、二〇〇一年）、園田茂人『中国人の心理と行動』（日本放送出版協会、二〇〇一年）、仁井田陞『中国の社会とギルド』（岩波書店、一九五一年）、根岸佶『中国のギルド』（日本評論新社、一九五三年　復刻版＝大空社、一九九八年）

（58）前掲・根岸佶『中国のギルド』（日本評論新社版）pp.1-2

（59）前掲・岡田英弘『この厄介な国、中国』p.48

（60）前掲・岡田英弘『妻も敵なり』p.188

（61）マックス・ヴェーバー［脇圭平訳］『職業としての政治』（岩波文庫版　原著は Max Weber, *Politik als Berufe*, 1919）p.36

（62）前掲・溝口雄三『中国の衝撃』pp.131-132

（63）同前 p.129, p.130

（64）宗族は父系血縁の共同集団であるが日本の大家族より遥かに幅が広く規模の大きな集団で、日本的な血縁集団よりずっと自然的な血縁性が薄い。

(65) 前掲・神島二郎『近代化の精神構造』p.23

(66) もっとも、この世界市民主義は、中国人一般の考え方というよりは、古代以来中原から南へ流れていった客家《ハッカ》が、その特有の「土地なき民族主義」とでもいうべき思想から育んでいったものであった。しかし、それはやがて客家の域を越えて、特に華僑と中国南部の商業民には共通するものになっていった。少なくとも、彼らにとって、公私には、国内・国外、自国・他国による差異はなく、どんな場所、どんな場面でも通用する普遍性が具わっている、と考えられていることはまちがいない。

(67) この「個人」と「間人」のモデルは、濱口恵俊によるものである。濱口恵俊『間人主義の社会―日本』(東洋経済新報社、一九八二年)、マスダ国際交流教育財団・「日本型システム」研究会編『日本型システム――人類文明の一つの型』(セコタック株式会社、一九九二年)参照。

(68) 前掲・『間人主義の社会―日本』および『日本型システム――人類文明の一つの型』参照。

(69) 前掲・溝口雄三『中国の衝撃』pp.67-68

(70) 同前 p.87

(71) 前掲・溝口雄三『中国の衝撃』pp.16-17

(72) 渡辺京二『逝きし世の面影』(平凡社ライブラリー　原版は葦書房、一九九八年)

第Ⅳ章　「美しい国」の國體論的底流

1　「美しく品格のある国家」の底流

自信と誇り回復のための復古

一極支配の崩壊、多極化の進行、中国・インドの擡頭、日本の没落――近代世界システムが流砂のように動いていくなかで、バブル崩壊後の「失われた一〇年」で深まった日本人の自信喪失は、アイデンティティ・クライシスの域にまで達しようとしている。近代化過程であれほど高いパフォーマンスを誇った国民国家の凝集力はなぜ有効性を失ったのか。それがわからぬままに、国家へのロイアルティを確保しようともがくとき、それはまたもやあの國體論の磁場にとらえられていこうとする。そうしたいま、近代日本の國體論のロジック、そこに魅きつけられていった精神の機制を再考してみる必要がある。

安倍晋三は、政権に就くにあたって、初めての単著『美しい国へ』（文春新書）を上梓し、みずからの政権構想に『美しい国、日本。』というタイトルをあたえた。また、これより半年ほど前に出版された藤原正彦『国家の品格』（新潮新書）は品格のある国家をつくることを訴えてベストセラーとなり、安倍の著作とオーヴァラップしながら増刷を続けた。

『美しい国へ』の帯には「自信と誇りのもてる日本へ」と大書され、『国家の品格』の帯には「すべての日本人に誇りと自信を与える」と書かれてあった。つまり、これらの著作は、それぞれに、日本人が自信と誇りをもてる美しく品格のある国家をつくろうというメッセージを送っていたわけだが、読んでみると、それはまた、日本という国は、もともと美しく品格のある国家だったのに、その美と品格が失われてしまった、だからそこにもどろうという訴えでもあるのだ。「つくる」ことは「もどる」ことである。それは、幕末以来展開された開化をめぐるテーゼの一つ――「復古なくして創造なし」(1)――に重なるものであった。それでは、どこにもどるのか。

政権構想『美しい国、日本。』は「政権の基本的方向性」として冒頭に「文化・伝統・自然・歴史を大切にする国」を挙げ、そのための政策として「新たな時代を切り開く日本に相応しい憲法の制定」「開かれた保守主義」「歴史遺産や景観、伝統文化等を大切にする」「家族の価値や地域のあたたかさの再生」の四つを並べている。ここでは改憲は「文化・伝統・自然・歴史」に根ざした日本国家復活の下位項目に位置づけられている。つまり、国の最高法規である憲法が歴史的・道義的観念としての「日本」というもののもとに従属するものとしてとらえられているのである。また、二〇〇六年一〇月一八日、民主党の小沢一郎党首との党首討論で、安倍晋三は「憲法とは国のかたちと理想を示すものだと発言しているが、これも、日本という国が発揮、実現すべき固有の美点、特質――「国柄」といわれているもの――を憲法に定めるという発想にもとづくものである。そして、この「歴史的・道義的観念としての日本」「日本固有の美点、特質としての国柄」こそ、かつて「國體《こくたい》」(2)と呼ばれたものにほかならないのだ。彼らはそういう意味での國體にもどろうとしているのだ。

文化概念としての國體

もちろん、彼らは「國體」という言葉は使わない。「國體」は、日本を破滅的な戦争に導き、国民全体をそこに駆り立てていったとされる忌まわしいファナティシズムのシンボルだからだ。しかし、彼らのいう「国」も、國體論でいう「国」も、近代国家における「国」とは違った独特な意味合いをもっている点で共通している。あとで見るように、國體論の国家観は、国民によって権利・義務関係の上に組み立てられた統治団体として国家を見るのではなくて、共同体における結びつきのことを「国」といっているものだった。しかも、それを政治的な国家と等置していた。つまり、共同体と国家を区別しないままに、共同体＝即＝国家(3)としてあらわれるもののみを国家とし、すべての要素をそこに押し込んでしまう。そのようにして、共同体と国家を完全に二重写しにすることによって、近代国家における愛国心(政治的国家への忠誠)とは本来異なる次元のものである郷土や家族・隣人に対する愛(共同体への帰属感情)をそのまま愛国心と等価なものとして政治的国家に吸収していったのである。それがかつての國體論の特徴だった。

その点から見るならば、「私たちの国日本は、美しい自然に恵まれた長い歴史と文化を持つ国」だという「静かな誇りを胸に今、新しい国創りに向って」いき、「日本を、世界の人々があこがれと尊敬をいだく、そして子どもたちの世代が自信と誇りを持てる『美しい国・日本』とするために」国民全体を結束させよう(『美しい国、日本。』)という方針を国家の政治的リーダーが政策として掲げるということは、結局のところ國體による統合へ回帰することにつながっていくしかないのである。

そもそも、國體論は、かならずしも好戦的な軍国主義を旨とするものではなかった。むしろ、「天地のまゝなる心」を懐くものだったり、物質文明を超えた絶対平等や世界平和を唱えるものであったりした。しかし、それがそのまま、「天壌無窮《てんじょうむきゅう》」「八紘一宇《はっこういちう》」の国粋理念・侵略理念に接続していったのだ。だから、われわれは、いま、その帝国主義的な形をとった國體理念だけではなく、その基にあった共同体＝即＝国家の文化的・道義的國體論、文化概念としての國體をこそ問題にしなければならないのである。

2　國體論の系譜

國體論の三つの淵源から昭和超国家主義へ

國體論は、徳川末期以来相対的に異なった三つの淵源から展開され、それらが合流して昭和期に超国家主義の國體論として最終的に確立されたのであった。三つとは、第一に契沖に始まり平田篤胤門下にまで到る国学の流れ、第二に藤田東湖、会沢正志斎らをはじめとする水戸学の流れ、そして第三に田中智学の国柱会を源流として血盟団事件（一九三二年）の井上日召、『世界最終戦論』（一九四〇年）の石原完爾、『昭和維新論』（一九三九年）の東亜聯盟同志会などが関わった法華経的國體論の流れである。(4)

その宗教的基盤からいうなら、国学の系譜が神道（復古神道）、水戸学の系譜が儒教（朱子学）、法華経的國體論の系譜が仏教（在家日蓮宗）ということになる。このとき、近世社会にあっては、儒教が為政者、仏教がインテリゲンティア、神道が市井の私人に定位するものであったことを考えに入れておこう。ただし、この神道・儒教・仏教は相互に習合し合っており、一種の統融体をなしている場合すらあるのであって、それ自体、それぞれが「日本的」色彩を帯びながら相互滲透し合っていることに注意しなければならない。とはいうものの、いま、三つの潮流をそれぞれ代表する平田篤胤の『霊能真柱《たまのみはしら》』、会沢正志斎の『新論』、田中智学の『日本とは如何なる国ぞ』を読み比べてみると、そこには視角と方法の明らかな違いを見出すことができる。

平田国学と水戸学の影響の下に遂行された明治維新の後、憲法制定過程での伊藤博文と金子堅太郎の國體論争、教育勅語をめぐって帝大哲学教授井上哲次郎らとキリスト者たちとの間で交わされた「教育と宗教の衝突」論争、南北朝正閏《せいじゅん》論争、美濃部達吉と上杉慎吉の天皇機関説論争などいくたの論争を経て、昭和に入ってからは、明治からあった法華経的國體論が擡頭し、美濃部学説がふたたび——今度は政治的に——問題にされた天皇機関説事件から國體があらためてクローズアップされ、これが國體明徴運動に発展した。そのなかで、一九三七年（昭和一二年）に國體明徴、国民精神振作を国民全体に徹底するために文部省が編纂した『國體の本義』、続いてその解説書『臣民の道』が刊行されて、ここにおいて、国家公認の國體論が確立されるに到ったのであった。そして、最終的にそこに合流することになった國體論の三つの系譜には、それぞれにおいて、いまもなお日本の思想の底流に流れるものが含まれていたのを見ることができる。

国学國體論と政治の美学化

国学のなかから唱道されるに到った國體の特徴を考えるとき、まず注目されるのは、国学自体が日本美の再発見のなかから形成されてきたことである。まさしく「美しい国」のかたちとして國體が考えられていったのである。

国学は契沖の『万葉代匠記』（一六九〇年）を端緒に、本居宣長に到るまで歌学をその主要な内容としてきた。万葉集にあらわされている和歌精神を「くにのこゝろ」とするのが国学の考える國體——「國體」という言葉は使っていないが——だったのである。それは、中世の歌学が外来の儒仏特に仏教的な道徳意識によって抑圧していた人間の自然な性情を、万葉の和歌精神にもどることによって解放しようとする日本的な近世ヒューマニズムの面をもっていた。それにしても、日本的なるものの原点を探し求めようという試みが、日本的な「真」にも日本的な「善」にもゆきつくことができず、唯一、日本的な「美」にのみゆきついたことは日本精神のありかたを示唆して興味深い。日本精神とは何よりも美だったのだ。

この万葉の和歌精神への回帰は、同時に、すでに契沖においても、古神道への回帰に結びついていった。そこに「神国」の観念が結ばれていくことになる。この観念は、松本三之介がいうように、「理や議論や私意を拒否した彼〔契沖〕の文学思想が古代に投射して結ばれた映像[5]」であると見ることができる。ここに和歌精神と政治原理が関係づけられていく。これは、共同体のものである和歌精神を国家のものである政治原理と二重写しにする点において、國體論における共同体＝即＝国家の「国」観の始まりともいえる。

このようにして、作為なしに自然生成してくる性情をかたちにしていく「歌」の精神が、「国」の観念に結びつけられていき、それはやがて、神道の古道を仏教・儒教から分離して原《プロト》国家精神として取り出そうとした荷田春満《かだのあずままろ》や「天地のまゝなる心」を政治原理にしようとした賀茂真淵らを媒介にして、国学を体系化した本居宣長において、ついには「政治の美学化」として完成されていくのである。そこにおいて、『哥のおもむき』たる『もののあはれ』はそのまま神道自体の本質にまで高められる。かくして一旦修身や治国より解放された文学は再び政治的＝社会的性格を身につけたかに見える。もしこれをかりに『文学の政治化』と呼ぶならば、宣長における文学の政治化とは、文学の内容が政治的なものに変質するのでもなければ、……文学が政治的な効用をもつといふだけでもなく、文学的精神（もののあはれ）がさながらに政治原理とされることを意味する(6)」と丸山眞男がいっているような事態が成り立っていたのであり、その「文学の政治化」は逆にいえば「政治の文学化」ということにほかならなかったのである。そして、国学における歌学がすぐれて一箇の美学であったことを考えるならば、それは、ドイツロマン派やナチスのゲッベルス＝シュペアー流のもの(7)とは性格を大きく異にするとはいえ、やはり「政治の美学化」といったほうがいいのではないかと思われる。それは、昭和超国家主義政治と日本浪漫派美学の接合点におけるますらおぶりや散華の美学にどこかでつながっている。

このような意味での政治の美学化が国学というかたちで現れた國體論の原点に存したという点は、今日、「美しく品格のある国家」の復活を唱える思想潮流の國體論的底流を考えるうえでも重要である。(8) 藤原正彦が『国家の品格』でいう「『情緒』と『形』の国、日本」の復活といった方向は、底流においてそこに関わっている。

ところが、国学は、幕末の平田篤胤に到って、この「政治の美学化」にまとわりついていた脱政治的性格を急速に克服し、政治的に実践化される。それは、開国を迫る列強の圧力に直面した危機感にもとづきながら、宣長までの国学者に見られた市井の私人としての脱政治的政治意識をのりこえて為政者としての武士階級の実践的政治原理を確立せんとする篤胤の志向がしからしめたものであったろう。

そして、篤胤は、そのためにも、神道的世界観を特殊日本的なローカルなものから世界に通用するユニヴァーサルなものに仕立て直していく。『霊能真柱』(一八一三年)では、旧約聖書の天地創造説からはじまってアリストテレスの四元説、コペルニクスの太陽中心説まで西洋の言説・学説を記紀神話のなかに読み込んで、宇宙論的に國體を位置づけていくということがおこなわれる。(9) このような國體のユニヴァーサル化は、のちに法華経的國體論の流れのなかで別のコンテクストからふたたび現れてくるものであるが、日本独特の——自民族中心主義《エスノセントリズム》をそのまま普遍主義《ユニヴァーサリズム》につなげていくかたちの——グローバリズムとしていまにつらなっているのである。

水戸学國體論と「報本反始」

「國體」という言葉を、その後通用するようになった意味において初めて使ったのは、水戸藩の儒者会沢正志斎であった。正志斎が『新論』（一八二五年）の「國體」上中下（主に上）の章でのべたのは、日本においてさまざまに政治形態が変わっても変わることのないものとして成立している制度総体のありかたで、それを「國體」と呼んだのである。正志斎は儒学者だから、それは聖人の道の創設とのアナロジーで語られている。

日本国の創成原理は、天祖（天皇の祖先・天照大神）において天と一体化しており、天孫（歴代の天皇）はそれを引き継いで「天職」（天から命じられた統治の職務）「天行」（天の運行）の代行をおこなうのであるから、これも天と一体化しており、「祭政維《こ》れ一」（祭政一致）である。もともとこのような天に従う政治であったから、「億兆、心を一にして、皆その上に親しみて離るるに忍びざるの実」があった。そして、これが連綿として継承されてきたのは、天皇の萬世一系が保たれ、人民が常に父に従うのと同じこととして君に従ってきたからで、つまりは「忠孝」の家族的原理によるものであった(10)。

そして、正志斎は、日本の國體の素晴らしさを「報本反始」（根本にもどり始原にかえること）がつねにおこなわれてきたこと、おこなうのが可能になっていたことに求めている(11)。つまり、原初の天業にもどって根本の把握、始原への回帰をつねにおこないうるのが日本の國體の特徴である、というのである。ここには、根本とは始原にあるという考え方、始原に還ることによって時間を揆無して汚れをなくし人と神との生きた関係を回復できるという考え方が見られる。ミルチャ・エリアーデのいう「歴史の拒否」「時間の拒絶」である。エリアーデはいう。

「もしわれわれが注意を払わないなら時間は存在しない。その上、時間が認められるようになる場合は、――人間の『罪』、すなわち人間が祖型からはなれ、継続へと顛落するときであるから――時間は揆無せられ得る」。時間は意識しなければ存在せず、意識されたときにも拒絶して無に帰することができる。そうとらえられたときには、生起する事象は「カテゴリーであって事件ではなく」、生活は「同一の原初的神話の絶えざるリハーサルに還元される」のであり、「それが時間において起ころうとも、時間の重みを負わず、時間の逆転不能性を記録しない」のであって、人間は「継続せる現在に生きる」のみなのである。(12)

このような「祖型反復」という思考様式を会沢國體論における「報本反始」のロジックにも見ることができる。これは近代的な歴史的思考からするなら、まったく原始的《プリミティヴ》な思考様式である。にもかかわらず、それが、近代に到るも続いてきて、近代国民国家形成においてもじゃまなものとしてなくならなかったどころか、むしろこれを西洋近代国家の政治原理と巧みに抱合させて、その統融体を機軸に国家形成がされたところに、確かに日本近代の特異性があったともいえるのである。そして、そうした思考様式にもとづきながら、政治神話としての「天壌無窮」（［國體が］天地とともに窮まりないこと）が仕立て上げられたのであった。

これが、のちの昭和期における公認國體論『國體の本義』になると――ここでも「報本反始」の精神の発露が称揚されつつ――、「我が皇位が天壌無窮であるといふ意味は、実に過去も未来も今に於て一になり、我が国が永遠の生命を有し、無窮に発展することである」として、「我が歴史は永遠の今の展開であり、我が歴史の根底にはいつも永遠の今が流れてゐる」というふうに歴史神学化されるのである。[13] この「永遠の今」は、エリアーデのいう「継続せる現在に生きる」ということに照応する。かくして、日本においては、歴史は事実の集積などではなく、「国史の発展は即ち肇国《ちょうこく》［国の始まり］の精神の展開」である[14]ということになるのである。

いまもなお日本人の精神の底流には、このような思考のプリミティヴィズム——それはクロード・レヴィ＝ストロースがいう「野生の思考」（la pensée sauvage）[15]でもある——が色濃く存在する。國體論は、それに依拠しながら、永遠の今の展開としての天壌無窮というメタ歴史＝物語（métahistoire）を創り出したのであるが、近代が終わって超近代が現出しようとしているいま、そのような「大きな物語」を復活させることはむずかしいにしても（しかし、永遠の今の展開としての天壌無窮のようなものはかならずしも「大きな物語」の形態をとらなくてもいいわけで）、近代的な科学的思考に代わる超近代的な「具体の科学」（レヴィ＝ストロース）として、それが新しいかたちをあたえられることは充分に考えられるし、実際、それがいま新装した「日本的なるものの神話」に結実しつつあるようにも思われるのである。これから新たな國體論が出てくるとするなら、それは、そうした洗練をへつつ現れてくることだろう。

法華経的國體論とユニヴァーサルなユートピア

『宗門の維新』（一九〇一年）を書いて日蓮宗の宗門改革を精力的に進めていた田中智学は、日露戦争が勃発した一九〇四年（明治三七年）頃から、國體論を展開するようになり、やがて『日本國體の研究』（一九二一年）などで日本國體学を体系的に説くようになる。[16]

智学の國體論は、日本の國體を円教たる法華経の[17]「乗り物」とするもので、法である法華経の説く絶対平等・世界平和を実現する「身体」が日本国であるとするものであった。[18] なぜ、日本の國體が法華経の乗り物になり、日本国が法華経の身体になりうるか。それを智学は神武天皇の建国理念に見たのである。[19] 智学は、記紀の神武紀から「八紘を掩ひて宇と為す」という言葉を引き出して「八紘一宇《はっこういちう》」（道義的世界統一の追求）という成語をつくり、また「積慶《せきけい》」（民を統ぶ仁慈道徳＝平和国家による繁栄の追求）・「重暉《ちょうき》」（世を済ふ智徳文化＝文化国家による真理の追求）・「養正《ようせい》」（国を建つ義勇正節＝正義国家による秩序の追求）の三語を国家理念の体系として引き出した。[20] しかも、この建国理念は、人為的に建てられたものではなく、世界を一つのものに統融し絶対平等・世界平和を実現するものとして、日本においておのずからなるべくしてなったのだ、というわけである。こうした教説は、仏教教学の方法にもとづくドグマ（教義）設定としておこなわれたものであった。

ヨーロッパの近代国家が一般に「中性国家」として、国家の存在理由の基礎を真理や道義などの価値から独立した純粋に形式的な法的関係に置いたのに対して、國體論においては、すでに見たように、共同体＝即＝国家としてのみ国家を見るから、日本国家においては、国家自体、価値中立的なものではなく、道義的実体として真理や道義などの価値を基礎に置いていると観念されている。そして、精神的権威と政治的権力が一体化して国家秩序を形づくっているとされている。ここにおいて、日本の国家主義は、単なる国家主義ではなく、ヨーロッパにおいて考えられたような近代国家を超えた実体を結集点とする超国家主義に発展していくのである。[21]

しかし、明治国家において、日本国家の特質すなわち國體は、大日本帝国憲法において祭政一致国家という形で表現されていたが、(一定のジグザグはありながらも) 祭祀の基《もとい》である神道が国教化されることはなかった。[22] つまり、明治政権は、平田国学や水戸学國體論を発条《ばね》にして権力の正統性の源泉を西洋立憲君主制の場合のように君主・人民の二重に求めるのではなく専ら天皇のみに求めるという正統性構成をしつつも、[23]「政治の美学化」や「野生の思考」にとどまることなく、近代国民国家の構築を進め、それを祭政一致国家としながらも政教一致国家とはせずにあくまで世俗的国家とすることによって、「中性国家」の建て前をとっていったのである。[24] 祭政一致だが政教一致ではない——萬世一系の天皇による統治という政治神話は、その危ういバランスの上に立っていた。

ところが、昭和になって、これを祭政一致だけでなく政教一致の方向へ転換していく力が働いた。その一つの重要な媒介になったのが、「法国冥合」(仏教の説く理法と世俗の国家が巧まずして一つになること) の法華経思想だったと考えられる。それが、いま見た智学國體論のようなかたちで祭政一致・政教分離の國體論を変質させて、もともとむりがあった祭教分離をよりむりのない祭教一致、したがって政教一致の方向に導く媒介になったのである。[25] もともとこの方向を惹起した新たな國體論は、仏教的なものから興ってきたものだから、宗教としての神道と国事行為としての祭祀の一致ではなく、仏教から見た宗教と国家の統融を標榜したものだったのだが、神道、仏教の違いを超えて全体として政教一致の方向へと国家体制を動かしていくことになったのである。(26)

その意味で田中智学の國體論は、大きな意味をもっている。実際に智学の國體論は井上日召や石原完爾らに大きな影響をあたえ、東亜聯盟同志会の超国家主義國體論の基になっていったのだ。

また、幕末以来の國體論は、すでに見たように、日本の國體——日本という国の道義的実体——を、儒教においていわれる聖王の道のような普遍的な理想が日本において特殊的にあらわれたものとしてとらえるのではなく、あくまで日本固有の独特なものとしてとらえようとする。そうすると、國體が普遍—特殊の軸ではなく絶対—個別の軸において位置づけられるから、その道義性は普遍的な性格ではなく絶対的な性格、「万邦無比であるから万邦無比なのだ」といわんばかりのトートロジカルな固有の絶対性をもってくる。そして、外に広がるよりは内に深まるものとなる。かくて、國體は閉じられたユートピアとなっていき、鎖国・攘夷が基本政策となる地点への後退を孕んでいるものになっていくのである。

ところが、智学國體論、昭和超国家主義は、この閉じられたユートピアを、その絶対的な性格のまま普遍化し、開いていこうとするのである。(27)それは、平田国学の國體論とは、また違う方向から、國體をユニヴァーサル化するものであった。そのシンボルが「八紘一宇」にほかならなかった。これまた自民族中心主義《エスノセントリズム》をそのまま普遍主義《ユニヴァーサリズム》につなげていくものだったのである。そして、そのための道具が、儒教的合理主義ではなく仏教的反合理主義——たとえば西田哲学の「絶対矛盾的自己同一」のようなロジックをいう――であり、神道のコスモス感覚ではなく法華経の理法世界観に拠り所が求められたのであった。このようにして超国家のユニヴァーサルなユートピアへと接続していった面が、また、「革命的大帝国主義」(北一輝)[28]たる昭和超国家主義の一つの相貌をなしていたのである。

法華経は、天台以来日本仏教のなかで宗派を問わず特別に大事にされてきた経典であり、日本人(特にインテリゲンティア)の精神風土には実は法華的なものが相当にしみこんでいる。そして、戦後の精神風土においてずっと真宗的なものが優位にあったのが、法華的なものがふたたび勃興してきているように思われるいま、ほかのあらゆる国家と異なる「異常な国」日本が「品格ある国家」として「人類の夢への水先案内人」になるべきだ[29]、「この世界を本格的に救えるのは、日本人しかない[30]」と藤原正彦がいっているようなかたちで、世界救済の國體ユニヴァーサリズムが興ってきているのに注目しておかなければならない[31]。

3 終着点としての超国家主義國體論

『國體の本義』における「国」の観念

以上のような系譜をたどって、それらの流れが合流する終着点として形成された昭和超国家主義の國體論の思想的特徴は、どのようなものであったか。さきにふれた国家公認國體論『國體の本義』は、日本における「国というもの」を西洋の国家とは根本的に異なるものとして、次のようにとらえている。

西洋においては「個人の集合を以て国家とする」から「支配服従・権利義務の如き相対的関係」から国家を考えてしまうが、それは「個人主義的思考に立脚して、すべてのものを対等な人格関係と見る」思想によるものである（p.24以下『國體の本義』の頁数を示す／傍点は引用者による）。そうではなくて、「個人は、その発生の根本たる国家・歴史に連なる存在であって、本来それと一体をなしてゐる」のであって、「国」を離れたところに「人」はないのだ（p.35）[32]。

だから、「国」のなかにあってそれと一体化した「人」にとって、国家が「本源」であり、個人はそれに対する「分」の関係にある。そして、「分を通じて本源に立ち、分を全うして本源を顕す」ところに「国民としての真生命」の発揚がある（p.35）。この関係は、日本においては、国というものが国・家合体の「一大家族国家」（p.38）[33]となっていることにあらわれている。国と家とが忠と孝という同質の原理を通じて一体化しているのが日本の「国＝家」なのだ。すなわち、「国を家として忠は孝となり、家を国として孝は忠となる。こゝに忠孝は一本となつて萬善の本となる」（p.107）というわけである。これが人為的な契約によってつくられた西洋の国家とはまったく異なる、自然に生成された家族国家としての日本国家の特質である。

このような家族国家にあっては、権利と義務、権限と責任の関係のなかで統治がおこなわれるのではない。そこでは、統治の主体も客体も、主権も人民も曖昧模糊とした「国＝家」「家＝国」の一体状態のなかに溶解されてしまう。――「天皇は外国の君主と異なり、国家統治の必要上立てられた主権者でもなく、……臣民より選び定められた君主でもない」（p.24）「我等臣民は、西洋諸国に於ける所謂人民と全くその本性を異にしてゐる」(p.33)「臣民が天皇に仕へ奉るのは所謂義務ではなく、又力に服することでもなく、止み難き自然の心の現れである」(p.19)

　このようなものである国においては、そもそも治者と被治者との対立も、それを前提とした政治も存在しないことになる。だから、国家の政治は「まつりごと」として共同体の祭祀と一致（祭政一致）するものでしかないのである。——「我が国の政治は、神聖なる事業［別のところでは「惟神《かんながら》の天業」といっている］であって、決して私のはからひ事ではない」(pp.15-16)

　また、経済も「個人の物質的欲望を充足するための活動の関聯総和ではない」(p.138)とされ、「経済は道徳と一致し、利欲の産業に非ずして、道に基づく産業となる」(p.139)と道徳化されてしまうのである。ここにおいては、公《おおやけ》＝大家《おおやけ》＝大家族＝国という「国＝家」の論理——「『わたくし』に対する『おおやけ』は大家を意味するのであつて、国即ち家の意味を現してゐる」(p.47)——にもとづいて、私が公に吸収されていってしまうのである。『國體の本義』の公式解説書『臣民の道』では、「日常我等が私生活と呼ぶものも、畢竟これ臣民の道の実践であり、天業を翼賛し奉る臣民の営む業として公の意義を有するものである。……されば、私生活を以て国家に関係なく、自己の自由に属する部面であると見做し、私意を恣にするが如きは許されないのである」[34]といって、私生活がそれ自体として存在することを否定することになる。

　結局、国の観念において、公認國體論が最も強く否定し排斥したのは、個人主義であった。『國體の本義』は、その結語において、西洋近代思想の浸潤の「帰するところは、結局個人主義である」(p.154)

と結論づけ、諸悪の根源である個人主義に対して、「対立を絶した根本より発し、その根本を失わないところの没我帰一」（p.36）を対置していくのである。そして、今日の日本を考えてみても、その支配的イデオロギーにおいては、戦時体制下の滅私奉公のような考え方はなくなったとはいえ、いまだに、基本的にはこの没我帰一の精神が貴ばれ、個人主義は事実上否定されているのではないか。

醇化の論理としての没我同化

『國體の本義』は、このように西洋近代思想の超克を掲げているわけだが、それでは、西洋文化をまったく排斥するかというと、そうではない。西洋文化は、摂取・醇化されるべきものとして考えられているのである。ただ、その摂取にあたって、「動もすれば、本を忘れて末に趨り、厳正な批判を欠き、徹底した醇化をなし得なかつた」ために「思想上・社会上の諸弊」を生んだのが問題だったのだ（p.3）、という。そして、「徹底した醇化」をなすためには、「真に我が国独自の立場に還り、萬古不易の國體を闡明」することこそが必要だ（p.6）というのだ。

「醇化」とは、こちら側から手厚い感化を施しながら、まじりけのない純粋なものにしていくことである。つまり、西洋文化を日本化（感化して「末」を捨象）しながら、普遍的な核心（純粋な「本」）だけを受容していくべきだったのに、感化しきれずに日本に適しない悪い要素を入れてしまった、だから、その悪い要素を取り除くために、もともとの原点である日本独自のものをもっと鮮明に（國體明徴）しなければならない、というのである。

そして、日本において醇化は「没我同化」の原理によっておこなわれてきたのだ、と『國體の本義』はいう。「没我同化」とは何か。これをめぐっては、「没我・無私の精神」と「包容・同化の精神」とを同時に作動させる（我執をなくすことによって対象を包容する／対象を包容することによって我執をなくす）もので、「単なる自己の否定ではなく、小なる自己を否定することによつて、大なる真の自己に生きること」（小我を殺して大我に生きること）によって果たされるものだという、基本的に仏教的なロジックが展開されている。(35)

このように見てくればわかるように、実はここでは「醇化の失敗」が語られているのだ。実際のところ、『國體の本義』が西洋近代思想の名で取り除こうとしているものは、いま現実に日本の内部にあるものなのであり、しかも醇化して日本化したはずのものなのである。つまり、日本的なものとしっかり抱合しあいながら、すっかり定着しているものなのである。

日本型近代化というのは、それまでの日本にあった前近代的なものをそのまま残しながら、そこに西洋から入れた近代的なものを接ぎ木したというようなものではなく、近代的な思想と制度を日本に合うようなものにしながら導入すると同時に、前近代的なものを、近代的なものの受容基盤としつつ、近代的なものに適合するように編成し直すこと（これを「没我同化」といっているのだ）を通じておこなわれたのである。このようにして、前近代的なもの＝日本的なものと近代的なもの＝西洋的なものを、どちらも変質させながら、たがいに抱合させて統融したのである。この抱合と統融こそが、アジアで唯一近代国民国家を日本に実現し、またそのパフォーマンスの高さをもたらしたものだったのだ。だからこそ、大日本帝国法制は、治安維持法において「國體を変革する事」と「私有財産制度を否認する事」を並置して禁じていたのであり、そうすることによって、はしなくも近代日本国家が「國體」と「私的所有権」とを二大原理として建てられていることをみずから語っていたのである。

幻像の西洋と幻像の日本

昭和超国家主義は、この抱合と統融を実体的にはそのままにしながら、現象的にはわざと分極化して問題を顕わにしようとした。その二極への剥離はどのような機制を通じておこなわれたものだったのか。

C・G・ユンクの精神分析では、個人が自分を外界に向けて対応させるためにとっている心の構えをペルソナ(persona　ギリシア悲劇の俳優がつける仮面)と呼び、人は自分の性質のうちにある自己のペルソナにとっては悪となるものを無意識の裡に抑圧する、とした。そして、人はある状況の下で、その抑圧された悪を他者に対して投影して、それを攻撃する行動をとるものであることを発見し、その自己の無意識の裡から外の他者に投影された悪の像を「影」(shadow)と呼んだ。そのとき、自己の無意識裡の悪が投影された他者は、現実の他者ではなくて自分の心のなかにあるものに対応した幻像になってしまう(36)。

これと同じことが、日本という国家のペルソナについておこなわれたのではないだろうか。そして、その背景には、急速な近代化過程にある日本人が懐いていた自己に対する不安——近代的価値と伝統的価値を同時に満たすことを要求され、それに応えようとすればするほど、かえってどちらも満足させられなくなって自己を失っていくように感じられることからくる不安——があった。

『國體の本義』で西洋近代の像として攻撃されているものは、現実の西洋、西洋の実像ではなくて、日本近代の無意識の裡で抑圧されていた悪の投影なのである。それは日本の「影《シャドー》」なのだ。攻撃されている「歴史的全体より孤立して、抽象化せられた個々独立の人間とその集合」を基本とする個人主義というのは、現実の西洋社会のなかにあるものというよりは[37]、日本社会の集合的無意識のなかにあって日本国家というペルソナにとっては悪の部分を投影しただけの西洋の幻像なのである。

それに対して対置された「國體」というものも、そういう作用によってペルソナにとっての悪を西洋に投影してしまうことによって善として純粋化されたものであるかぎり、やはり現実の日本、日本の実像ではなくて、理想化された日本、日本の幻像になってしまうのだ。だから、アマテラスをはじめとする日本肇国の神々と天皇の祖は、影《シャドー》に対するアニマ（anima）、理想化された女性ともなる。実際、それはしばしば無限抱擁の母性を象徴するものとなっているのである。

國體論者は、頑迷固陋、無知蒙昧だったから、神話をそのまま信じて、神憑りの皇国史観をつくってしまった、ということではないのだ。このように影《シャドー》を外部の敵＝西洋近代に投影して、アニマを自己光明化の鏡＝肇国日本の神として立て[38]、国家が外部に向かう構えとしての内部のペルソナを建て直すこと、その要請に応えようとした結果が、『國體の本義』に示されたような國體論だったのである。

このような機制は、いまもまた働いているように思われる。『国家の品格』で批判されている「論理にだけ頼った西洋近代精神」というものの中身を読むと、やはり影《シャドー》の面影がはっきりとうかがえる。だから、それに対置された「情緒と形を重んじる日本精神」もアニマの性質を免れていない。また、最近の反朝鮮・反中国感情の高まりも、民族差別や大国意識だけがしからしめたものではなく、この影《シャドー》・アニマの機制によって日本のペルソナを建て直そうとする秘められた動機にもとづくものであろう。『美しい国へ』も『国家の品格』も、ともに「自信と誇り」「誇りと自信」をあたえることを謳い文句にしていたことは、これまでの戦後日本国家のペルソナへの疑念の深さとその再建への欲求の強さを示している。(39)

國體論の底流に根ざしながら今日現れているさまざまな議論に対しては、「復古」「反動」であると批判して足れりとするのではなく、いまのべたような機制が、歴史的にどのような働きをなし、またいまなそうとしているのか、というところから、そのような機制に身をゆだねることの意味を明らかにしていく必要があるのではないだろうか。

その点から見るなら、そこにおいて再興が図られている国家主義が、明治国家がとったような人為工作的「中性国家」のドライな国家主義ではなくて、昭和超国家主義につながった自然生成的「価値国家」のウエットな国家主義であるところにこそ、大きな問題がある。(40)「凶惨支那《きょうさん》」なる幻像の中国や「亡国サヨク」なる幻像の左翼を影《シャドー》として立てて、それに対する反射として立てたアニマを憧憬しながら、「美しい国」や「品格ある国家」の陶酔に浸るのは心地よいことかもしれない。だが、そのような幻想の「自信と誇り」に酔ってしまい、陶酔が醒めたときに初めてどこに導かれたのかを知るのでは遅いのだ、というのが、先の大戦をめぐる歴史の事実認識に基づく教訓だったのではないか、と思うのである。

(Endnotes)

（1） 公認國體論『國體の本義』（文部省、一九三七年）は「我が国に於ては、復古なき創造は真の意味に於ける創造ではない」(p.116) といっている。

（2） 今日、「国体」と書くと国民体育大会のことだと思われるのが落ちである。この概念にこめられた独特のニュアンスを伝えるためにも、本稿では「國體」と旧字で書くことにする。

（3） 共同体＝即＝国家と共同体＝内＝国家については、滝村隆一『マルクス主義国家論』（三一書房、一九七一年）pp.54-63 参照。

（4） 北一輝も、法華経思想に基づいて国家改造論を組み立てた法華革命家の一人であるが、田中智学＝国柱会の流れではない。

（5） 松本三之介『天皇制国家と政治思想』（未来社、一九六九年）p.19 傍点は引用者による。國體論には、そもそも（あとで見るような）投射ないし投影の機制がまとわりついていた。

（6） 丸山眞男『日本政治思想史研究』（東京大学出版会、一九五二年）pp.173-174

（7） 第三帝国の宣伝相ヨーゼフ・ゲッベルスと建築家アーノルト・シュペアーの合作で演出された一九三四年のナチス党大会における美学化された政治（レニ・リーフェンシュタール監督のドキュメンタリー映画『意志の勝利』

に記録されている）を見よ。
（8）国学のほうが比較を絶して質が高いという点は別にして。それを受容する基盤においては。
（9）平田篤胤［相良亨訳］『霊能真柱』、日本の名著24（中央公論社、一九七二年）pp.163-191（原典は岩波文庫版『霊の真柱』、日本思想大系50［岩波書店］などに収録）また、平田の影響を受けた佐藤信淵の『鎔造化育論』にも同じような宇宙論がより詳細に展開されている（子安宣邦訳、前掲・日本の名著24、pp.270-298参照）。
（10）会沢正志斎『新論』、日本思想大系53水戸学（岩波書店）pp.52-53（現代語訳は前掲・日本の名著29にある）
（11）同前 pp.64-65
（12）ミルチャ・エリアーデ［堀一郎訳］『永遠回帰の神話』（未来社、一九六三年）pp. 111-112
（13）前掲・『國體の本義』pp.16-17　傍点は引用者。
（14）同前 p.63　「肇国」とは国を始めること。
（15）クロード・レヴィ＝ストロース［大橋保夫訳］『野生の思考』（みすず書房、一九七六年）参照。
（16）田中智学の國體論の内容については、おもに田中智学『日本とは如何なる国ぞ』（一九二八年、天業民報社）によった。智学國體論の要約紹介としては里見岸雄『日本の師表　田中智学』（錦正社、一九六八年）pp.136-160、田中香浦『田中智学』（真世界社、一九七七年）pp.141-196参照。
（17）「円教」とは、これまでの教えに含まれていたあらゆる要素がたがいに融けあって完全に具現されている最高の教えのことで、法華経がそれであるというのが、日蓮系各宗派共通の立場である。
（18）日本は法華経を実現するように選ばれた国であるからこそ素晴らしいというのは日蓮の思想でもあった。このように仏教的な意味で日本が世界のなかで特別な位置を占めているという見方は、のちの公認國體論のなかにも、わが国は「大乗相応の地」である（『國體の本義』p.114）というかたちで反映されている。

(19)「広範なファシストをとりこみえた田中［智学］の思想、それは……広い意味で国主法従説の立場に立ちながら、天皇制と日蓮主義の摩擦・対立を避け、両者の融和をはかりつつ、天皇制下、日蓮主義の流布をもって世界統一の天業を完遂せんとした点にある。……日蓮主義は、あくまでも日本国体の精神であり、国体そのものではなく、両者のあいだに距離をおいた」（小林英夫『昭和ファシストの群像』［校倉書房、一九八四年］p.133　傍点は引用者）という点が重要である。

(20) 前掲・田中智学『日本とは如何なる国ぞ』pp.98-125参照。その後、昭和超国家主義期に頻繁に口にされるようになった「八紘一宇」「積慶・重暉・養正」は、いずれも、もともとは田中智学が成語化したものなのである。

(21) 一般に「超国家主義」という用語は、丸山眞男が『超国家主義の論理と心理』で使ったような「ウルトラ・ナショナリズム」「極端な国家主義」の意味で用いられているが、むしろ国家主義を極端にまで推し進めることによって国家を超える契機をもっていたところにこそ「超」を見るべきではないか、と考えられる。

(22) 伊藤博文ら儒教合理主義者にとっては、神道はキリスト教のような宗教とは違う、もっとプリミティヴな自然崇拝に基礎をおく習俗的なものだったし、それを宗教として立てれば、特に仏教との間に宗教的闘争を惹起し、いたずらに精神的な国内分裂を招き、近代化を阻害すると考えられたからである。ただし、祭祀としての神道と宗教としての神道を截然と切り離すのは実際にはむずかしいことであった。本書第V章の「靖国問題と近代国家」参照。

(23)「明治国家の指導者たちは、この［国学・水戸学の］『国体』観念の中から、自分たちの権力の基礎づけに有効なものを取り出した。岩倉［具視］らが特に重視したのは、日本国家の権力正統性の源泉が、もっぱら天皇（あるいは『皇祖皇宗』＝天皇の祖先）にあり、国民には存在しないこと、……君主・国民の正統性二重源泉説を排斥することであった」（長尾龍一『日本国憲法思想史』［講談社学術文庫、一九九六年］p.16）明治政権は、近代国家形成の上では、國體論にかぶれたのではなくて、それを利用したのである。

(24) 丸山眞男は『超国家主義の論理と心理』で、近代日本国家は最初から価値内容を独占し、信仰の自由を許さない非「中性国家」であったとしているが、それは伊藤博文、井上毅らの儒教合理主義にもとづく世俗的国家形成の理念と実行を見誤っているものだといわなければならない。

(25) あくまで「媒介」であって、「直接」ではない。だが、それが軍部やインテリゲンティアを通じてあたえた影響は大きかった。そして、それは、祭政一致・政教分離という危ういバランスに立った体制のなかで当然のこととして下から興ってくる祭教一致＝政教一致圧力の反映でもあった。

(26) それは、国家の祭祀としての神道（これを国家神道と呼んだ）が、宗教としての神道から宗教的な内容を脱色したものであったために、その脱色された空白に、仏教という形をとったものであれ、宗教的な色彩が浸透しやすくなっていたからである。そこから、国家神道が仏教色に浸潤され――法華経的なものと統融されながら――事実上国教化していく途が始まる。

(27) 智学國體論では、（先に註19で見たように）國體と國體の精神＝法華経とを区別しているがゆえに、國體を固有な絶対的なものとしたままで、その精神である法華経によって普遍的なものへとユニヴァーサル化することができたのである。しかし、國體の「精神」はユニヴァーサルでも、國體の「身体」そのものは依然として国学・水戸学以来の自己言及的（self-referential）な閉ざされた実体のままだから、結局、八紘一宇なるものは、閉ざされたままのものを世界大に膨張《ブローアップ》させていくという、オープンそうに見えてクローズドなものになっていくしかなかったのである。

(28)「国家内に於て国民生活の分配的正義が主張さるる根拠に立ちて、国際間に於ける国家生活の分配的正義を劔に依りて主張するのだ。——これ不肖の民主社会主義が日本群島に行はるる時革命的大帝国主義たる所以の一である」（北一輝『支那革命外史』、『北一輝著作集　第二巻』［みすず書房、一九五九年］p.3）

(29) 前掲・藤原正彦『国家の品格』pp.178-180

(30) 同前 p.191　このような言い方は、「日本は日本の為に在るといふよりは、世界のために在るので、日本自身よりは、寧ろ世界の方で、日本の存在を尊重しなければならぬ理由がある。それは、……［日本という特別な国が］一口にいへば、世界の始末をつけるための国として出来たのだから……」（前掲・『日本とは如何なる国ぞ』p.4 傍点原文）という田中智学のとらえかたと似ている。

(31) 本稿の論旨とは直接関係ないことではあるが、安倍政権の周辺には法華経思想の持ち主が見え隠れしている。連立相手の公明党・創価学会はさておくとしても、石原慎太郎は、国会議員になるときに法華系新宗教・霊友会の創設者の一人、小谷喜美から法華経を学んで以来の熱烈な法華経信奉者で、『法華経を生きる』（幻冬舎、一九九八年）を上梓しているし、二〇〇三年に霊友会の東京新春懇話会で「混迷する今こそ法華経が必要とされる時代」と挨拶している。また、安倍晋三が祖父の代から親しくつきあってきた世界基督教統一神霊協会（統一協会）日本組織元会長・久保木修己は、安倍の著作とよく似た題名の『美しい国 日本の使命』（世界日報社、二〇〇四年）という本を書いているが、もともと法華系新宗教の立正佼成会の会員だった。安倍は立正佼成会や霊友会とも父親の代（部分的には祖父の代）から関係が深い。

(32) 共同体＝即＝国家（広義の国家）に共同体＝内＝国家（近代国民国家のような狭義の国家）をすべて還元してしまうから、そうなる。これにもとづいて、以下に示すように、日本に現実に存在している権力関係が、すべて共同体内の協働関係に還元されていくわけである。

(33) 日本の共同体全体が一大家族をなしており、それが即日本国家であるという「大家族制共同体国家」像である。

(34) 文部省編纂［高須芳次郎註解］『臣民の道』（朝日新聞社、一九四一年）pp.80-81

(35) はたしてほんとうに古代以来このような論理によって外来思想の醇化が成し遂げられてきたのかどうかは疑問だが、これが、日本はなぜ中国文明圏にありながらきわめて独自の文化を形成・発展させることができたのか、なぜアジアで唯一西洋文明の摂取にそれなりに成功し近代国民国家をつくりあげることができたのかという問題について、一つの仮説になっていることは確かで、國體論を根本的に批判するには、この問題についての解答を用意する必要がある。本書第Ⅲ章「日本的なるものの近代的構成」参照。

(36) 河合隼雄『影の現象学』（思索社、一九七六年）pp.25-30,38-40 参照。

(37) 西洋社会のなかにあるのは、もっと具体的な個人主義であり、それ固有の歴史的な内容、全体性とのつながりをもった個人主義なのだ。

(38) この種の國體論が、天祖が三種の神器の一つである八咫《やた》の鏡を皇孫に授けるとき「此を視まさんこと猶吾を視るがごとくせよ」（この鏡を、その中に私を視るつもりで視なさい）といったということを重視して取り上げているのは、「祖型反復」のパタンを示すものであるとともに、光明化の鏡としての象徴性――「神人相感」(『新論』p.53)――がいかに大事なものであったかを示しているともいえる。

(39) その疑念と欲求に応えるものが、戦後国家像の再建という方向であれ否定という方向であれ、いまのところないことが実は大きな問題なのである。だから、それに応えることによってこそ、國體論への傾斜は断ち切ることができる。だが、それは本稿とはまた別の課題として立てられなければならない。

(40) 安倍政権の国家構想をめぐる動向については、大窪一志「動きはじめた安倍政権の国家構想―岸信介の野望『対米対等の大東亜共栄圏再興』を安倍晋三はめざしているのか」、『情況』二〇〇六年一一―一二月号参照。本書第Ⅱ章「『新しい中世』における日本」に改稿して含まれている。

第Ⅴ章　靖国問題と近代国家

1　靖国問題の論点

慰霊と顕彰

私は、この一〇年間ぐらい、だいたい春季例大祭のときと御霊祭《みたままつり》のときと、年に二回、靖国神社に参拝してきた。年々、参拝者の姿のなかから戦争のリアリティが薄れていくのを感ずる。

去年（二〇〇五年）の御霊祭のとき、霊能があると称する男といっしょに参拝した。そのとき靖国神社はたいへんに賑わっていたのだが、その人波を眺めながら、その霊能者が、「いやあ、霊はあんまり帰ってきていないなあ」といったのである。ところが、それより前、六月二八日にテレビで、天皇皇后両陛下がサイパン島マッピ山のスーサイドクリフのそばにある中部太平洋戦没者慰霊碑にお参りしているのが放映されたのを観たが、あそこには霊がいっぱいいた、とその男はいう。霊がもどってきているのがテレビを通しても見えた、と。

あんなところにいたのか、と思ったという。そして、靖国には全然いないというわけではないけれども、あまりもどってきていないというのだ。霊のことを心のなかで思っている人が行けば霊はみんな来るんだ、それが来ないのは、つまり、戦死者に対するリアリティがないからだ、呼ぼうとする気持ちがなければ、彼らは来やしない、とその男はいった。

これが、実は、靖国問題でもっとも重要な点ではないのだろうか。つまり、英霊のリアリティがないのに、靖国論議をやっているということである。靖国を政治の道具として扱っているのではないか。この戦争の戦死者を一体どうするのかという問題として考えているとは思えない論議が多すぎる。慰霊の場として、靖国というこの場でほんとにいいのか、靖国神社が果たして英霊を慰める場としてふさわしいのかという論議は、ほとんどされていない。

そして、議論が慰霊ではなくて、顕彰に傾いているのではないかという気がする。たとえば終戦記念日にあたって、先の大戦のことを思い、そこで死んでいった人たちを悼む。この礼が共通にあって、はじめて靖国問題の論議ができるのではないか。慰霊が基礎にあってこそ顕彰が出てくるのではないか。

といっても、私は戦死者の顕彰を否定しているのではない。私はナショナリストではないが、国家のために死んだ者に対して国家が顕彰をおこなうのは、当然のことであるし、義務であるとすらいえると思う。しかし、この顕彰の感情的な基礎が問われなければならない。

第一次世界大戦でみずからも前線で戦ったドイツの作家エルンスト・ユンガーは、その大戦における戦没兵士に対する追悼文集『忘れえぬ人々』への「まえがき」で、次のようにのべている(1)。

戦死者から受けた忘れがたい恩義、我々各々が彼らのことを片時も忘れてならない深い義務は存在しないだろうか。我々はそもそも彼らのおかげで生きているのではないだろうか。それゆえ我々が彼らをも我々の内心に生かすことは、正当なことではないだろうか。それにしてもいかに安易な方法でそれが行なわれていることだろう。石造りの記念碑、大理石やブロンズ製の銘板が、国による死者顕彰の意志の印と証として、いたるところに建立されている。しかしながらこうした顕彰意志は、いかに厳かなものであれ、心からの尊敬を伴わなければ、冷たいものにとどまる。死者はまだ我々のあまりにも近くに佇み、石はまだあまりにも真新しいので、それを通じて彼らの思い出が我々に語りかけることはできず、また月桂冠の葉からは、建てられたばかりの墓を思わせるきつい香りがまだ消え去らない。記念碑の台座に彫られた延々と続く行列のごとき名前の一つに目を留めるとき、我々をある感情が襲う。それは、我々が髑髏の眼窩を凝視するときに抱くのに似た、親密さと疎遠さとが入り交じる感情である。そして次のような問いが我々の脳裏に浮かぶ。「君は誰だったのか。君はどのように生きてきたのか」。というのも、我々が求めるものは、人格的な関係、より温かい結びつきだからであり、彼が愛のために我が身を犠牲にするのと、名声のためにそうするのとでは、花束の輝きも異なったものとなるからである。もちろん、戦争が体験から記憶へと変ずるにつれ、戦争の生々しい血と肉であったものは時の経過とともにからからに乾燥し、新しい世代の生活はますます新しい内容によって満たされてゆき、ただ硬く無時間的な核だけがあとに残される。そのとき、今はまだ表面をぴかぴかに磨きあげられている記念碑は、すっかり風化し、そこに刻まれた名前も消え失せてしまうであろうが、しかし同時に、より無名でより本質的な生が浮かび上がり、すでに孫たちの代には、今日ではまだ無意味に見える多くの事柄のうちに、一つの意味を見て取ることができるようになろう。というのも、個々人の活動がより高き生による呪縛の中に置かれもするとき、彼らはそれにもかかわらずそのことをほとんど自覚せず、彼らがますます大きな情熱をもって出来事の中に身を投じれば投じるほど、出来事の意味は――彼らの内心において、そして彼らを通じて実現されるにもかかわらず――かえっていっそう彼らには見えなくなるからである。

長く引用したのは、「靖国の心」は、ここでいわれていることに通じるものでなければならないのではないか、と思うからだ。

顕彰は安易な方法でおこなわれてはならないし、そのためには、顕彰の「形」が風化し、無名化していったときにこそ、その本質的な意味が浮かび上がってくるような感情的な基礎こそが必要なのである。我々が風化を嘆き、無名化を顕彰の摩滅と感じるならば、それは、この感情的な基礎が損なわれている証しにほかならないのだ。

核心からずれた靖国論議

いまの靖国問題は、二〇〇一年（平成一三年）八月一三日の小泉首相の参拝、それに対する中国・韓国からのクレームということから始まって、数年にわたって問題になっている。

ただ、考えてみると、論議自体があまり本質的なところにいっていない。つまり、中国・韓国の言いなりになるのか、ちゃんと主体性を持ってやるべきではないかとか、商売のために政治的な判断を曲げるのかというような議論とか、さまざまな感情論が横行していて、あまり本質的な論議になっていない。

僕らが学生のころ、一九六〇年代終わりに、自民党が靖国神社国家護持法案を出して、何回か国会に上程されては審議未了という形で続いたことがあった。ふりかえってみると、あのころはまだもっと本質的な論議がおこなわれていたのではないか。そもそも靖国神社とはどういうものなのか、靖国の役割とは何なのか、それをどういう形にもっていくのかということをめぐって、はっきりと「靖国神社国家護持」という方向と、本質的には「靖国神社廃止」という方向との間で、それなりにきちんと対決した論議がおこなわれていた。

ところが、その後、一九七五年（昭和五〇年）八月一五日に当時の三木武夫首相が靖国参拝をおこない、参拝したのは公人か私人かという問題が出てきて――このとき三木は全国戦没者追悼式に公人として出席し、その足で靖国神社に私人の資格で参拝した――、それ以降、靖国論議の性質が、靖国神社のありかたをめぐるものからずれていくことになる。このとき三木は少数派閥で首相になっていたのだが、このときの参拝は、「三木下ろし」と呼ばれた退陣工作が強まるなかで、自民党内での基盤を確立するために、靖国賛成にまわったことを示すためにおこなったもので、完全に政治的なものだった。つまり、そのときの自民党内の力関係から、ある意味では靖国参拝をせざるを得ない、それによって党内での自分の権力を守るという意図から出たもので、靖国に参拝しなければいけないという三木自身の信条からおこなわれたものではない。それ以降、非常に政治的な形で靖国が使われていくようになった。

それ以前は、第二次世界大戦——太平洋戦争と呼ばれたり、大東亜戦争と呼ばれたり、あるいは一五年戦争と呼ばれたりしたあの戦争——との関係で、それぞれが違った立場からであれ、そのことを意識して相手を論難していった。それが、一九七五年、高度成長も終わって、世の中はもはや戦後でないことは確かどころか、戦争のにおいや色がまったく消えてしまったようなところにいたったとき、もはや、あの戦争のことをあらためて取り上げて靖国の問題に取り組もうという姿勢ではなくなっていった。だから、これからあと靖国問題はすっかり政治的な問題になってしまったわけである。

そしていまや、どうやって現在の状況のなかで本当の問題を先送りしながら、当面の政治的な効果を上げていくかという論議になってしまっているように思われる。そこで、あらためて、靖国神社をめぐる問題の核心はどこにあるのかを、日本の近代史のなかからとらえなおしていかなければならないのであるが、そのために、まずここで、とりあえず、今日一般におこなわれている靖国問題をめぐる論議において問題になっている論点を整理しておくことにしよう。論点は大体三点に整理できるのではないか。

今日の靖国問題の主要論点

《侵略戦争肯定か否か》

首相の靖国参拝に反対する側の反対理由は、第一に、靖国参拝が日本のおこなった侵略戦争を肯定することになる、という点である。

靖国神社は日本軍の軍人・軍属のみを祀っており、戦争犠牲者を追悼するためのものというよりは、戦争を推進した軍人の国家への貢献を顕彰するためのものである。あるいは、靖国は戦死の悲哀を幸福に転化する「感情の錬金術」を国家が施す装置であり、そこにおいては戦死そのものを肯定することが目的になっている。そうしたことが指摘されている。また、靖国神社は、一九七八年一〇月以来、いわゆるA級戦犯を祭神として合祀しているが、そういうところに参拝することは戦争指導者を礼拝することを通じて侵略戦争を肯定することになる、という論理も提出されている。

これに対して、靖国参拝に賛成する側は、次のような反論をおこなっている。

靖国神社は、今日、第一義的には戦死者に対する追悼施設であるが、戦前には国家が追悼した施設だったわけで、国家が戦死者を追悼する場合、追悼と顕彰を分けることはできない。そして、国家のために戦死した者を国家が追悼・顕彰するのは当然である。それをやらないほうがおかしい。それは、日本にかぎらず、どの国でもやっている。靖国参拝を批判する中国も韓国もやっている。それから、A級戦犯合祀は宗教法人である靖国神社が宗教的行為としておこなったもので、これに国が干渉することは信教の自由侵害になる。だいたい、そういう論理である。

さらには、これとは別に、なぜA級戦犯をBC級戦犯と区別するのか、同じではないか、という論議もあるし、東京裁判は勝者による不正な報復であり、その判決は認められない、という人たちもいる。実際に靖国神社自身も東京裁判批判の立場をとっている。

付け加えておくと、ＢＣ級戦犯は、約五七〇〇名が訴追され、うち九二〇名が処刑されたが、Ａ級戦犯よりずっとまえに靖国神社に合祀されている。法律的な観点からの違いとしては、Ａ級戦犯の行為が主にいわゆる「平和に対する罪」に問われたのに対し、ＢＣ級戦犯は捕虜虐待・民間人殺害など「通例戦争犯罪」として裁かれている点が指摘できる。

《政教分離違反か否か》

論点の第二は、首相参拝は憲法の政教分離に違反しているという反対派の批判にある。

靖国神社は宗教施設である。その宗教施設に首相が職務として参拝することは、憲法二〇条ならびに八九条が規定する政教分離に違反しているし、さらには政教一致だった戦前の国家神道の復活につながる、と主張されている。実際、一九八五年（昭和六〇年）八月一五日の当時の中曾根康弘首相による靖国神社公式参拝に対しては、一九九二年（平成四年）二月に福岡高裁で継続なら違憲の疑いが否定できない、七月には大阪高裁で、公式参拝は一般人に与える効果、影響、社会通念から考えると宗教的活動に該当し、違憲の疑いありとの判決が下されて、のちに確定している。二〇〇一年（平成一三年）八月一三日の小泉首相の靖国参拝に対しても、二〇〇四年四月に福岡地裁で、政教分離違反で違憲という判決が出ている。二〇〇五年（平成一七年）九月には、大阪高裁が、靖国参拝は首相就任前の公約の実行である点、参拝を私的なものと明言していないし、公約立場での参拝も否定していない点などから参拝の動機、目的は政治的なもので「総理大臣の職務としてなされたもの」と認定。

そして、「国が靖国神社を特別に支援し、他の宗教団体と異なるとの印象を与え、特定の宗教に対する助長、促進になると認められる」として、違憲であるという判決を出した。

これに対して、賛成派は、参拝の目的が宗教的なものかどうか、効果として当該宗教法人を利することになったのかどうかという政教分離の目的効果基準論とか、靖国神社は宗教法人でありながら、不特定多数の国民とのあいだに非宗教的な関係にあり、国とも非宗教的な関係にある、だからその関係に応じて、たとえば参拝という同じ行為が宗教的行為になったり非宗教的行為になったりする、という当事者関係論などから、首相の参拝は政教分離に違反していないという反論を展開している。

また、それとともに、政教分離規定そのものに問題があるという論議もあって、改めるべきだという論も出ている。この点に関しては、日本伝統の神道においては信仰にもとづく宗教的行為と習俗としての非宗教的行為を厳密には区別できない、という考え方もあり、そこから、憲法改正論議において、政教分離規定を緩和する案も出ている。

《信教の自由の侵害か否か》

論点の第三として、被合祀者の人格権の問題がある。これは、いま言った政教分離自体の根本にある信教の自由の問題と関わっている。

A級戦犯の問題でも触れたように、靖国神社がだれを祭神として祀るかは、戦前国家神道の施設だったときには国家が決めることだったが、戦後になって私的な宗教法人になった今日の靖国神社においては、靖国神社自体の信教の自由に属する問題である。ところが、たとえば一九六八年（昭和四三年）にプロテスタントの牧師である角田三郎が、靖国神社に対して、祀られているふたりの兄の合祀をやめてほしいと求めたのだが、そのときは、祀る方ではなくて祀られる方が、信教の自由に関連した人格権が侵害されているとする訴えからだった。ここで祀る方と祀られる方の信教の自由が衝突することになった。

また、靖国神社には、旧日本軍軍人・軍属だった台湾出身者、朝鮮・韓国出身者が多数祀られているが、これに対して、たとえば、二〇〇一年（平成一三年）六月に、韓国の遺族が、日本に対し戦争で受けた被害として賠償金を求める提訴があった。このとき、原告の主張の一部として、戦死した親族の靖国神社への合祀は自らの意思に反し、人格権の侵害であるという訴えがあった。また、高金素梅《ガオジンスーメイ》ら台湾人遺族が小泉首相の靖国参拝をめぐって同様の訴訟を提起した裁判もあった。

これら被合祀者の人格権の問題をめぐる訴えに対して、靖国神社およびそれを擁護する側からは、「いったん合祀した霊魂は一体不可分となるので特定の霊のみを廃祀することは不可能である。また分祀しても元々の社殿から消えはしないので無意味である」とか「本人は死んだら靖国に祀ってもらうのだという気持ちで戦って死んだのだから、遺族の申し出で取り下げるわけにはいかない」とか、あるいは「英霊として日本人と分け隔てなく祀ることは日本だけでなく台湾や韓国の元軍人、軍属への最大級の敬意の表れであり、日本の台湾や韓国における統治政策が欧州各国による東南アジア植民地政策とは一線を画していたことを示すものだ」といった反論がおこなわれている。

また、司法の場では、おおむね、靖国神社の信教の自由を認めており、合祀取り下げを求める側にも信教の自由はもちろんあるのだけれど、信教の自由は他者の信教の自由を認めてはじめて成り立ちうる性格のものなのだから、合祀をされたということは受忍すべき範囲だというような判断になっているようである。台湾出身者、朝鮮・韓国出身者などの請求は、いまのところすべて棄却されている。

ざっと、以上の三点が、今日の靖国問題をめぐる主要な論点になっていると思われる。

靖国論議の背景

靖国論議のなかには、さきにもふれたように、実際には、中国や韓国から批判されて参拝をやめるのは中国・韓国に媚びるものだ、いや、相手国の感情を考えずに、闇雲に持論を押し通す手法は外交関係を損ない、ひいてはアジアのなかでの日本の地位を損なうものだ、といった議論があるし、その他、A級戦犯分祀、国立追悼施設設置といった対症療法的な解決策をめぐるさまざまな議論が出ている。だが、それらは、靖国問題の本質からは外れた派生的な議論だと考えられる。

ただ、靖国問題がこれだけ大きな問題になっている背景には、これら派生的な論議とも関係しながら、いま靖国問題プロパーをめぐる論点として挙げた諸問題を超えた問題があることもまた確かなように思われる。

靖国問題をめぐって国民のなかに醸し出されている感情には、いまの日本人のアイデンティティが揺らいでいる様を見ることができるように思う。特に、先の大戦をどう総括するか、という問題が、戦争責任の問題を含めて、国民自身の手によってなされてこなかったツケが、いまになって返ってきたのだ。政治的・外交的にはともかく、国民感情あるいは国民思想としては、先の大戦が何であったのかということについて決着がついていないのではないか。あるいは決着がついているかに見えたのがそうではなかったことがわかってきて再燃してきたのではないか。しかも、それに、中国の経済的・政治的な急速な擡頭と外交攻勢、日本の経済的・社会的な停滞と外交的不調が加わって、アイデンティティ問題が浮き上がってきているのではないか。

したがって、靖国神社とは何かという問題は、先の大戦はアジア諸国に対する侵略戦争だったのか、それとも白人帝国主義からの解放戦争だったのかというような問題、あるいは東亜協同体思想や大東亜共栄圏思想、大亜細亜主義と反帝国主義思想をめぐる問題、そこにおけるいわゆる右翼思想と左翼思想の絡み合いの問題などと関連づけて、明治以来の近代化過程の中にふたたび置き直して考えていくことが必要になっている。

また、靖国問題の背景には、日本近代における近代的精神と伝統的精神との絡み合いの問題がある。というのは、靖国には、近代的政治的国家の慰霊・追悼装置としての側面と、日本の伝統的文化的社会における祖霊崇拝をくみあげる祭祀装置という側面が結びついていると考えられるからである。そこには、日本人の死生観あるいは自然神と祖霊に対する崇拝と信仰の問題、そうした崇拝と信仰を象徴化した儀礼や祭祀を総括的に司る「祭祀王としての天皇」と近代的政治的国家の「政治王としての天皇」の関連という問題、以上のような要素を歴史的に含み込んでいる日本文化の継承をいかにおこなっていくのかという問題などが関わっていると考えられる。

2　市民宗教としての靖国神社

靖国神社の近代性

私は、日本人の精神的基盤としての神道に親近性を感じている。古い神社に参拝するとき、それを強く感ずることがある。たとえば、奈良・三輪山の狭井神社や檜原神社のような自然神崇拝の神社、あるいは京都・上鴨神社のしめ縄で結界しただけの磐座などに、ヌミノーゼ的な神を感じたりする。けれど、靖国神社には、そのような神を感じさせるものがない。この神社は、むしろ非常に近代的なものを秘めている。その近代性《モダニティ》は、あの特異な「習合建築」築地本願寺の設計者である伊東忠太が設計した神門や遊就館ファサードなどに特徴的に見られる〈建築としての靖国神社〉に感性的に結晶している。そして、御霊祭のときに、サーチライトの光芒が交錯する巨大な第一鳥居や大村益次郎像を見ていると、神道のイメージよりも「高度国防国家」というイメージのほうが先に浮かんでくる。靖国神社というのは、そういう形象である。その特異なモダニティの秘密とは何か。この秘密が解けなければ、靖国問題は解けない。

靖国神社の原型は、一八六九年（明治二年）、戊辰戦争での官軍側戦死者を慰霊するために建てられた東京招魂社である。しかし、さらにその源流をたどると、一八六二年（文久二年）に尊皇の志士・

福羽美静らが、京都東山霊山で、安政の大獄以来、非業の死を遂げた志士たちを祀ったことに始まる。このときの祀りの趣旨は、民間神道の信仰として存在した御霊《ごりょう》信仰にもとづくものであった。(2)

御霊信仰とは、生前の恨みを懐いたまま死んだ人の怨霊が祟るのを恐れて怨霊を鎮めるために祀るものであるが、同時に、それほど祟りの激しい霊であるならば、逆に祈願もかなえてくれるという信仰をともなうものであった。靖国神社や護国神社に参拝する者の信仰には、のちのちまで、この御霊信仰が認められる。そして、それは柳田國男が『先祖の話』でさまざまな側面から明らかにした日本の民間信仰を貫いて流れる祖霊信仰と密接に結びついているのである。

靖国神社をめぐる宗教的心情の底には、このような古くからの民間信仰が横たわっている。その心情の焦点は鎮魂にある。しかし、東京招魂社以降になると、祭祀の対象が「官軍」の将兵に限られ、それより激しい荒魂であるはずの——したがってそれだけ祟りも激しく利益《りやく》も大きいはずの——「賊軍」として死んだ者の怨霊は祀られず、軍功の顕彰という意味が強くなってくる。(3)

それからは、近代国家が国民国家としての凝集力を高めるために、国家功労者を顕彰するという近代的な意味合いが次第に前面に出てくるとともに、帝国陸海軍の関与が強まってくるのである。だから、いま靖国神社を参拝するとき、神道より国防国家のイメージのほうを懐いてしまっても不思議ではないのである。ただ、そのイメージの底には、民間神道の信仰が眠っており、それが実は参拝者を惹きつける見えない磁力ともなっているのだ。そこに、靖国神社のモダニティの特異さがあることも、また見ておかなければならない。

明治国家と国家神道

この東京招魂社が一八七九年（明治一二年）に改称されて靖国神社となると同時に、別格官弊社となった。別格というのは、神社でありながら、神社行政を統括していた内務省の管轄ではなくて、陸軍省・海軍省が共同管理する特殊な施設だったことを指している。[4] なぜそうなったかというと、靖国神社本殿に祀られている祭神は、神話に登場する神や天皇などではなくて、日本のために命を捧げた戦没者、すなわち英霊（英でた霊）であって、靖国神社への合祀対象者は軍人・軍属、それに準ずるものに限られ、合祀は、陸・海軍の審査で内定し、天皇の勅許を経て決定されていたからである。そして、このような靖国神社は、国家神道の象徴として位置づけられていたのである。

明治維新直後は、維新のイデオロギーとなった国学・復古神道の影響がきわめて強く、そのため事実上「神道国教化」の様相を呈していた。[5] 激しい廃仏毀釈の動きがあったし、切支丹禁制もそのまま維持されていた。しかし、欧米諸国と国際関係を結ぶうえで、日本がキリスト教信仰の自由を認めないかぎり、不平等条約の改正も、友好通商関係も望めないことが明らかになってきた。そのうえ、近代国民国家を建設していくうえでは、政治と宗教の分離が必要であるという認識も深まっていった。

こうして、一八七八年（明治一一年）には、信教の自由、政教分離の政策が確立していたと考えられている。[6] だから、その翌年に別格官弊社として改称建立された靖国神社も、当然、この政策の枠内で位置づけられていたのである。政教一致・神道国教化では近代国家は建設できないということにはっきり気がついた明治政権は、それに代わって、皇室に対する崇敬の国民感情を精神的な統合の基盤にして、祭政一致の近代国家をつくっていくという方向をとったわけで、それが憲法と皇室典範の二本立てで典憲体制をつくっていこうとする過程の一八八二年から八四年（明治一五年から一七年）あたりの行政改革において実質化されていった。そこで靖国神社の性格が変わったのである。

そこでの論理はこうであった。——明治維新は王政復古であって、律令制の原点の精神にもどることであった。律令制の原点の精神においては、国家に関わる神道は祭祀であって宗教ではなかった。そこにもどって、国家に関わる神道から宗教的要素を取り去って、神官は祭祀に専念させ、宗教的要素については、別途に教導職を設けて、神道的教義教説を研究し説くものとして分離する。

そして、やがて教導職を廃止して、国家に関わる神道から宗教を全面的に排除したのである。この教導職廃止が一八八四年（明治一七年）のことであって、ここに「国家神道」と呼ばれるものの原型が生まれたのである。

続いて、憲法制定の過程で、この論理をさらに明確なものとして、信教の自由を認め、政教分離を採ることとしたのである。一八八九年（明治二二年）公布の大日本帝国憲法では、二八条に「日本臣民ハ安寧秩序ヲ妨ゲズ及臣民タルノ義務ニ背カザル限《カギリ》ニ於テ信教ノ自由ヲ有ス」と規定された。

この憲法審議の過程で、枢密院で問題になったのは、もし国家の官吏が、宗教上の理由から朝廷の祭祀に参拝しないとしたときに、この二八条の規定では対処できないのではないか、という問題であった。このとき、注目すべきなのは、このような疑義を提出した佐佐木高行、鳥尾小弥太も、それに反論した伊東巳代治、伊藤博文も、この条文に従えば、一般的に大日本帝国臣民は、皇室の祭儀において礼拝しなくてもいい自由をもっている、と解釈していることである。そして、そうした前提のもとでの採決の結果、この条文は支持されたのである。[7] つまり、この条文が皇室の祭儀に礼拝しない自由を保障するものと受け取られたまま、採択されたのである。

明治国家は、このような中性国家として出発したのだということを忘れてはならない。特に帝国憲法制定を主導した伊藤博文、井上毅らは、法律上の臣民たるの義務とは徴税・徴兵など世俗的義務であると考えていた。だから、条文にある「臣民たるの義務」とはそうした近代的な権利・義務関係のもとにおいてとらえられていたのであって、信教の自由は明確に認めるつもりだったのである。だから、一八九一年（明治二四年）に起こった内村鑑三の「不敬事件」[8] のさいにも、政府は、内村が最敬礼をしなかったことは信教の自由によるものでやむをえないという見解をとったのである。

ただ、政教分離ではあっても、祭政一致だった。そこに明治国家の近代国家としての特異性があった。そして、原則は祭政一致だったが、その「祭」は、決して復古神道の祭ではない。そうではなくて、新儒学的合理主義の神観念を基盤にしながら、形式としては復古神道を使ってはいるけれど、中身は新しい近代国家に適応するような祭祀の体系をつくり出したものなのである。神道家の葦津珍彦がいっているように、[9] 皇室儀礼のうち、新嘗祭とそれの大祭である大嘗祭、祈年祭、賢所御神楽の三つ以外は、明治になってから創り出されたものなのである。[10]

また、祭政一致といっても、それは、しばしば誤解されているようなヨーロッパの神権政治(theocracy

; Theokratie）のようなものではなくて、[11] 天皇の大権において祭祀と政治が統一されているというだけであって、帝国議会、国務大臣などの政治機構と神宮祭主、掌典長などの祭祀機構とは厳然と区別され、相互に干渉するところはなかった。ただ、のちにのべるように、それは「天皇」という一点を媒介にして社会と国家を重合させる機能をもっており、それが國體論と結びついて、超国家主義の方向に導かれていき、政教分離、信仰の自由を実質的に侵害していったのであった。

ただし、ここで断っておくべきなのは、近代日本国家の祭政一致がヨーロッパの神権政治とはまったく異なったものであったのと同じように、政教分離もヨーロッパのそれとはまったく異なったものであったということである。ヨーロッパの場合、政教分離というのは、一六一八年から三〇年間、各国王・諸侯が、カトリック・プロテスタント各派に分かれて戦った三〇年戦争の惨禍を経験した諸国が、一六四八年のウェストファリア条約、それに続くアウグスブルク宗教和議を通じて、宗教対立が国家間の戦争に直結してしまわないように、教会と国家の直接の関係を断ち切る目的で協定したものであった。したがって、政教分離とは何よりも「教会と国家の分離」（separation of Church and State）だったのである。日本の場合、寺院・神社と幕府・各藩がこれと同じような関係にあったわけではなく、したがって、政治と宗教の分離ということも、教会と国家の分離とはまったく様相を異にしていたのである。そのことをふまえておかなければならない。

いずれにしても、私的なものである宗教の領域を公的なものである政治の領域とは切り離すという近代的な原則に沿って、政府は、国家神道から宗教色を払拭しようと努力した。祭祀と宗教を分離して、非宗教化された祭祀は国家神道に吸い上げて、祭政一致国家を構成していったのである。祭教分離・祭政一致というのが、近代日本国家における政教分離の独特のかたちだったのである。

だから、浄土真宗が、神社のお札やおみくじ、賽銭、祈祷は宗教行為ではないかと主張したのに対し、政府も、それに内心同意していて、一九二〇年（大正九年）に明治天皇・昭憲皇太后を祭神に建立された明治神宮で、最初はお札やおみくじなどを売らなかったのは、そうした宗教色排除のあらわれであった。

近代国家と市民宗教

このようなものとして確立された「国家神道」は、宗教としての神道ではなかった。したがって、国家神道の施設であった靖国神社は宗教施設ではなかったのである。

国家神道というのは祭祀の体系である。そして、その祭祀の体系は、伝統に則るといいながら、「創られた伝統」として近代的に構成されたものだった。祭政一致の王政に戻る、王政復古するという呼号のもとに、古代以来の皇室神道を通じてそれを表現するというかたちをとることになっていたわけだが、実は、それはけっして宗教としての当時の学派神道、教派神道などと同列に考えられるべきものではなくて、近代国家形成のために彼らがつくり出した世俗的な装置なのであった。

こうしたものは、日本の国家神道に限らず、近代国家のなかには実在したのである。こうしたものは、世俗的なものと調和させられた宗教的言説であるから、それを「宗教」と呼ぶことはためらわれるのだが、その言説の内容は宗教的なものである。これを、「世俗的な世界における宗教的次元（religious dimension）」としてとらえ、「市民宗教」（civil religion）と呼んだのが、アメリカ合衆国の宗教社会学者ロバート・N・ベラーである。ベラーは、一九六七年に発表した「アメリカの市民宗教」という論文で、「アメリカには教会とならんで、そしてそれとは明確に分化されたものとして、精巧な高度に制度化された市民宗教が現実に存在している」として、そのアメリカ的市民宗教を分析した(12)。

ベラーがその論文でいっているように、「市民宗教」という概念を最初に持ちだしたのは、ジャン・ジャック・ルソーであった。ルソーは、『社会契約論』の第四編第八章「市民の宗教について」で、次のようにのべている。

ルソーは、社会を一般的社会と特殊的社会に分け――簡単にいえば人類一般の社会が一般的社会、国民国家に対応するような特定の社会が特殊社会と考えられている――、一般的社会に関係する宗教を「人間の宗教」、特殊的社会に関係するものを「市民の宗教」と名づける。

この「市民の宗教」は、「ある特定の一国で定められ、その国にその神々、すなわちそれぞれ固有の守護神を与える。この宗教は、その教義、儀式、法によって規定された外的な礼拝をもっている。これを信奉している唯一の国民を除けば、すべての者が、この宗教にとっては、不信の徒、異邦人、野蛮人である。この宗教は、人間の義務と権利とを、その祭壇［の支配］の範囲内にしかひろげない」ものである。ルソーは、「原始の諸民族の宗教」がみなこのようなものであったことを認め、その否定的な役割を指摘するが、同時に、「市民たちの心を国家に結びつける」宗教、「特殊的社会の偉大なきずな」となるような宗教、要するに社会を精神的に統合するための宗教として、この「市民の宗教」が果たす役割に注目し、そのような宗教が必要である、と考えたのである。[13]

そして、ルソーは、そのような精神的統合の紐帯としての「市民の宗教」を社会契約の中に組み込もうとする。

「主権者がその項目を決めるべき、純粋に市民的な信仰告白がある。それは厳密に宗教の教理としてではなく、それなくしてはよき市民、忠実な臣民たりえぬ、社交性の感情としてである。それを信ずることを何びとにも強制することはできないけれども、主権者は、それを信じないものは誰であれ、国家から追放することができる……もし、この教理を公けに受けいれたあとで、これを信ぜぬかのように行動するものがあれば、死をもって罰せらるべきである[14]」

国家は市民宗教を信じない者を、宗教のゆえにではなく、「非国民」として、追放することができるし、しなければならない、とルソーはいうのである。これは、もちろん、信教の自由を否定するものではなく、「市民がこの世においてよき市民であること」にのみ関わることであるが、国家の中に宗教的次元が――それがいかなる意味で宗教的であるかに関わりなく――組み込まれるということは、こういうことを意味しているのだということを知らなければならない。

この市民宗教の教理は、数項目からなる単純で明快なものでなければならない、として、ルソーは、①「つよく、かしこく、親切で、先見の明あり、めぐみ深い神の存在」②「死後の生」③「正しいものにあたえられる幸福、悪人にくわえられる刑罰」④「社会契約および法の神聖さ」⑤「寛容」(市民的不寛容と宗教的不寛容の両方の否定）の五つを挙げている。[15]このような内容をもつ宗教的信条が、社会契約において個人の個別意志や個別意志の算術的総和である全体意志（volanté de tous）を超越して形成される人民の一般意志（volanté général）の宗教的形態というべきものになってくるわけである。

このような市民宗教が典型的なかたちで実現されたのがアメリカ合衆国である。アメリカの大統領は演説でいつも「神のご加護」とか「神の御業を実現する」とかいう言葉を使うが、それはアメリカ合衆国という国家が始まって以来ずっと「国家の宗教的次元」としての市民宗教をもっているからなのである。それは、初期のアメリカではカルヴァン派とその分派を中心に、いろいろな教派がそれぞれのところで共同体を営んでいて、なかなか教義の統一ができないという状況の下で、国家の精神的基盤をつくるには、同一の神のもとに教派を超えた市民宗教をつくることが必要だったからできたものだった。そういうふうにベラーはいっている。そして、ベラーの観点を発展させてアメリカの市民宗教を研究したリチャード・V・ビラードとロバート・D・リンダーは、アメリカ市民宗教の教理を次の四点にまとめている。[16]

① 神は存在する。
② 神の意志は民主主義的手続を通じて理解され、実現される。
③ アメリカは現代史において、神の主要な代理を務めてきた。
④ 政治的、宗教的な意味において国家がアメリカ人としての自己理解《アイデンティティ》の主たる拠り所である。

このような教理の下に、アメリカ合衆国には、いまでも市民宗教の共同委員会がある。カトリックとプロテスタントと東方正教とユダヤ教、この四つの教会代表が集まって儀式のやりかたなどをいろいろ決めて共同で開催しているのだ。たとえば、ケネディ大統領就任式では、ケネディ自身はカトリックだったが、共同委員会の取り決めにしたがって各教会がそれぞれの祈祷をおこなったけれど、そこで「イエス＝キリスト」という名はだれ一人出すものはなかった。たとえば、そのような線が市民宗教としての取り決めになっているわけである。

さらに近くは、二〇〇一年九月一一日の同時多発テロによる犠牲者を追悼するために、九月一四日にナショナル大聖堂で開かれた追悼礼拝式は、日本でもテレビ中継されたが、そこでは聖歌とともにゴッド・ブレス・アメリカが歌われ、国家が主催する市民宗教儀式の様相をまざまざと示していた。アメリカにおいては、市民宗教はいまだに生きている。

こうしたアメリカの市民宗教の次元をベラーは、日本の戦前の国家神道と同じだという。確かに、日本の国家神道は、もともと宗教であった神社神道からそれ特有の宗教としての機能を取り去り、国家の祭祀のみに当たる機構としたものであり、国家の祭祀を所定の形式で営むことによって、近代日本国家が拠って立つ宗教的な次元を体現したものであったから、まさしく「国家の宗教的次元」として市民宗教に該当するものであった。

そうした市民宗教がなぜアメリカと日本では必要だったかという問題は、いまは立ち入ることができないが、非常に重要な問題であろう。ただ指摘しておきたいのは、ベラーもいっているように、アメリカの伝統的な考え方では、主権は人民に存するが、その人民主権は究極的には神の主権によって裏づけられているがゆえに存立しているということである。これは、日本における神勅主権の考え方と重なるところをもっている。その共通性は、それぞれまったく様相を異にしたものではあるが、一種の自然生成国家観につながっているのではないか、と思われる。

また、日本の市民宗教であった国家神道が神話に大きく依拠していたのと同じように、アメリカの市民宗教も神話に依拠している。アメリカは、中世以前の歴史をもたない新しい国家であり出自の異なる多様な民族からなる多民族国家であるが故に、かえって神話を必要としている面がある。そこでは、旧世界が全体として腐朽し堕落したので、神が新天新地を建てるために、この大陸に自分たちの祖にあたる巡礼父祖《ピルグリム・ファーザーズ》を遣わしたのだという「新しいカナン」神話が創られたし、そのような使命を帯びてメイフラワー号でやって来たピルグリム・ファーザーズのなかにはノアの箱船のなかにあらゆる動物が含まれていたように、あらゆる職業の人々が含まれていたという「新しい箱船」神話が創られたのである。そこにおいては、ヨーロッパは、出エジプトすべきエジプトとして、あるいはやがて大洪水に覆われて滅亡する旧世界としてとらえられており、アメリカ市民は、神に導かれてそこから脱出した約束の民なのである(17)。

そして、近代日本の神話も、古典にもとづいてはいたが、やはり近代国家の目的に沿って近代的に構成された神話なのであった。それを体系化したものがいわゆる皇国史観である。それはけっしてアナクロニズムなのではなく、むしろ近代的なのだというところに注意されなければならない。靖国神社も、もちろん、その圏内にあった。

3　国家神道の変質

国家神道の中心に据えられた天皇

靖国神社には民間信仰としての御霊信仰が底にあり、それと国家による顕彰という近代的な機能とが結びつけられているところにそのモダニティの特異さがあった。そして、そうであったが故に国民の崇敬を組織できたところがあった。これについては、すでにのべたとおりである。だが、そのとき、そうした祖霊信仰につながる民間信仰と近代国家を媒介して結びつけることができたのは、神社神道ではなく、天皇という存在だったのである。そして、このことが、実は、市民宗教としての国家神道の変質を招いていく最大の要因となっていくのである。

祖霊信仰と近代国家を結びつけて「国家の宗教的次元」を構成するには、二重の関係を創り出さなければならなかった。まず、近代国家において祭政一致が実現されなければならない。そのために、統治権を総覧する天皇が同時に祭祀の大権も保持していることによって、祭祀と政治が天皇という一点において結合されるという関係を創った。天皇の大権において祭祀と政治が統一されているわけである。そして、それとともに、日本民族共同体はひとつの大家族をなしているのであって、その大家族の家長が古来天皇であったという、大家族制共同体論と家族国家論を成り立たせようとしたのである。これによって、天皇の祭祀大権を祖霊信仰と結びつけたわけである。この二重の構成を具体化したのが、国の成り立ちにおいて、天皇が国家の政治と社会の道義をともに具現したというとらえかたと、家族における親子の間の道徳と国における君臣の間の道徳は同じであるというとらえかたであった。これが、のちに見るように、教育勅語の「肇国＝建徳」と「忠＝孝」のふたつの理念として打ち出されてくるのである。

このように、近代日本の市民宗教は天皇という存在を結節点にしてこそ構成できるものだったから、神道から祭祀の形式を借りてはいるが、宗教として制度化された神道に対する信仰ではなくて、天皇に対する崇敬にこそ基礎をおいていた。その点については、一八八八年（明治二一年）六月、枢密院で憲法草案が審議されたときに伊藤博文が演説したなかで、次のように語っているのが注目される。

そもそも欧州においては憲法政治の萌せること千余年、独り人民この制度に習熟せるのみならず、また宗教なるもの有りてこれが機軸をなし、深く人心に浸潤し人心此に帰一せり、然るに我国に在ては、宗教なるもの其力微弱にして、一も国家の機軸たるべきものなし、仏教は一度隆盛の勢を張りて上下の人心を繋ぎたるも、今日に至ては既に衰替に傾きたり、神道は祖宗の道訓に基き、之を祖述すと雖も、宗教として人心を帰向せしむるの力に乏し、我国に在て機軸とすべきは独り皇室あるのみ。是を以てこの憲法草案に於ては、専ら意を此点に用ゐ、君権を尊重して、なるべく之を束縛せざらん事を勉めたり。

つまり、日本の場合に、近代国家の精神的基盤になりうるものは何か、ということを問題にしているわけだが、日本では、ヨーロッパのキリスト教のように、信仰において国民を広くつかんでいる宗教がない。だから、精神的基盤になるのは神道でも無理だし、仏教でも無理、キリスト教でも無理であって、ただ一つ、天皇、皇室に対する崇敬というのは国民感情として基盤にできる、というわけである。「機軸とすべきは独り皇室あるのみ」、伊藤はそういっている。これだけが可能な統合の方法だということで、ともかく天皇への感情を基盤にして、新しい市民宗教をつくっていったのだった。だから、その統合の道徳的な結集軸として、天皇の勅語というかたちで教育勅語を発布したわけである。そして、実に教育勅語こそ、天皇崇敬を基盤とした国家神道という市民宗教の精華だったのである。

とはいっても、それはあくまで信教の自由を前提とした市民宗教としての提起だから「君主は臣民の心の自由に干渉せざる原則なり」という建て前から、命令ではなく「社会上の君主の著作公告」とし、宗教宗派の教義、哲学倫理学の理論などはすべて排した中性的なものにするという方針で起草されたのであった[18]。

しかし、この教育勅語は、もともと天皇、皇室に対する崇敬を社会的統合の基盤にする目的で創られたものだったから、天皇と国民との結びつきの所以を説き起こさなければならなかった。だから、勅語は、「我カ皇祖皇宗国ヲ肇ムルコト宏遠ニ徳ヲ樹ツルコト深厚ナリ我カ臣民克ク忠ニ克ク孝ニ億兆心ヲ一ニシテ世々厥ノ美ヲ済セルハ此レ我カ國體ノ精華ニシテ教育ノ淵源亦実ニ此ニ存ス」という文言で始まるのである。

この文言には、近代日本の市民宗教の教理のうち非常に重要な二点が表現されている。一つは、「国を肇《はじ》めること」と「徳を立てること」とをともにおこなったのが天皇だとすることによって導き出される、日本においてはそもそも政治的統治と道義的統治とは一体のものであるとする「肇《ちょう》国《こく》＝建徳」の理念である。

もう一つは、臣民すべてが「忠」と「孝」で「心を一つに」してきたのが日本の伝統だということから導き出される、「君に忠」と「親に孝」とはつながっていて一本のものだ、親に孝行するように天皇に忠義をつくさなければならない、という「忠＝孝」の理念である。

この二つの理念には、「肇国＝建徳」の理念においては、近代では政治的国家の次元とは区別されて市民社会の次元にあるものと考えられる「徳」を、政治的国家の次元にある統治行為と結びつけ、また、「忠＝孝」の理念においては、個人の倫理の次元にあると考えられる「孝」を、公的な次元にある主従関係から生まれる「忠」と結びつけることによって、国家と社会とを重合させてしまい、また、国家そのものを、もともと起草者たち――特に中性国家論者たる伊藤博文や井上毅たち――がめざしていた中性国家から逸脱させ、価値国家の方向に導いていく契機が含まれていたのである。そこにおいても、その契機の中心にあったのが、天皇なのである。「肇国＝建徳」「忠＝孝」のいずれの理念も、天皇という存在を通して建てられたロジックであった。

乗り越えられていく中性国家

そして、そもそも市民宗教というものは、近代国民国家へと政治的に統括されていく共同体（国民共同体としての全体社会）に共通の精神的基盤として、宗教的な次元における共同体構成員（国民）の結集軸を、国家が創唱して建てていくという性格をもっている。その意味では、国家神道のような市民宗教は、実質的に一種の創唱宗教あるいは国家による擬似創唱宗教なのだ。このような創唱宗教的なものが、権力を背景にしながら、社会的に布教されていくかたちで、国家神道は確立されていった。

このとき、「政治と宗教は区別しなければならない」「権利・義務と道徳・倫理は別物である」という伊藤博文＝井上毅流の「乾いた」中性国家という国家像は、国民にはかえってわかりにくく、簡単に受け容れられるようなものではなかった。それよりは「政治と道義はつながっていて一体である」「親に孝行するように天皇に忠義をつくさなければならない」という山県有朋＝井上哲次郎流の「湿った」価値国家の国家像のほうが、ずっと受け容れられやすかったのである。だから、国家神道「布教」の過程で、国家神道の内容そのものにおいて、もともとそこに含まれていた（含まれざるをえなかった）「肇国＝建徳」「忠＝孝」の理念を通じて、価値国家の方向にどんどんバイアスがかかっていったのだ。

それは、権力によって強制されたものではかならずしもなかった。国家中枢が主導して国民が動員されていったと考えている人たちが多いようだが、それはあくまで一面でしかない。むしろ、明治二十年代末ころまでの国家中枢は、そうした傾向にブレーキをかけようとしているのに、社会がそれを乗り越えていったという側面のほうが強い。

さきにのべたように、内村鑑三不敬事件の際に、政府は、内村が最敬礼をしなかったことは信教の自由によるものでやむをえないという見解をとったにもかかわらず、内村が職を去らなければならなかったのは、メディアやオピニオンリーダーに率いられて全体社会に湧き起こった世論の圧力によるものだったのである。彼らにとっては、礼拝と敬意を区別するとか、宗教と道徳を区別するなどという考え方は、詭弁としか映らなかったのだ。

また、これもさきにのべたように、政府は、国家神道は宗教ではないという建て前から、明治神宮では、最初はお札やおみくじなど売らなかったのだが、「それじゃ、神社ではないではないか」「何のためにお参りするのかわからない」といった参拝者の不満は日に日に募り、結局、お札もおみくじも売ることになっていったのである。民衆は、いくらそういわれても、神社を非宗教だなどとは思わなかったのだ。

もっとも大きかったのは教育勅語の受け止め方で、起草者の井上毅自身が、あらゆる宗教宗派、哲学倫理学から中立で、しかも天皇の命令ではなくて「社会上の著作」であるということをあれほど強調したのに、受け取った方は、社会上の著作とは思わず、天子から下しおかれた教えと受け取ったし、そうであるが故に、やがて特定の立場からする公認の解釈がおこなわれて、みんなでそれに帰依する方向にいったのである。

しかも、大日本帝国憲法公布・教育勅語発布から五年後の一八九四年（明治二七年）に勃発した日清戦争を契機に、明治三十年代にかけて、それまで主体的に国家をになうのではなくて、「客分」意識に甘んじて政府を横目で見ていた民衆の間に、ようやく澎湃として国民意識が勃興してきたのであった。同時代においてこの風潮を敏感に受け止めていた高山樗牛は、その状況について、こう評論している。(19)

帝国憲法・教育勅語が出されても、そこにおいて鼓吹された思想は「未だ国民の明白なる自覚心によりて執立せられたるものにあらず」「畢竟国民的意識を覚醒すべき十分の刺激欠き」たる状態にあったのだが、「国民的意識に最も明白なる覚醒を与へたるものは、即ち二十七八年に於ける日清戦争なり」――樗牛がいっているように、日清戦争前までは、国民意識などなかったのだ。樗牛のいうところによると、それまで国民は、日本という国が世界のどこにあり、世界の大勢、東洋の局面がいかなることになっておるのか、というようなことは知ろうともしなかったのであるが、この日清戦争を戦い、それに勝利することを通じて、断然、世界と東洋に目を開いたのである。そして「世界に於ける日本の位置てふ観念は国民の間に最も痛切なる疑問として提出せられぬ」ということになったのだ。

このとき、このように湧き起こってきた国民意識にとって、教育勅語は、あらためて大きな意義をもって映じてきたのである。

国家中枢の伊藤博文や井上毅たちは、教育勅語が国民にあんなにまで熱烈に受容されるとは思っていなかったにちがいない。だが、彼らの思惑をよそに、近代的に再編されつつあった共同社会《ゲマインシャフト》は、利益社会《ゲゼルシャフト》を通してではなく、直接国家と癒着していくことによって、伊藤・井上流の近代化路線によって設定された制度設計をのりこえて、中性国家を飲み込もうとしていたのである。

近代的に再編され国民意識に目覚めつつあった共同社会は、そのとき、教育勅語を神の言《ことば》あるいは天からの言《ことば》として受け止めたのだ。そして、教育勅語という天からの言《ことば》によって、それを創り出した国家官僚を乗り越えはじめた。しかし、それは非合理的な前近代が合理的な近代を乗り越えようとしていた、というものではない。むしろ、それが日本にとっては近代が実現されるかたちだったのである。

その後は一気呵成である。教育勅語は、「社会上の著作」どころか、国務上の詔書以上の絶大な社会的権威を獲得していった。そして、その社会的権威が国法の解釈運用にも絶大な影響を及ぼすことになり、「教育勅語＝國體精神＝これに忠誠なることは国民の義務」という観念が国家においても確立されていくことになる。かくして、道徳上の問題が国法上の問題になってしまい、憲法上の「臣民たるの義務」の内容は、きわめて大きなものへと拡大されてしまったのである。

かくして、「道徳的教説に宗教的儀礼をもってあたるのは信仰を損なう」というようなことは社会的に認められず、したがって国法上も認められなくなっていく。これは帝国憲法の理念の否定であった。しかし、軍を含む官僚機構は、このほうがずっと迅速かつ効率的に統治ができるので、理念を顧みず、統治の実効のほうに力点をおいて、系統的に逸脱していくのである。こうして、国家神道は変質の道をたどっていった。

超国家主義下の国家神道

宗教学者の村上重良は、日本の国家神道を次の四段階に分けて、考察している。(20)

① 形成期　明治維新（一八六八年）〜明治二十年代初頭（一八八〇年代末）
② 教義的完成期　帝国憲法発布（一八八九年）〜日露戦争（一九〇五年）
③ 制度的完成期　明治三十年代（一九〇〇年代後半）〜昭和初期（一九三〇年代初頭）
④ ファシズム的国教期　満州事変（一九三一年）〜太平洋戦争敗戦（一九四五年）

村上は、国家神道が初めから事実上の神道国教化だったと考えているから、③の第三期が「制度的完成期」ととらえられるのだが、私は国家神道を市民宗教ととらえているから、同じ事象を見ながら、この時期が「制度的変質期」ととらえられ、④の第四期にいたって、国家神道が逸脱してあたかも国教のように機能したと考えている。そして、この時期においてさえ、祭祀と宗教の分離、祭祀と政治の一致という本質は基本的に変わっていない、と考えている。さきにのべたように、祭教分離・祭政一致のモダニティ、そこにこそ国家神道の、ひいては靖国の秘密があったのだ。

この祭教分離・祭政一致という国家の制度設計をおこない、維持しようとしてきた思想的基盤は、西欧近代合理主義でも神道原理主義でもなく、井上毅に典型的に見られるような儒教的合理主義であったというのが私の考えである。そして、近代日本の國體論の原基となった水戸学も、復古的な形式をとってはいるが、けっして神道原理主義のようなものではなくて、儒教的合理主義にもとづくものであった。明治国家を設計し、近代的な制度をつくりあげたのは、儒教的合理主義だったのであり、それこそが近代化を推進した「日本の近代思想」だったのだ。これが日本的モダニティの原質なのである。

だが、この儒教的合理主義は、ある面では西欧近代合理主義に接続することができたが、儒教は本来鞏固な保守思想であるから――それが、「本家」の中国儒教が西欧思想と接続できなかった理由であった――、世界はつねに一方向に向かって進歩していくという近代合理主義がもつ定向進歩の思想とはあいいれず、むしろそれに反するかたちで「報本反始」(根本にもどり始原にもどること)を通じて古神道と接続する面をもっていた。だから、井上毅は、教育勅語の起草に当たって、「肇国＝建徳」「忠＝孝」の理念に還っていったのである。

そして、この保守的合理主義は、日清・日露戦以後の日本が直面していた状況、熾烈な帝国主義的世界分割に割り込んでいかなければならなくなっていった局面には、対応できなくなっていったのである。そこで、儒教的合理主義ではなくて、近代合理主義を跳び越えた超近代のロジックがでてくるのであり、それにともなって、國體論においても、水戸学國體論から法華経的國體論へのシフトが起こったのであった。そして、いわゆる超国家主義の潮流が主導権を握ったのが、いま見た満州事変以後の時期だったのである。

もともと、市民宗教は、いくら普遍的な宗教に基盤をおいていても普遍的なものにはなりえない。ルソーがいうように、市民宗教は特殊的社会に対応するものであって一般的社会に対応するものではないからだ。それは世俗的なものの宗教的次元であって、国家的な形式――近代日本の場合それは即民族的形式であった――にリンクしている。宗教的次元においては形式と内容とを切り離せないものだから、このリンクから逃れられない。ところが、こうした市民宗教の限界を突破する方向に行ってしまったのが超国家主義下の国家神道だった。

その突破を成し遂げたのは、仏教由来の法華経的國體論であった。それは、「王仏冥合」思想を媒介にして、それまでにないユニヴァーサリズムと独特のグローバリズムを國體論にもたらしたのである。それによって市民宗教としての国家神道の民族的限界も突破されたのだ[21]。

それ以前に主流だった水戸学國體論も、それなりのグローバリズムをもってはいた。これは、近世国学のグローバリズムを受け継いだためだ。なぜ受け継がなければならなかったのか。「王政復古＝文明開化」すなわち開化は復古であるというイデオロギーで押していくために、いにしえの日本は近代化の諸要素を潜在的に含み込んでいた、とする国学グローバリズムに頼ったからだ。そして、国学グローバリズムというのは、近代にあること、西洋にあることは、みんな記紀にある、日本的なものの源泉にはすべての真理が含まれている、だからこれを精製純化結晶させて展開すれば世界を覆える、という同心円的グローバリズムであった[22]。それは、「修身斉家治国平天下」という『大学』由来の朱子学同心円的グローバリズムと関連していると考えられる。

超国家主義を主導した法華経的國體論は、こうした水戸学國體論を受け継ぎながらも、そこにどうしても枠としてはまっていた民族的な形式を破砕するユニヴァーサルな原理を仏教的な「法」に見いだしていったのである[23]。それが、法華経を戴く日蓮主義宗教結社・国柱会を主宰した田中智学が提起した「八紘一宇」のグローバリズムであった。

そして、このようなユニヴァーサリズムから、併合した台湾・朝鮮の異民族、その他宗教を異にする民族にも市民宗教としての国家神道を被せたのである。林房雄が「日本の神々は南の島々に降臨し給うであろう」といったように、民族的形式から切り離されうる神道の普遍的な内容が円の中心である日本から伝播されるとしたのだ。それは、古神道の神々がおのずから降臨するのではもちろんなくて、近代市民宗教の「世俗化された神々」が人為的に輸出されることだったのである。

これと同じことは、京都学派の「世界史の哲学」にもあらわれている。この哲学は、ヨーロッパ＝キリスト教文明の一元性を否定して、多元性にもとづく世界を提示するが、その一方で、八紘一宇の同心円的一元的グローバリズムを唱えている。そこに矛盾があった。こうした同心円的グローバリズムは、孫文ら中国革命同盟会の「天下為公」という世界市民主義的グローバリズムとは対蹠的であり、大東亜共栄圏が追求していた大亜細亜主義が分岐していく要因の一つがそこにあったのである。

ここに起こったのは、神道の「国教化」というよりも、それを跳び越えたかたちでの、市民宗教の「ユニヴァーサル化」であった。それは、「アマテラスオオミカミの神威と天皇の御稜威《みいつ》を全世界に及ぼすための国家神道」という性格のものに転換されたのだ。そして、これによって、市民宗教としての国家神道は、設立されたときの理念から大きく逸脱していくことになる。

その最初の大きな現れは、一九三二年（昭和七年）の上智大学靖国参拝問題で、カトリック系の上智大学で信仰上の理由から靖国神社への参拝を拒否した学生があったのに対して、陸軍省が大学当局に圧力を加えた事件である。ここに起こった陸軍省と大学との紛争は、結局、「神社への参拝は宗教的な意義ではなく愛国的な意義をもつものである」という解釈で神社参拝を教育上の義務とすることに結果していった[24]。これは信教の自由を謳った憲法二八条の留保条件「安寧秩序ヲ妨ゲ及臣民タルノ義務ニ背カザル限ニ於イテ」でいう「臣民ノ義務」が、当初は納税・兵役の義務レヴェルのことだとされていたのが、決定的に拡大解釈されたことを意味していた。

さらには、一九三七年（昭和一二年）に、同志社の綱領改定問題が起こった。プロテスタント系の同志社は、創立間もない一八八八年（明治二一年）に制定した「同志社綱領」において、「本社は基督教を以て徳育の基本とす」と定めていた。制定後五〇年近くを経て、これを問題にするものはそれまでだれもいなかったのだが、この年になって、にわかに、これは「教育勅語を無視したものである」という批判が湧き起こったのである。これが紛争に発展し、結局、同志社は、綱領を改定し、「敬神尊皇、愛国愛人を以て基調とし」「教育に関する勅語を奉戴し」などといった文言を織り込むことを強いられたのである[25]。

こうした上智・同志社での事件に類似した出来事は、そのころ、教育機関で次々に起こった。これらは、葦津珍彦が指摘しているように「『憲法制定者の夢にも予想しなかった』ところであり、帝国憲法の趣旨に反して、強行された変則現象[26]」であった。こうした変則現象を日常現象に固定したのが、一九四〇年（昭和一五年）の宗教団体法の施行と神祇院の設置であった。これによって神社行政は大幅に拡充強化され、宗教団体法一九条の規定を梃子に宗教団体は警察の監督下におかれることになった。こうして、「国家神道の教義である建国神話（それも明治になってから改作された）にたいして信仰告白をしない者にたいしては、法的にはもとより、社会的にも日本の国家ないし社会の一員としての生存は保障されなかった」[27]というのがかならずしも誇張ではない状況が生まれていったのである。ただ、このような状況は、前近代的な神憑り的狂信のなせる業としてとらえられるべきではなくて、これ自体、近代国家における市民宗教がもたらす――極限的なケースではあっても――必然的な帰結としてとらえられなければならない。さきに引用したルソーがいっていたように、市民宗教が社会契約に組み込まれた場合には、[28]そこにおいて設定された「純粋に市民的な信仰告白」について「それを信ずることを何びとにも強制することはできないけれども、主権者は、それを信じないものは誰であれ、国家から追放することができる」のである。

しかし、ルソーがそのような可能性を提起したのは、市民宗教が「人民の一般意志（volanté général）の宗教的形態」であるかぎりのことであり、当然ながら信教の自由を前提にしたものであった。その点から見るならば、超国家主義下における変質した国家神道の強制は、それからもはみ出していたものといわざるをえない。ただ、それ自体、危機に瀕した近代国家が起こした反応として出てきたものであって、前近代的な性格のものではなく近代的な性格のものであったことは確かである。

そして、このようなものに変質した国家神道は、敗戦と同時に崩壊せざるをえなかった。

4　今日の靖国問題の核心

国家神道の解体と靖国神社の宗教法人化

敗戦によって、日本の国家と社会は大きな変動をこうむり、それにともなって、靖国神社の性格も、それまでとはまったく変わったものにならざるをえなかった。

靖国神社の性格を変えるうえで何よりも大きかったのは、国家神道が解体されたことであった。占領軍は、一九四五年（昭和二〇年）一二月に、「国家神道、神社神道にたいする政府の保証、支援、保全、監督ならびに弘布の廃止にかんする件」（いわゆる神道指令）を発表して、国家神道を廃止し、神道を含むあらゆる宗教を国家から分離するように指令した。そして、具体的な措置として、神社神道に対する国家の特別な保護監督の停止、公の財政的援助の停止、神祇院の廃止、神道的性格をもつ官公立学校（神宮皇學館大学など）の廃止、一般官公立学校における神道的教育の廃止、教科書からの神道的教材の削除、学校・役場等からの神棚等の神道的施設の除去、官公吏・一般国民が神道的行事に参加しない自由、役人の資格での神社参拝の廃止などをおこなうよう明示した。この指令の眼目は、あらゆる面において宗教を国家から分離すること(to separate religion from the state)、そういう意味での「政教分離」にあった。

ここで注意しておかなければならないのは、国家神道は宗教として廃止されたのではなくて、非宗教的機構として廃止されたということである。というのは、一八九九年にオランダのハーグで開かれた第一回ハーグ平和会議において採択された「陸戦ノ法規慣例ニ関スル規則」(通称・ハーグ陸戦条規)は、占領軍が占領地において、その地域の宗教的活動、宗教的慣習に干渉することを禁じており、この規定が国際法として機能していたから、もし国家神道が宗教なら、GHQはそれに干渉することはできなかったからである。だから、占領軍は「国家神道は宗教ではない」という立場――日本政府もそういう立場だったことはいうまでもない――をとったのである。(29)

ただ、ここで、国家神道に組み込まれていた神社神道をどうあつかうかは、非常に大きな問題であった。神社はもともと地域にあって、氏子の信仰を集める宗教施設であった。それが、明治政府の国家神道化政策によって、その祭祀的機能と宗教的機能とが分離され(祭教分離)、その祭祀的機能を国家に組み込んで(祭政一致)、宗教的機能は切り捨てた(政教分離)のである。この国家神道を廃止したとき、この祭教分離・祭政一致・政教分離という構造をどう改編し、神社をどうすべきなのか。

明治以前からある古い神々を祭神とした神社については、宗教施設にもどすのがいいだろう。問題は、明治以後に創建された人を祭神とした神社である。そのなかでも特に、明治神宮(祭神は明治天皇・昭憲皇太后)、乃木神社(祭神は乃木希典)、東郷神社(祭神は東郷平八郎)など国家的英雄を祀った近代神社とともに、靖国神社とその系列神社ともいうべきもろもろの護国神社をどうしたらいいのだろうか。

靖国神社――護国神社を含めた靖国神社体系ともいうべき巨大な神社群――の場合、GHQは当初、

「戦死者の祈念碑的なもの、もしくは廟のようなもの」として存続させたらいいのではないか、という考えだったようだ。非宗教的な戦没者追悼施設にするという構想である。しかし、日本側は、「すでに祭られた祭神の遺族を氏子とする神社」として存続させるべきことを主張した。[30]つまり、宗教施設である神社として存続させるという構想である。

そして、結論的には、日本側の主張が通って、靖国神社は単立の宗教法人として再出発することになった。[31]一九四六年(昭和二一年)九月、宗教法人靖国神社の登記を完了したが、このとき制定された「宗教法人靖国神社規則」では、第三条で、靖国神社の目的が、次のように謳われていた。

「本法人は明治天皇の宣らせ給うた『安国《やすくに》』の聖旨に基き、国事に殉ぜられた人々を奉斎し、神道の祭祀を行い、その神徳をひろめ、本神社を信奉する祭神の遺族その他の崇敬者(以下『崇敬者』という)を教化育成し、社会の福祉に寄与し、その他、本神社の目的を達成するための業務を行うことを目的とする」

「神道の祭祀」「神徳の弘布」「崇敬者の教化育成」といった宗教活動をおこない、それを通じて「国事に殉ぜられた人々の奉斎」というかつては国家の活動としてになっていた機能を存続していくとしているのだ。ここにおいて、靖国神社における「宗教」と「祭祀」と「政治」の関係は、戦前の国家神道におけるそれとは大きく異なった、新たな関係に入ることになった。そして、その新しい関係には、重大な問題が含まれていたのである。

国家神道における宗教・祭祀・政治

国家神道体制のもとにおいては、先に見たように、靖国神社は、もともと御霊信仰や祖先神信仰といった宗教的信仰にもとづいていたものだったにもかかわらず、そうした宗教的機能をあえて切り捨て（たことにして）、祭祀的機能のみをになうものとされ（祭教分離）、国家の祭祀をおこなう機関として国家機構に組み込まれていた（祭政一致）。そして、祭政一致ではあっても、祭教分離がなされているから、政教分離が実現されていることになる、という関係だったわけである。

ここで問題なのは、祭祀と宗教が切り離せるものなのか、実際に切り離されていたのか、ということである。切り離せないし、実際に切り離せていなかったとする人たちのなかには、国家神道をもって神道国教化の偽装形態と見る人たちが多く、大日本帝国憲法下では政教分離がなされていなかったし、一貫して信教の自由が侵害されていた、ととらえている。しかし、これまで明らかにしてきたように、かならずしもそうではなくて、明治国家の制度設計者《アーキテクト》たちは、形式的に祭祀と宗教を切り離し、それを制度として定着させていけば、政治と宗教は実質においても分離できる、と考えていたのである。

ところが、その一方で、彼らは政治と祭祀の結合は不可欠であると考えていた。それは、政治と祭祀を結びつけることによって、国家の政治に聖なる意味をあたえ、その聖なる意味を国民共同体構成員が共有することによって、国民国家への高度の統合を成し遂げるという統治上の実践的な意図によるものだったのである。そして、その「聖なる意味」は、彼ら制度設計者が儒教的合理主義にもとづいて、あくまで非超越的な、したがって非宗教的な性格のものだと考えていたにもかかわらず、実際には、「神道は宗教ではなく習俗である」というときにほのめかされているような習慣や風習のなかから出てくるものではなく、習俗の集積のなかに貫かれている広い意味での宗教的な感情と観念にもとづくものにほかならなかったのである。現実にそこに存在したリンクを、彼らは、意図的にか無意識的にか、切断した。

しかし、いくら切断されても、そのリンクは生きている。だから、そこで構成された国家神道とは、いかに祭祀と宗教の形式的分離に立脚していようが、「国家における宗教的次元」としての市民宗教だったのである。それは教会体系や寺院体系として制度化された「置かれたもの（Positivität）としての宗教」とは別のものではあった。けれど、そうではあっても、宗教的なものであったのはまちがいない。神道は習俗であって宗教ではないというのも、国家神道は初めから宗教であって神道の国教化だったというのも、ともに一面的である。

そして、これは、あくまで市民宗教であって、けっして国家宗教ではなかったのだ。共同体のために献身をおこなおうとするのは、共同体構成員の本能的な欲求なのであって、これはクロポトキンが『相互扶助論』（*Mutual Aid*）で縷々解明したところである。市民宗教というのは、そうした欲求に応えられなくなっている市民社会――それは近代においてはあくまで利己的個人が是とされるように構成されるからだ――に代わって、そうした欲求を国家が吸い上げて――国家はそこでこそ幻想的なかたちで共同性が実現される場だからだ――、それを統合に利用するところに成り立っている。共同体＝市民の宗教的欲求に発し、それを国家が統合に利用しているという関係なのだから、もとは市民宗教であって、国家宗教ではないのだ。

これは、まさしく近代的な関係であって、伊藤博文＝井上毅系列の制度設計者たちは、これを「日本的なるものの近代的構成」として実現したのである。このようにして構成された《祭教分離・祭政一致・政教分離》という原則に立った国家神道としての市民宗教は、日本というものが構成しえたモダニティのかたちとしては、近代化のパフォーマンスという点で、非常に優れたものではなかったか、と思うのである。

そもそも、政教分離ということは、政治が宗教と関わってはならないということを意味していたわけではない。そんなことは不可能なのだ。政教分離とは、まえにもいったように、もともと「教会と国家の分離」なのであって、ベラーがいっているように、「教会と国家の分離は政治領域に宗教的次元がないことを意味しない」[32]のである。

むしろ、近代国民国家においては、それが近代国家であり、国民国家であるが故に、かえって、この宗教的次元が大きな役割をもつのである。そのことをルソーの『社会契約論』が見抜いていたことは、すでに見たとおりである。どの近代国民国家であれ、それが近代的な権利・義務関係を土台にして国民を統合するには、ナショナリズムを必要としており、そして、ナショナリズムというものが、ベネディクト・アンダーソンがいうように「想像の共同体」であり、アーネスト・ゲルナーがいうように「国民の自意識の覚醒ではなくて国民を発明することである」としたら、そこにおいては、超越的な次元での信条、価値、儀礼、象徴に国民的な形式をあたえ、それによって政治的共同体の成員の結びつきに意味をあたえることが必要とされるのである。そして、それが「市民宗教」というかたちをとる場合があるのだ。

日本において近代国民国家を形成するとき、その「超越的な次元での信条、価値、儀礼、象徴」を近代化の基盤として確立するために、きわめて古層にあり、しかもまだ人々のなかに生きている祭祀を近代的なものに再構成し、それに「国民的な形式」をあたえた。それが《祭教分離・祭政一致・政教分離》の市民宗教」として「国家の宗教的次元」をになう国家神道だったのだ。それによって、「近代国家の宗教的次元」が創り出されたのだ。そして、その「国家の宗教的次元」は、共同体のなかで営まれる政治的活動に聖なる意味をあたえ、人々に一体感をあたえる共通の信条、価値、儀礼、象徴の集合体として、見事に機能したのだ。日本における近代化のパフォーマンスの高さは、これに負うところが大きかったといえよう。

このような近代化の精神的基盤のありかたにも示されているように、日本近代の近代性（modernity）は、西欧近代の近代性とは大きく異なっていた。しかし、その位相差は「歪み」ではなく、強いていえば「類型の違い」にすぎない。しかも、日本型近代性の類型は、近代国家の形成と発展の上で、ある意味では西欧近代以上に高いパフォーマンスを発揮しえた。その特異性は、この市民宗教のありかたによくあらわれているように思われる。ここに日本的モダニティの原質を見ることができよう。

しかし、その「きわめて古層にあり、しかもまだ人々のなかに生きている祭祀」は、もともと「鎖国社会」日本のきわめて特異な条件のもとにおいてリアリティをもっていたものであって、帝国主義世界分割戦争へと傾斜していく二〇世紀の現実のもとでは、発展的に展開できるものではなかったのである。日本が「鎖国社会」から「世界史」の場に引き出され、出ていけばいくほど、国家神道は特殊なものから普遍的なものに発展することを要求され、ついに、それは法華経的國體論を通してグローバリズムを獲得していくと同時に、かえって、国民の感情叢と生活意識のなかにあった宗教的次元からは遊離していったのである。

そして、そのように遊離していくにつれて、祭祀と宗教の分離がむずかしくなっていった。祭祀だといっていたものが、国民の感情叢と生活意識に根づいた宗教的なものであるかぎりは、諸宗教とは違う次元で、それら諸宗教を信ずる自由を保障しながら、別個の宗教的次元として共存しえたのであるが、その根から離れていくにつれて、その宗教的次元自体が独り歩きして、諸宗教と同じ次元で競合するものになっていってしまったのである。

それが満州事変後に起こった国家神道変質の内実であったのだ。そして、根から離れ、いわば「宗教化」していっているにもかかわらず、宗教ではないと強弁しながら、「祭政一致」を推し進めていくことによって、実際には、宗教と祭祀との区別、そしてまた聖なるものと俗なるものとの区別が消滅していってしまうことになっていったのである。しかも、それによって、なべて宗教的な情熱が信仰の領域から政治の領域に事実上移行していってしまうことになっていった。こうして、国家神道における宗教・祭祀・政治は、ひとつのアマルガムへと融解していったのである。

このような意味において、日本の国家神道の末路は、国家と社会が危機に瀕したときに市民宗教がいかなる展開をとげるかというテストケースを示したといえる。

「民営化」された「国家の宗教的次元」

戦後におこなわれた国家神道の解体と靖国神社の宗教法人化は、こうした宗教・祭祀・政治の関係を根本的に変えた。しかし、その変え方には大きな問題が含まれていたのである。

国家神道は、政教分離と祭政一致の共存という特殊な構造をもつものだった。これは、すでに明らかにしたように、特殊ではあるが、不合理なものではなかった。

政教分離は、信教の自由にもとづくもので、それにしたがって、国家神道は、宗教とは区別されるものとしての祭祀を司るものとされたが、それは実際には「国家の宗教的次元」ととらえられるべきものであった。この面から見れば、靖国神社のような国家神道の機関は、市民宗教の施設だということになる。そして、それは宗教的次元であるかぎり、国民の間に存在する広い意味での宗教的な感情と観念にもとづくものであった。これが国家神道の政教分離の側面である。

それに対して、祭政一致は、文化概念としての國體にもとづくもので、「国家の宗教的次元」と国家の政治活動を結合することを意味していた。その結合をなさしめていた結節点にあるのが、祭祀の大権をもつと同時に統治権を総覧する天皇であった。この面から見れば、靖国神社のような国家神道の機関は、国家祭祀の施設だということになる。それは、祭祀機構として政治機構とは実体的に分離され、干渉を受けなかったが、祭祀活動自体が政治的意味をもつのは当然のことであった。これが国家神道の祭政一致の側面である。
国家神道の解体と靖国神社の宗教法人化は、靖国神社がもつこの二面のうち、祭政一致を否定し、したがって国家祭祀の機関としての靖国神社を否定した。占領軍当局は、先に見たように、国家神道は宗教ではないという立場をとっていた。だから、靖国神社を純然たる非宗教的祭祀施設としてあつかって廃止するということもできたはずである。ところが、そうしないで、宗教法人として存続させる途をとった。

そして、宗教法人靖国神社規則に見たように、靖国神社は、かつては国家の活動としてになっていた祭祀的機能を今度は民間における宗教的活動として継続していくことになったのである。しかし、そこでおこなわれるとされている「国事に殉ぜられた人々の奉斎」といった宗教活動は、明らかに「国家の宗教的次元」に属するものであり、したがって、靖国神社は、国家祭祀の施設ではなくなったが、依然として市民宗教の施設としてあり、国家機構としてではなく民間機関として「国家の宗教的次元」をになっている、ということになるのである。つまり、「国家の宗教的次元」が「民営化」されたということなのである。

「《祭教分離・祭政一致・政教分離》の市民宗教」として「国家の宗教的次元」である国家神道は廃止された。ところが、靖国神社（護国神社系列を含む靖国神社体系）においては、「国家の宗教的次元」である市民宗教は民間のものとして護持されたのだ。そして、そのことによって、日本全体で、祭政一致は否定され、政教分離は維持されたが、ひとり靖国神社体系においては、戦前は分離されていた祭祀と宗教が、戦後には一致させられたのである。今日の靖国神社体系は「《祭教一致・祭政分離・政教分離》の市民宗教」をになっているのである。

これは、護国神社と自衛隊との関係を見ればわかることで、民間の宗教法人である護国神社は、国事に殉じた殉職自衛官の合祀をおこなっている。そして、これは、靖国神社体系が、戦前における国家の非宗教施設から民間の宗教法人へと転換することで非国家的・民間的性格をもちながら、にもかかわらず依然として国事に殉じた者の顕彰の場でありつづけていることによって国家的・非民間的性格をもちつづけていることを如実に示すものになっている。

この非国家的・民間的性格と国家的・非民間的性格をあわせもつことによって生じている矛盾――今日の靖国問題の核心は、実にこの一点に存しているのである。

靖国問題の核心にある矛盾

最初に今日の靖国問題の主要な論点として、「侵略戦争肯定か否か」「政教分離違反か否か」「信教の自由の侵害か否か」の三点を挙げたが、以上説き来たってきたことから明らかなように、問題は、ひとえに、この第二の論点として「政教分離違反か否か」というかたちで表現された問題にかかっているのである。

もし、戦後の国家神道廃止の際に、占領軍が主張したように、靖国神社が非宗教的な戦死者追悼施設に改編されていたとしたら、日本の総理大臣がそこを参拝することは、何の問題も生じさせなかったはずだ。そこで国家による儀式がおこなわれ、それが信教の自由を損なわない程度において、従来の神社神道の形式をふんでおこなわれたとしても、基本的には問題にならないだろう。それこそ、靖国擁護論者がいっている「国家のために戦死した者を国家が追悼・顕彰するのは当然である。それをやらないほうがおかしい。それは、日本にかぎらず、どの国でもやっている。靖国参拝を批判する中国も韓国もやっている」という論理は、この場合、そのまま通用する。そして、第一の論点である「侵略戦争肯定か否か」という問題も、イデオロギー問題としてはありえても、今日のように政治問題、外交問題になってしまうということはありえなかったはずである。

ところが、現実の靖国神社は、そうではなくて、戦前のままに、戦死者を祭神として祀り、「国事に殉ぜられた人々の奉斎」をおこなっている。そして、それを戦前の国家祭祀活動とは異なって、民間宗教活動としておこなっているのである。これに政府の責任者が公式に参拝するとすれば、その参拝は国家の祭祀活動としておこなわれたということになりうるし、しかも、それは、祭教分離の戦前とは違い、靖国神社が宗教法人になっている以上、宗教的行為となるのである。そして、この行為は、政府の責任者が、戦死者を公的に悼むなら靖国神社に参拝すべきだという範を示すことになり、単立の宗教法人である靖国神社が営む特定の宗教に対する援助、助長、促進になると考えられる。したがって、政教分離に違反しているといわざるをえない。

しかし、現状では、政府の責任者がみずからの信条にもとづいて戦死者の霊に礼拝しようとしたら、靖国神社に参拝するしかないのである。しかも、たとえば、どういう戦死者を祀るか、礼拝の対象とするか、ということにも政府は関われないことになっている。「国事に殉ぜられた人々の奉斎」なのに、それに国家が関与することはできないのだ。

これがA級戦犯合祀問題として出てきた問題の根本にある矛盾なのであって、それは靖国神社が非国家的・民間的性格と国家的・非民間的性格をあわせもつことによって生じている矛盾に根ざしているのである。靖国神社は、この矛盾を利用して、みずからの立場を使い分けて、みずからの合祀行為を合理化してきた。この問題をめぐって、宗教法人としての靖国神社は、「事実上の国家神道の地位」と「宗教法人の権利」を使い分け、一方で戦死者に関する「国教会」としての地位を享受しながら、他方で政教分離を建て前に「宗教法人」としての独立を主張している。

保守派の政治学者・片岡鉄哉も「これでは靖国神社の利益が国益に優先するといっているようなものだ」と批判しているが[33]、このような使い分けを可能にしている構造が、今日の靖国問題を解決困難にしているのである。

第一の論点は、第二の論点に従属しているのであるが、第三の論点である「信教の自由の侵害か否か」という問題も、第二の論点の底にある根本的矛盾から出てくるものなのである。

一九八八年（昭和六三年）に最高裁判決があった山口の自衛官合祀事件という事件があって、これは護国神社が問題になったのだが、ここでは靖国神社体系の合祀行為と信教の自由の関係が問われた。

事実関係は、こうである。自衛隊の隊友会と地連が殉職した自衛官の名簿をつくって山口の護国神社に渡した。護国神社はそれに基づいて殉職自衛官を合祀した。これはどこの護国神社でもおこなわれている合祀の行為である。ところが、その殉職自衛官のうちの一人がプロテスタントの信徒で、奥さんもそうだった。そして、奥さんが、故人・配偶者の信仰を無視して、そういう合祀行為をおこなったのは、信教の自由に反する、宗教的な人格権の侵害である、として訴訟を起こしたのである。

裁判の結果、一審、二審は提訴した奥さんのほうが勝訴している。これは政教分離にも違反しているし、宗教的人格権を侵害しているという判決だった。ところが、最高裁でこれが覆ったのだ（最高裁一九八八年六月一日判決）。そのときの最高裁の態度は奇妙なもので、本来最高裁は憲法判断だけするはずなのに、不思議なことに事実認定に介入して、事実認定を覆したのである。

そして、こう判断した。隊友会並びに地連が、これらの名簿を出したのは護国神社に合祀した行為と一体の行為ではない。自衛隊のほうはただ単に名簿を見せてほしいというから見せただけだ。合祀行為のほうは護国神社が自主的にやったことだ。そして、護国神社が合祀したのも、だれを祭神として祀ったかも、宗教法人護国神社の宗教的行為であって、信教の自由によるものである。——このように判断したのである。

つまり、だれを祭神として祀るかということは神社の信教の自由に属するという。これは、大きな問題であって、靖国神社と護国神社は同質のものだから、そこでおこなわれる合祀は公的な顕彰行為ではなくて、私的な宗教的行為だということになるわけである。そのときに、プロテスタントの市民が神道形式のところに祀られるということに対して、それはやめてほしいというふうにいうことももまた確かに信教の自由である。ここは信教の自由と信教の自由との間の関係になってくる。そのときに信教の自由というのは特殊な自由であって、他者の信教の自由を尊重しないと成立しないものだという。これもそのとおりで、そもそもみんな同じ宗教だったら信教の自由は必要ないわけである。だから、他者の信教の自由を最大限尊重しなければならないというのが信教の自由の特徴である。ここから、この奥さんは受忍すべきだという判決を出したということになる。判決の中心論理そのものはそこにあるわけではないけれども、付随的にそういうことをいっている。

ここでも、問題は、靖国神社体系が、「国教会」の地位と「宗教法人」の地位とを兼ねていて、両方を使い分けながら享受している、というところから来ている。これもまた、戦後の靖国神社において、国家のために殉じた人を顕彰するという性格と、その活動が宗教であるという性格とがいっしょになっているところに問題の根があるわけなのだ。

祭教分離の功罪

それでは、どうしたらいいのか。靖国問題の解決策として現在出されているのは、主なものとしては次の四つの方向だと思われる。

① 靖国神社国家護持（国家管理の特殊法人化）
② 国立追悼施設設置
③ A級戦犯分祀
④ 靖国神社廃止

これらのうち、②と③は、対症療法的弥縫策であって、靖国問題の核心にある矛盾は、これによってなんら解消されない。だから、①の国家神道の復活か、④の国家神道の最終的解体か、どちらかしかないと考えられる。そのいずれを採るにしても、さきに挙げた今日の靖国神社がかかえる根本的矛盾を解決することができなければならない。

そういう点をふまえて、どうするべきかについて判断するにあたって、いま一般にはほとんど忘られているかのように見える問題を提起しておきたい。それは、祭祀と宗教の関係の問題である。この問題について原理的な見方をはっきりさせ、それにもとづきながら解決策を打ち出すのでなければ、国家護持であれ、廃止であれ、根本的矛盾を解決できないままに終わってしまうであろう。実際に、靖国神社廃止の方向では、この祭祀と宗教との関係の問題は無視され、問題にもされない。一方、靖国神社国家護持の方向では、これまで出されている案を見るかぎりは、祭祀と宗教を分離して、国家護持される靖国神社は、宗教施設ではなくて祭祀施設にして、徹底して世俗的な「慰霊教」にしようということになるようである。

いずれの場合も、祭祀と宗教との関係について、十分な検討が加えられていないように思われる。先に見たように、戦後の改革の際に、祭政一致については、問題点が指摘されたうえで否定されたのに対し、祭教分離についてては、何の検討も考慮もなされないままに、当然のごとく否定されたことが、現在に禍根を残すことになっている。ここで、祭教分離がそのままなされていれば、靖国神社が宗教法人として残ることはありえなかったのである。これと同じことを、別のかたちでくりかえしてはならない。

そのためには、そもそも、明治国家の制度設計者たちが、なぜ祭教分離の立場をとったのかを考えてみる必要がある。一般的には、祭政一致の体制が政教分離に反しないようにするための方便だったかのように見られているようだが、そうではない。

当時の国家建設案作成の主流であった伊藤博文、井上毅らは、儒教的合理主義に立脚して国家の制度設計をおこなっていた。儒教は、周礼以来、「鬼神を敬して、これを遠ざく」（論語雍也篇）という態度を基本としている。ここでいう鬼神とは、死者の霊魂（鬼）や天地の神霊（神）を指している。儒者たちは、こうした超自然的・超人間的な存在を認めないわけではないし、それに対してはそれ相応の崇敬を払うべきであるが、それと世俗の自然的・人間的な世界とは明確に区別をして、世俗世界における問題は、世俗世界において解決するようにすべきである、という態度をとっていたのである。超自然的・超人間的な存在の作用が、自然的・人間的な世界に及ぶことは認められていたが、祈祷をするなどしてその作用に頼ったりするのではなく、あくまで世俗の論理にしたがって、その作用をコントロールすることが必要である、ということである。これは、西洋の近代合理主義とは異なったものだが、ひとつの合理主義であり、西洋のヒューマニズムとは違ったものだが、ひとつの人文主義《フマニスム》であった。

伊藤・井上系列が、「鬼神」の「鬼《かみ》」にあたる英霊をはじめとして神道が措定している超自然的・超人間的存在に取った態度は、まさにこの儒教的合理主義の態度だったのである。祭政分離の立場は、方便ではなく、こうした思想にもとづくものだったのだ。

これは、明治の伊藤・井上系列に限定されるものではない。近代日本の國體論の原基となった水戸学もそうであったし、総じて、近代的な制度をつくりあげたのは、儒教的合理主義だったのであり、それこそが近代化を推進した「日本の近代思想」だったのだ。

しかし、この儒教的合理主義の思想は、近代世界に適合しうる日本独特の国民国家をつくりあげるうえでは、見事に機能したが、まえにものべたように、儒教は本来牢固とした保守思想であるから、前のめりに欲望を拡大し、社会を拡大再生産していく目的には、かならずしも合致していなかった。そして、そうであるがゆえに、やがて仏教的非合理主義に乗り越えられていき、国家神道も事実上の祭教一致の方向へと変質させられていったのである。

ただし、ここでおこなった「合理主義」「非合理主義」という特徴づけは――合理は善くて非合理は悪いというような――価値判断としていっているのではない。むしろ、宗教や信仰においては、テリトゥリアヌスがいった「不合理故に我信ず」(Credo quia absurdum) こそが信仰の要諦であると私は思っている。そして、祭教分離の合理主義の思想によって、神社神道全体が非宗教化され、それをもって「国家の宗教的次元」が構成されるようになったことが、神道の信仰をそこに吸収してしまうことを通じて変質させ、もともとの信仰を殺すことにつながっていったのではないか、と考えている。

これは、靖国神社問題の根本にも関わることなのである。冒頭にのべた「靖国神社に霊は招かれているのか」という問題である。参拝する者の信仰の問題である。参拝する者の信仰、神々と英霊に対するリアリティがなければ、靖国神社は単なる記念館、軍事博物館にすぎなくなってしまうではないか。[34]そうした霊のリアリティを感じなくなっているのに、靖国の文化的意義のようなものを語るのは欺瞞ではないのか。それを感じないなら、とりわけて靖国に参拝する意義はないのではないか。戦没者慰霊祭に参加すればいい。

そして、そうなれば、エルンスト・ユンガーが提起したような戦死者に対する顕彰の感情的基礎をも欠くことになる。そうであるならば、多くの時間が経ち、風化が進んだときにこそ、かえって「より無名でより本質的な生が浮かび上がり、すでに孫たちの代には、今日ではまだ無意味に見える多くの事柄のうちに、一つの意味を見て取ることができるようになろう」とユンガーがいうようなことは起こらないのである。

特異な神道家で法学者だった筧克彦は、祭教分離をおこなわず、祭教一致させたままで国家神道を構成しても――つまり、神道国教化をおこなっても――、信教の自由を認め、諸宗教の自由な活動と共存する体制がつくれることを主張した。『大日本帝国憲法の根本義』において、二八条(信教の自由条項)解釈の項で、「天皇様御自身の御信仰は元よりのこと、其の具体化されつゝある皇室精神、神ながらの信仰は、皇室・神社・神典・神宝・祭祀に徴して歴史的に是ぞと語り得られ、哲理的にも分析し得て尽くる所無く、其の起原は無始の始の御神勅・御神業に在る。此の大本が具体的に立ちつゝあればこそ、彌々内外の諸教を歓迎し、諸教を歓迎することにより益々大本は油断なく禊し禊せられて純真である」とのべられているのがそれである。[35]これが、筧が考えた「信教の自由の上に祭教一致で立つ国家神道」の姿なのである。これ以上詳しく触れることはできないが、神憑りの暴論であるかのようにあつかわれている筧の論は、けっしてそのようなものではなく、キリスト教神学に紛うばかりの神学と法哲学を駆使した傾聴すべき議論なのである。[36] そして、その筧克彦が、靖国神社のような明治以降の「人を祀った神社」について、次のようにのべている。[37]

明治元年四月楠公の神社造営仰出され五年湊川神社と号す、爾来競ふて近代の人臣を神社に祀り、其社数甚だ多く、夫等の中には信仰を本質とする神社よりも紀念館に類するものが多かった——［しかし本来の神社は］唯功績を祭るのでもなければ、唯功績ある人を祭るのでもない、功により神の生命を表現せることを証明したるにつき、其の人即本来の神其の者たることを祝ひ祀るのである。其の人を祀るには相違ないが、人即神たる点を目掛けて祀るのである。されば猥りに何人でも神社に祭ることは慎まねばならぬ。若しも之に反して功利を旨とし、此の点につき人間を祀るものが神社なりといふこととなれば、神社は紀念館の異名となる。紀念館に過ぎずとすれば、神社は人間を祀れるものにして神を祀るものに非ず、神の信仰を本質とするものに非ずといふ形式的権力主義の説となる。

明治になって、湊川神社以来、人を祀るのがふえた。人を祀る神社がたくさんできてきた。ところが、この場合に、本当は人を祀っているのではない。あくまでもその人を通じて神の働きがあらわれてきた、これを祝って、そして人即神であるものを祀る、崇敬するということで神社の祭神は成り立っている。にもかかわらず、なにか人の功績を顕彰するかのようなものになってしまっている。それでは、神社は記念館にすぎなくなってしまうではないか、というわけである。本来、神社が人を祀るのは、功績を祀るのではないし、功績ある人を祀るのでもない。ある行為をなしたことによって神の生命を表現したことに対して、その人と一体化した神を祀るのである。これが忘れられれば、人を祀る神社は記念館にすぎなくなる。

これが筧の靖国神社に対する、ひいては祭教分離の国家神道に対する根本的な批判だったのである。国家神道は、靖国神社をはじめとする神社を記念館にしてしまい、日本人から信仰の場を奪ってしまった、というのである。

確かに、国家神道が祭教分離という建て前のもとに神道を非宗教化するという政策を採ったために、神道から信仰という要素を排除することになり、また神道が近代社会に即応した宗教としてみずからを展開していくのを阻害したことはまちがいないことだろう。

日本人の精神的基盤の再興は可能か

民俗学者の柳田國男は、敗戦直後の一九四六年（昭和二一年）に「新国学第一冊」と銘うって発行された『祭日考』（小山書店）のなかで、「新国学」という学問を興すべきことを提起している。

柳田は、敗戦という事実をふまえて、「今度といふ今度は、国が新たになつたといふ感じを、少なくとも若い人たちは皆抱かうとしてゐるのである。その新たな国情にふさはしい学問の、是から改めて我々の国土に、茂り栄えるものが、今に現はれようと想望してゐる者は、既に多いにちがひない」とのべ、特に「今日は大小の疑問百出、是を学問で答へたものなどは、まだ何一つとして見当たらないのである」[38]と、日本が直面している諸問題に解決をあたえられるような学問を興そうと呼びかけたのである。

それを「新国学」と呼んだのは、ひとつには「他国に在るものをも、そつくり借りて来てよくあてはまる」というような拝外的な態度を排さなければならないということと、もうひとつには「御国学びは万葉と古事記、六国史も神代巻だけに力を注げばよかつた」ような排外的態度につながる狭い国学を乗り越えなければならないという理由からであった[39]。そして、その新国学の中心におかれていたのは神道研究であった。皇室神道に収斂され、復古神道のみが尊ばれた戦中の神道に対して、もっと広いさまざまな神道、特に日本人の生活の場で育まれてきた民間神道を評価し直し、そこから日本人の心に根づいた信仰を発掘し、日本精神を再構成しようとしたのである。神道というものはもともと非常に多様で、教義もなければ神学もないわけだが、柳田は、そうした多様性をふまえた文化的統合を探究していって、国民統合の精神的基盤になりうるものをつくりだしていこうという意味で新国学をやろうといったのだ。

柳田の娘婿で宗教学者の堀一郎は、柳田國男が戦争末期には終日書斎に籠もって、「新しい国学研究のための読書とカード作製」に専念しており、話題といえば大部分は「日本の神道の将来と日本人の信仰の問題」だったと語っている。そして、その神道研究と「新国学」樹立の目的は、「精神的混迷のなかに投げ出されている一般民衆に、自己と民族に内在している価値を見出させ、それに自信と誇りを、実証的裏づけをもって与えようと試みた」ところにあったのだ、としている。(40)

同じく民俗学者の折口信夫は、一九四五年（昭和二〇年）の夏、戦争末期のある日に、アメリカの青年たちのほうが、キリスト教の信仰の下に、ひょっとすると日本の若者よりもずっと強い宗教的な情熱をもって、この戦争に取り組んでいるのではないか、という「啓示」を受けて愕然としたという体験を書いている。(41)そして、それが敗戦となって現実化し、天皇の「人間宣言」が出されたのを受けて一九四六年八月に書かれた「神道宗教化の意義」という文章で、こうのべている。(42)

「我々は奇蹟を信じてゐた。神を宗教情熱的に信じてゐなかつたのに、奇蹟を信じてゐた。しかし、我々側には一つも現れず、向うばかりに現れた。それは、古代過去の信仰の形骸のみを持つてゐて、現に神を信じなかつたのだ。だから過去の信仰の形骸のみにたよつて、心の中に現実に神の信仰を持つてゐないのだから、敗けるのは信仰的に必然だと考へられた。つまり神の存在を信じない人ばかりになつた国である」

これは、折口が、敗戦に直面してにわかに考え出したことではなかった。すでに、戦争に入るずっと前、大正年間の一九二二年（大正一一年）に『皇国』に書いた「神道の史的価値」という文章で、神道の国家神道化にともなって、「一郷の精神生活を預つて居る神職」が「世間通」の「事務員」になるようになってしまって、神道が世俗化して、信仰が失われていっていることに警告を発している。

そして、こう書いている。[43]

「抑亦、当世の人たちは、神慮を易く見積り過ぎる嫌ひがある。人間社会に善い事ならば、神様も、一も二もなく肩をお祖ぎになる、と勝手ぎめして居る。信仰の代りに合理の頭で、万事を決著させてゆかうとする為である。……神々の奇蹟は信ずる信ぜないはともかくも、神の道徳と人の道徳とを常識一遍で律しようとするのは、神を持たぬ者の自力の所産である。空想である。さうした処から、利用も、方便も生れて来る」

このように、折口は、国家神道そのものが、そのままでは信仰を無にし、利用と方便に走るものであることを、早くから指摘していたのであり、それが戦争の進行のなかで、あたかも信仰であるかのようにして現れてきた「神州不滅」の確信や「神風」への待望が、実は利用と方便でしかないことを見抜いていたのだ。そこから敗戦後に信仰再興をこそと、考えたのである。こうした敗戦後の折口の信仰観について、文芸評論家の富岡幸一郎は、あの戦争が日本にとっては「神々の敗北」だったとして、次のようにのべている。[44]

「戦後の日本人は、平和憲法の理想と物量としての経済成長を目標にして、六十余年のあいだひた走って来た。折口のような言葉は、あまりに宗教的なアナクロニズムとして不問に付されたのである。しかし、今日の平成日本の精神的破産ともいえる世状を見るとき、あの戦争は如何なる戦争であったのか、その敗北は如何なるものであったのか、という歴史の問いに立ち戻ることが肝要であると思われる」

そして、折口は、天皇制と神道をはっきり分けて、神道の純粋な信仰によって日本人の戦後の精神的荒廃を乗り越えていこうと考えたのである。それは、柳田の新国学構想と同じ方向をめざしていたのである。しかし、柳田や折口が——おたがいにかなり立場を異にしながら——共通して採ったそのような方向は、戦後の左翼からも右翼からも、革新派からも保守派からも、基本的に無視されてきた。そして、今日の靖国問題論議では、このことを思い出す者さえいない状況である。

このような状況のなかで、しかし、われわれは、あらためて問わなければならない。日本人の精神的基盤の再興は、いかにして可能か、と。そしてそれが、実は、今日の靖国問題根本的解決の出発点になるべきなのではないだろうか。

（二〇〇六年九月）

(Endnotes)

（1） エルンスト・ユンガー［川合全弘編訳］『追悼の政治』（月曜社、二〇〇五年）pp.3-5

（2） 日本近代史の大江志乃夫によると、「このときの祭文には、『或は罪を蒙り或は自殺し王事に死する人』の『武く清く明き御霊を同社に鎮斎き国忠に報い皇基の鎮護とも為さんと欲』し……とあり、権力によって非業の死をとげた猛だけしい霊の霊力をひきだす祭としての性格を失ってはいなかった」という（大江志乃夫『靖国神社』［岩波新書、一九八四年］p.118）。京都東山と東京の招魂社について詳しくは、村上重良『慰霊と招魂』（岩波新書、一九七四年）I II章参照。

（3）この転換過程については、前掲・村上重良『慰霊と招魂』Ⅱ章に詳しく論じられている。

（4）当初は、内務省が神官任免権をもち、陸軍省・海軍省と共同管理していたが、一八八七年（明治二〇年）から陸海軍両省が神職任免権をもつことになり、内務省から完全に分離した。

（5）ここで念のため、明治初年の時点での「神道」を概観しておくと、次の五つに分類できる。①神社神道（宗教施設としての神社を中心とした神道）②皇室神道（古代の天皇家における宮中祭祀にもとづいた祭祀体系）③学派神道（吉川惟足の吉川神道、山崎闇斎の垂加神道、国学の復古神道など、それぞれの教義を形成した神道）④教派神道（黒住教、天理教、金光教など江戸末期に民間から起こった創唱宗教）⑤民間神道（中世末期から近世にかけて民間で自然に形成された行事と習俗の集合）このうち、神社神道と皇室神道が結びついて、民間神道を基盤としながら国家神道を形づくっていくことになる。

（6）この年に、神宮大麻頒布について、「其不受ハ専ラ人民ノ自由ニ為任候」の旨の内務省通達乙第三十号が達せられていることがその根拠とされている。

（7）このときの枢密院での信教の自由論議については、議事録にもとづきながら問題点を分析している葦津珍彦「帝国憲法時代の神社と宗教」、『葦津珍彦選集』第一巻（神社新報社、一九九六年）pp.373-379参照。

（8）第一高等学校でおこなわれた教育勅語奉読式で、嘱託教員だった内村鑑三が、勅語に署名された天皇の宸署に対して最敬礼をおこなわなかったので、不敬行為だとして糾弾された事件。

（9）葦津珍彦「現代神社の諸問題」、前掲・『葦津珍彦選集』第一巻p.431

（10）本書第Ⅲ章の「日本的なるものの近代的構成」pp. 104-106の「創られた伝統」の項参照。

(11) これについては、本書第Ⅲ章の「日本的なるものの近代的構成」でも、津田左右吉の所論を引いて指摘したところである。pp.126-127参照。

(12) ロバート・N・ベラー〔河合秀和訳〕「アメリカの市民宗教」、『社会変革と宗教倫理』(未来社、一九七三年) pp.343-344 Robert N. Bellah, Civil Religion in America, *Daedalus*, Winter, 1967.

(13) ルソー〔桑原武夫・前川貞次郎訳〕『社会契約論』(岩波文庫、一九五四年) p.185 この翻訳では「市民の宗教」と訳されているが、本文でいう「市民宗教」と同じ概念である。

(14) 前掲・『社会契約論』p.191

(15) 同前 p.192

(16) リチャード・V・ピラード/ロバート・D・リンダー〔堀内一史・犬飼孝夫・日影尚之訳〕『アメリカの市民宗教と大統領』(麗澤大学出版会、二〇〇三年 原著 Richard V. Pierard and Robert D. Linder, *Civil Religion and the Presidency*, 1988) p.35

(17) こうした新しい神話は、独立宣言を起草した第三代大統領トーマス・ジェファーソンが第二期就任演説でのべた内容に反映されている。ジェファーソンは、「私は神の恩寵をも必要とするであろう。われわれは彼の手中にある。彼はかつてのイスラエルと同様、われわれの父祖を故郷の地から導き、生活のすべての必要と安楽に満ちている国に彼らを住まわせた」とのべた(前掲・ロバート・N・ベラー『社会変革と宗教倫理』p.354)。

(18) 教育勅語起草者の井上毅が、一八九〇年(明治二三年)六月に山県有朋宛に書いた二通の書簡に、そういった起草方針が記されている。本書第Ⅲ章のの「日本的なるものの近代的構成」の pp.134-140「教育勅語による近代的なものの日本化、日本的なものの近代化」の項参照。

(19) 高山樗牛「国粋保存主義と日本主義」、『時代管見』(博文館、一八九九年) pp.96-97

(20) 村上重良『国家神道』(岩波新書、一九七〇年) pp.78-80

(21) 法華経的國體論のユニヴァーサリズムとグローバリズムがどういうものだったかについては、本書第Ⅳ章の『美しい国』の國體論的底流」の pp.182-186「法華経的國體論のユニヴァーサルなユートピア」の項でのべたので、参照されたい。

(22) 近世国学においては、すでに本居宣長が、須弥山宇宙論、宇宙は「空」であるとするとらえかたなどを批判し、地球説を採っている。さらには、平田篤胤の宇宙論は、『霊能真柱《たまのみはしら》』によると、創造主(雌雄の神)が混沌から世界を創造したという考え方で、創造された世界は、①天から地が派生する ②派生した地は地球となって天である太陽の周りをまわる ③地から泉が派生する ④派生した泉は月となって地である地球の周りをまわる という過程をたどって進化したとしている。これらは、バイブルの天地創造説、コペルニクス的宇宙観を日本古代神話によって読み込んだものである。篤胤はアリストテレス流の四元説でもコペルニクス説でも、西洋の利用できるものは何でも使おう、という考えであり、同時に四元説もコペルニクス説も、西洋よりも古くから日本の神話に出ているのであって、借り物ではないことをしきりに強調している(中山茂『日本の天文学—西洋認識の尖兵—』(中公新書、一九七二年)参照)。ここにすでに「開化=復古」を掲げながら、西洋科学を使って神話を合理化するという国学の合理主義が表われている。こうした篤胤宇宙論は佐藤信淵『天之御柱之記』、『鎔造化育論《ようぞうかいくろん》』に受け継がれ、拡張されていく。

(23) それは、彼らが依拠していた法華経が、仏教教説を四教に分類した「蔵教」「通教」「別教」「円教」のうち、あらゆるものが融けあって完全にそなわっている教えとして最高・最善だとされる円教として位置づけられていることからくるもので、それによってユニヴァーサリズムが保証されてくると考えられたのである。

(24) この上智大学靖国参拝拒否事件については、大江志乃夫『靖国神社』(岩波新書、一九八四年) pp.41-43 参照。

(25) この同志社綱領改定事件については、『葦津珍彦選集』第一巻 pp.398-400 参照。

(26) 前掲・葦津珍彦「帝国憲法時代の神社と宗教」、『葦津珍彦選集』第一巻 p.402

(27) 前掲・大江志乃夫『靖国神社』p.54

(28) ただし、日本においては、社会契約によるものだから構成員は自己責任がある、という論理でおこなわれたのではないことも、確かである。

(29) このハーグ陸戦条規とGHQの立場については、前掲・葦津珍彦「帝国憲法時代の神社と宗教」が詳説しているので参照されたい。『葦津珍彦選集』第一巻 pp.416-420

(30) 終戦連絡事務所がGHQに提出した「神社問題対策」をめぐる公式会談の記録による。前掲・大江志乃夫『靖国神社』pp.36-37 参照。

(31) そこには、天皇の戦争責任の問題と同じように、この問題で日本人を刺激すると、占領統治がむずかしくなるという判断があったものと思われる。実際、大江志乃夫によると、対日政策立案当局は「日本・信仰の自由」と題する報告書で、「国家神道儀礼の国民への影響力を弱めるためには軍事的敗北と軍隊の動員解除と同時期にはこのような神社を容認しておくのが、それを強制的に閉鎖してしまうよりは、むしろ役立つかもしれない。なぜなら、強制的閉鎖は却ってその信仰を強める結果になるおそれがあり得るからである」とのべていたという（前掲・大江志乃夫『靖国神社』pp.32-33）。ここで、彼らが靖国神社に対する国民の関わりを「信仰」ととらえていることに注目すべきである。

（32）前掲・ロバート・N・ベラー『社会変革と宗教倫理』p.348

（33）片岡鉄哉『核武装なき「改憲」は国を滅ぼす』（ビジネス社、二〇〇六年）p.101

（34）実際に靖国神社の遊就館は軍事博物館であり、近年は、本殿参拝よりも遊就館観覧がメインになっている観がある。また、戦前には、靖国神社の施設としては、国立軍事博物館としての遊就館のほかに、陸軍現役将校の将校クラブである偕成社が設けられたり、敷地内に準軍事的婦人団体だった愛国婦人会本部や帝国在郷軍人会の軍人会館が（靖国神社から借地して）建てられたり、靖国神社境内は軍事施設で埋められていた。大江志乃夫は、「靖国神社は、敗戦まで神社それ自身が軍事施設であっただけでなく、その付属施設または境内地に多数の軍事施設・準軍事施設をかかえこんだ軍事施設群をかたちづくっていた」としている（前掲・大江志乃夫『靖国神社』p.152）。

（35）筧克彦『大日本帝国憲法の根本義』（岩波書店、一九三六年）pp.347-348

（36）筧克彦は法哲学者・憲法学者の東大教授で、研究室に神棚を設け、柏手を打って神を呼び出してから講義を始めるというので有名だったが、戦後はほとんどまったく無視される存在になってしまった。しかし、私は、古神道と國體の神学的・法哲学的研究として再評価されて学ばれるべき学者だと考えている。

（37）皇学会雑誌『神ながら』掲載の文章を、『葦津珍彦選集』第一巻 pp.389-390 から重引。

（38）柳田國男「祭日考」、『定本柳田國男集』第一一巻（筑摩書房、一九六九年）p.277

（39）同前 pp.276-277
（40）堀一郎「「『新国学談』のころ」、『定本柳田國男集』第一一巻月報 pp.5-7
（41）折口信夫「神道の新しい方向」、『折口信夫全集』第二〇巻（中央公論社、一九五六年）p.461
（42）折口信夫「神道宗教化の意義」、前掲・『折口信夫全集』第二〇巻 p.446
（43）折口信夫「神道の史的価値」、『折口信夫全集』第二巻（中央公論社、一九六五年）p.164
（44）三上治・富岡幸一郎・大窪一志『靖国問題の核心』（講談社、二〇〇六年）p.8

第Ⅵ章　「新しい中世」と多元・連合・協同社会

近代の終焉、新しい中世

「新しい中世」がヨーロッパを席巻し、いま世界に広がりつつある。

経済のグローバリゼーションは、ソ連型社会主義崩壊の結果ではなくて、原因だった。世界資本主義に浸透されながらそれと相補的対抗関係にあったソ連圏経済は、すでに進んでいた資本主義経済のグローバリゼーションによって圧迫されていた。一九八〇年代以降のグローバリゼーションを急速に促進していたのは、おもにＩＴ技術による交通の全面的革新にあったのだが、ソ連の指令型経済と一元的統治形態は、これに不適合であったがために、停滞せざるをえなかったのである。そして、この停滞を打破する試みが逆に崩壊――ある時点からは積極的解体――につながったのだ。ここでいう「交通」(Verkehr)とは、カール・マルクスが『ドイツ・イデオロギー』(*Die Deutsche Ideologie* 一八四七年)でいった、モノを媒介にして諸個人が物質的に交渉しあう関係の総体と、言語を媒介にして諸個人が精神的に交渉しあう関係の総体とからなる関係網をさしている。

このように、グローバリゼーションの要因であった物質的・精神的交通の全面的革新がソ連型社会主義を崩壊(解体)させる原因になったのだが、その崩壊(解体)の結果が世界市場を一気に拡大して経済のグローバリゼーションをさらに促進し、資本と労働の両面で国民経済を融解させ、国民国家をも融解させる方向に進んだ。フランスの批評家アラン・マンクが、こうした現象をとらえて、ソ連崩壊を古代におけるローマ帝国崩壊に類比して、ローマ帝国崩壊から中世が始まったように、ソ連崩壊から「新しい中世」が始まった、と論じたのが一九九四年であった(1)。

このようなとらえかたは、フランス特有のものではなかった。同じ年、イギリスの歴史学者・オックスフォード大学教授ノーマン・ストーンは、同じように「新しい中世」の到来を説いた。「国民国家のようなものはもはや存在しない。ちょうど薔薇戦争時代のイングランドのようになりつつあるのだ。それぞれの国家の中にいくつものパワーの連合が角逐し合っている。いまは国籍よりも仲間意識のほうが優位にあるのだ。議員は主権の主体というよりは影のような実体のないものになっており、端的に法の外にある各種の活動が広範に展開されている。中央政府の指令は先進国の一部ではもはや効力を失ったのだ。この点において、いま、われわれは中世にもどりつつある[2]」

近代の終焉、中世への回帰が説かれたことは、これが初めてではない。それどころか、一七世紀から一八世紀の啓蒙主義に反抗して、一八世紀末以来ヨーロッパ各地で勃興したロマン主義の運動以来、近代批判と中世への回帰は、何度もくりかえし問題にされてきたことであった。それらのなかで、今日進行している事態との関連で最も注目すべきなのは、第一次世界大戦の衝撃を受けて、一九一〇年代末から二〇年代にかけてヨーロッパを席巻した「近代の超克」というべき思潮であろう。その後、大きなものとしては、第二次大戦の戦後復興が一段落した一九四〇年代末から五〇年代初めのころに、ふたたびヨーロッパに現れた「近代の超克」論があった。そこでは、ハンス・ゼードルマイヤーの『中心の喪失』(*Verlust der Mitte* 一九四八年[3])、ロマーノ・グァルディーニの『近代の終末』(*Das Ende der Neuzeit* 一九五〇年[4])などが近代の終末と世界の没落を論じたのであった。しかし、これらは、思想の内容としては、第一次大戦後に出てきた論議のくりかえしである面が強い。また、もう一つの「近代の超克」論のピークとして一九八〇年代に日本をも席巻したいわゆるポスト・モダン潮流も、実は、この一九五〇年代の近代批判と直接接続して出てきたものなのである。このことは、ポスト・モダン思想をリードしたジャン＝フランソワ・リオタールが、自分たちの議論を促した変化は「ヨーロッパの再建が完了する一九五〇年代の終わり頃からはじまっている」[5]と認めているとおりである。

もちろん、これらを含めたその後の論議で多くの新しい論点が出されていることは確かだが、本質的な近代批判の論点は、この一九一〇年代末から二〇年代にかけて、ほぼ出しつくされていたのではないか、しかもこの時点の論議が思想として最も生きているのではないか、と私には思われる。ここで、迂遠と思われ、またアナクロニズムと見られることを覚悟の上で、第一次大戦直後の論議にいまあらためて立ち返ってみる所以である。

第一次大戦で崩れた近代ヒューマニズム

一九一四年七月、オーストリアがセルビアに宣戦布告して第一次世界大戦が始まったとき、ヨーロッパの諸国民はおおむね楽観的だった。八月に参戦したドイツでは、応召した兵士たちが、笑顔で恋人に手を振りながら、「クリスマスまでには帰ってくる」とピクニックに出かけるように戦場に出ていった。[6]しかし、そうはいかなかったのだ。西部戦線とマケドニア戦線で塹壕戦が泥沼化したことをきっかけに、機関銃に始まって「鋼鉄の芋虫」戦車や「悪魔の霧」毒ガスといった数々の大量殺戮兵器が登場し、しかも、国民国家どうしの総力戦（Generalmobilisierungskrieg）となった戦いは、市民生活全体を巻き込み、破滅へと雪崩打っていったのである。

わずかな過ちから目もくらむような悪の雪崩が引き起こされる――ヨーロッパはそんな情況のもとにあったのだ。この思いもかけなかった災厄は、第一次大戦にいたったヨーロッパ近代の精神のありかたに対する深刻な反省を促すことになった。日本では戦後といえば第二次大戦後のことだが、ヨーロッパでは戦後《アプレゲール》（après-guerre）といえば第一次大戦後のことなのである。

戦後相次いで刊行されたカール・バルトの『ローマ書講解』（*Der Römenbrief* 一九一九年）、カール・シュミットの『政治神学』（*Politische Theologie* 一九二二年）、マルティン・ハイデッガーの『存在と時間』（*Sein und Zeit* 一九二三年執筆開始）は、いずれもヨーロッパ思想史上の里程標となる作品であったが、これらの作品は、神学、政治学、哲学それぞれの領域において、大戦前の支配的思想潮流に真っ向から挑戦するものであった。

バルトの『ローマ書講解』は、自分の師であったアドルフ・フォン・ハルナックを中心とする「文化的プロテスタンティズム」（Kulturprotestantismus）の歴史批評的聖書研究が、神と人間との関係を事実上人間中心に展開するようになってしまっていたことに対して、そのようにして（人間―人間関係として）水平的に展開されているわれわれの世界の「既知の平面」を「キリストとしてのイエス」によって（神―人間関係として）「上から垂直に切断する」(7) ことを通じて、神の主権的性格を明確にしようとするものだった。

また、シュミットの『政治神学』は、ハンス・ケルゼンらの法実証主義的国法学が、すでに確立されている日常的市民法秩序の内にすべてを包摂してしまい、事実上主権の問題を排除してしまうのに対して、「主権者とは、例外状況にかんして決定をくだす者をいう」(8)という主権概念を提起することによって――ちょうどバルトのキリストのように――日常的市民社会の「既知の平面」を「上から垂直に切断する」ものとして主権者を定立したのである。

そして、ハイデッガーの『存在と時間』は、平均的日常性において中性的な他者の集合であるひと《ダス・マン》(das Man)への顧慮《ゾルゲ》(Sorge)に支配されて非本来的ありかたに頽落している現存在《ダーザイン》(Dasein)としての人間を、みずからが「死への存在」(Sein zum Tod)であることを自覚することを通して先駆的決意性(vorlaufende Entschlossenheit)において本来的ありかたにもどすという構想を語っていた。(9)このとき、平均的日常性の世界、ひと《ダス・マン》の世界というのは、バルトのいうわれわれの世界の「既知の平面」、シュミットのいう日常的市民法秩序と類比において対応しており、それを超え出ることは、ハイデッガーにとって近代ヒューマニズムの超克を意味していた。

これらの著作に共通しているモティーフは、すべてを人間中心に位置づけて、人間を超え出るものを事実上認めず、そういうものをも人間にとっての価値の平面においてのみ評価していく近代のヒューマニズムが、その姿勢ゆえに驕慢《ヒュブリス》(hybris)に転化していき、それが世界大戦の惨禍を招いたのだとする認識にもとづくものであった。人間を最高のものとする思想が、その発展のままに、かえって人間を大量に殺戮しあうことに帰結したという逆説《パラドックス》に対する認識が、近代ヒューマニズムの超克という共通したモティーフを生んだのである。

これは、バルト、シュミット、ハイデッガーといったヨーロッパ近代の支配的思想圏から疎外されていた思想家たちだけに起こったことではなかった。物理学の方法の援用によって精神を把握しようとした透徹せる近代精神の持ち主ポール・ヴァレリーでさえ、ヨーロッパの近代精神が、そのまま反対物に転化してしまい、精神の危機が現出していることを指摘したのである。一九一九年春、「精神の危機」(La crise de l'esprit) というエッセイで、ヴァレリーは書いている。[10]

「異常な戦慄がヨーロッパの骨の髄をかけめぐった。ヨーロッパは、その思惟の中枢のすべてにおいて、もはや自分を自分と認めえぬことを、自分が自分に似ることをやめたことを、意識を失いかけていることを感じたのです」

そして、現代に甦ったハムレットの独白の形を借りて、こう予言した。

「――さらば、亡霊たちよ。世界はもはやお前たちを必要としない。この私をも必要としないのだ。その宿命的な精密化への傾向に進歩という名をつけた世界は、生の恩恵に死の長所を併合しようと努めている。ある種の混沌がまだ支配しているが、いましばらくすれば、すべてがはっきりするだろう。ついに動物的社会の奇蹟、完全にして決定的な蟻塚の出現を見ることになるだろう」

ベルジャーエフの「新しい中世」像

近代ヒューマニズムは、第一次大戦によって崩れたのだ。このことをもっとも直截に表現したのが、同じころ『新しい中世』(一九二四年　英訳 *The New Middle Ages*) を書いたニコライ・ベルジャーエフだっ

た。ベルジャーエフは、そこでこうのべていた。(11)

「一九一四年から一八年の間［第一次大戦中］に、ヨーロッパ文明は歴史的に全世界に影響を与えるような危機を通過しており、その結末は不安定で漠然とした未来に消滅するであろうという事実を否認するのは、余程浅はかな人々である。……吾々は大戦やロシア革命前の生活に一寸変った程度の安穏さで復帰できるなどと想像するのは稚気にも等しい。吾々は未知と、一新された世界に入りつつあり、そして吾々は歓喜もなく大きな希望もなくその世界に入ろうとしている」

そして、いう。

「近代の歴史の全体は、自己示現の内在的弁証法或はその発端を起した。原理そのものの自己否定の弁証法の展開であった。……人間を強めないでかえって弱めたヒュマニズムは、近代の歴史の逆説的な終末となった。自己を主張しようとする行為そのものの内に、彼は彼自身を喪失してしまった」と。

ベルジャーエフは、このように近代ヒューマニズムがその内的必然性にしたがって反対物に転化してしまい、ヒューマニズムを唱えることがかえって現実的人間を否定する結果になってしまったという逆説的事態こそが、近代という時代を推し進めてきた推力が展開を終え、近代が本質において終わったことを示しているという。そして、中世という時代を推し進めてきた推力が終わろうとしたときに現れてきたルネッサンスが、古代精神を再興しながら、旧き古代に復帰するのではなく、「新しい古代」を構成したのと同じように、いま中世精神にいったん立ちもどりながら、それを「新しい中世」として構成することが求められている、というのである。そのようにして歴史は回帰するというわけである。

このとき、近代ヒューマニズムが反対物に転化する内的必然性は、それが中世において個がみずからの存在理由をそこに求めていた神という「人間を超えるもの」から個を切り離すことによって、その自立を求めたところにあった、とベルジャーエフは考えていた。もちろん、近代ヒューマニズムは、人間を超えているものとしての自然を認めはした。だが、それは不断に「人間的なもの」に包摂され、「人間的自然」に転化されるものとしての自然であり、それはいずれ征服されることが定められているものとしてあった。

「人間を超えるもの」から切り離されて自立した人間は、人神（Menschgott）すなわちみずからを神の地位におく人間を生む。ベルジャーエフはここから生まれる「人間自然神教」（Homodeismus）を近代ヒューマニズムがその内的必然性にしたがって転化した反対物の極致と考えた。そして、その体現者はドストエフスキー『悪霊』のキリーロフである、とした。

（実は、近代ヒューマニズムが、その本質において、神を否定するだけでなく人間を神の座に据えるものである点において驕慢《ヒュブリス》の極致に至るものだとしたのは、ベルジャーエフよりもまえにドストエフスキーだったのだ。『悪霊』でキリーロフはいう。「すべて善しということを教える人は、この世界を完成する人です。その人は必ずやって来る。その名は人神」と。こうして、〈人となった神〉＝神人イエス・キリストの再臨ではなく、〈神となる人〉＝人神の降臨を待望するのである）

ベルジャーエフが考える「新しい中世」は、だから、そのような近代ヒューマニズムを否定し、「人間を超えるもの」を基盤においた「一つの現実的な生ける全体に属する有機的な聖秩制度」をなすものだとされる。だが、この制度については「その積極的性格よりも消極的性格を把握するほうがより容易である」として、近代の否定という面のみを強調し、新しい内容を充分には展開していない。ただ、それが普遍的な精神の自由の上に立つものであり、また「ソヴィエト」という語の真の意味である「協議」の原則に基づいて、職能的・地域的な社会団体の連合によって運営されることが示唆されている。

そして、この点に関連して注目すべきなのは、ベルジャーエフが、すでに勃興していたロシア・ボルシェヴィズムとイタリア・ファシズムを「新しい中世」の試みに属する類型としてとらえていることである。ただ、その両者に、それぞれちがったかたちではあるが含まれている社会主義（Sozialismus）の理念と諸原理が、近代の理念と諸原理の否定のような形をとりながら、その実、それらの徹底的発展を本質にしているがゆえに、これらは「新しい中世」の試みとしては破綻せざるをえない、とする。例えば、ボルシェヴィズムは、ブルジョア的個人主義のヒューマニズムを否定するが、そうした人間を超えるものとして「全面的に発達した個人」の集合を「来るべき人神」とすることによって、かえって近代ヒューマニズムの徹底的発展に帰結してしまい、「人間を神から分離する長い歴史的過程に咲いた美しい花」として散っていくしかない、というのだ。だからベルジャーエフは、これら社会主義的な方向を否定し、あくまで信仰の復興、「神による支配」を求める意志の上に「新しい中世」を構想していくのである。(12)

二つの我、ないし個と私

ところが、これとは別に、近代ヒューマニズムを否定しながら、社会主義運動が提起した問題を退けるのではなくて、それに積極的に応答しながら、新しい社会を考えていく立場も出てきていた。それはまた、ベルジャーエフが、近代とも旧き中世とも違うといいながら、充分に明らかにできていなかった「新しい中世」の精神的基盤を別の角度から明らかにすることにも通ずるものであった。こうした問題を提起していたものとしては、同じころ、一九二三年に刊行されたマルティン・ブーバーの『我と汝』(*Ich und Du*) がある。

ブーバーは「新しい中世」を標榜していたわけではない。ただ、近代ヒューマニズムの限界を認識し、人間の新しいありかたを追求していた点では、これまで挙げた思想家たちと同じだった。また彼は、ロマン主義的社会主義者グスタフ・ランダウアーらとの交流を通じて、社会主義思想に接しており、のちに初期キブツ (kibbutz イスラエルの農業コンミューン) 運動の指導者となり、『もう一つの社会主義』(*Pfade in Utopia* 一九五〇年)[13] などで独特の社会主義を構想している。

『我と汝』でブーバーは、〈われ〉はそのままでは存在しない、〈われ―それ〉(Ich-Es) の関わりにおける〈われ〉と〈われ―なんじ〉(Ich-Du) の関わりにおける〈われ〉があるだけだ、として、自己を実体としてではなく関わりとしてとらえる。自らが関わるものを〈それ〉としてとらえる〈われ〉と、〈なんじ〉としてとらえる〈われ〉の二つの〈われ〉がある、というのだ。

この場合の〈それ〉とは、かならずしもモノのことではなく、「経験の対象の世界」(die Welt als Erfahrung) にあるものであって、〈われ〉は、この〈それ〉に対して、対象として一方的な関わりを、部分的な行為をもって取り結んでいく。〈それ〉がモノではなくてヒトである場合も同じである。一方、〈なんじ〉というのも、かならずしもヒトのことではなく、「関係の世界」（die Welt der Beziehung）にあるものであって、〈われ〉は、この〈なんじ〉に対して、対象として対するのではなく、関係のなかに引き入れられて、相互的な関わりを、全存在を投じておこなう行為をもって取り結んでいく。〈なんじ〉がヒトではなくてモノである場合も同じである。

そして、この二つの〈われ〉の根本的違いとして、ブーバーは次のような点を問題にする。(14)

根源語〈われ―それ〉の〈われ〉は、個的存在（Eigenwesen）としてあらわれ、〈経験と利用の〉〈主観〉として自己を意識する。

根源語〈われ―なんじ〉の〈われ〉は、人格的存在（Person）としてあらわれ、〈依属する属格なしに〉〈主体〉として自己を意識する。

個的存在は他の個的存在から自己を分離させる（sich absetzen）ことによって、特質の相違をあらわす。

人格的存在は他の人格的存在と関係にはいる(in Beziehung treten)ことによって、あきらかになる。

分離の目的は、経験と利用のためであり、経験と利用の目的は、〈生活〉つまり、人間らしい生涯を死ぬことである。

関係の目的は、関係すること自体にある。つまり、〈なんじ〉と交わることにある。

そして、「人格的存在は〈われ〉そのものを直視し、個的存在は、わが種類、わが民族、わが創り出したもの、わが才能などというような自己の所有するものを問題にする」[15]というのである。

こう見てくると、バルトが「水平的に展開されているわれわれの世界の既知の平面」として、シュミットが「日常的市民法秩序」として、ハイデッガーが「ひと《ダス・マン》に支配された平均的日常性」としてとりあげた世界においては、ブーバーのいう〈われ―それ〉の関わりの〈われ〉が〈われ―なんじ〉の関わりの〈われ〉を飲み込み、覆い尽くしているのではないか、そして、そうなることを通じて、経験と利用のために分離された自己、所有するものとしての自己が「個」になってしまっているのではないか、と思われてくる。[16]

実際、バルトは、のちに、こうした二つの〈われ〉の区別とほとんど同じと思われるものを「個人」と「私人」、「個」と「私」との区別として展開している。一九五七年の講演「現代における個人」で、「個人である」ということは「私人」たろうとすることではない、として、privere（奪う）という意味から派生しているprivat（私的）であること、私人であることというのは、「選び取り、奪い取って、それを自分の自由、自分自身の生活だと思う人のこと」であって、そこにおいては、「仲間と一緒であっても、その仲間が自分にとって役立って都合がよいという限りのこと」なのだといっているのだ。そして、こうした「私」の普遍化によって「ブルジョア社会が生れることになり、或は、これが既に自覚を失って内部的に崩壊すれば、――色が赤くなるだけで――共産主義社会が生まれることになる」

とするのである。[17] そして、これに対する「個人」とは、「他の人々の中の一人、即ち、与えられた特殊性、独自性、一回性のうちで彼自身と同様に個人であるところの人々の中の一人」[18] だとしている。これは、ブーバーのいう〈われ―それ〉の関わりの〈われ〉と〈われ―なんじ〉の関わりの〈われ〉との区別とまったく重なるわけではないが、共通するところが多いことがわかるだろう。

これらにおいては、近代ヒューマニズムの個人とは別の個人が定立されているわけである。

所有的個人主義としての近代的個のありかた

基本的にブーバーのいう〈われ―それ〉の関わりにおける〈われ〉、バルトのいう「私人」の上に立った近代個人主義を、「所有的個人主義」(possessive individualism) という個人主義の特殊な型として定式化したのが、C・B・マクファーソンの『所有的個人主義の政治理論』(*The Political Theory of Possessive Individualism* 一九六二年) であった。マクファーソンは、ジョン・ロックに遡りながら、この所有的個人主義を、次の七つの命題によって特徴づけている。[19]

① 人《マン》を人間的《ヒューマン》たらしめるところのものは、他人たちの意志への依存性からの自由である。

② 他人たちへの依存性からの自由は、個人が自分自身の利益になると見込んで自発的に入り込む諸関係を除いて、他人たちとのどんな関係からも自由であることを意味する。

③ 個人は本質的に自分自身の身体と諸能力との所有主であって、それらにたいし何ものも社会に負っていない。

④　個人は彼自身の身体にたいする彼の所有権の全体を譲渡することはできないけれども、彼は自分の労働する能力を譲渡することはできる。

⑤　人間的社会は一連の市場関係から成り立つ。

⑥　他人たちの意志からの自由は人を人間的たらしめるところのものであるから、各個人の自由はただ、他人たちにたいしても同一の自由を保証するのに必要であるような、そういうもろもろの義務と規則によってのみ合法的に制限されうる。

⑦　政治的社会は、個人の、自分の身体や財貨にたいする所有権を保護するための、そして（それゆえ）自分たち自身の所有主と見なされる諸個人のあいだの秩序ある交換諸関係を維持するための、人間の考案である。

ここでは個人は、排他的な所有権にもとづいて所有する主体である実体として立てられており、その主体が他の実体である諸個人と取り結ぶ関係はインタレスト（interest 利益・関心）にもとづくもののみである。そして、その唯一の関係が取り結ばれる場が市場である。——ということになる。これが近代的な個のありかただ、とマクファーソンはいうのだ。

このような所有的個人主義は、「原子化」と「所有による階級分化」を促さざるをえないが、そのような力の作用によって社会が分解に向かうのを防ぐ役割を、おもに国民国家という「想像の共同体」(imagined communities ベネディクト・アンダーソン)[20]がになうことになる。現実において社会の分解と不平等があるにしても、国民は友愛によって結ばれていると想像力によって思い描かれる。普通選挙制度の導入やさまざまな政治的同権化による大衆民主主義（mass democracy）の成立は、主権の問題を曖昧にすることを代償にしながら、この「想像の共同体」の凝集力を補強した。

この国民国家の凝集力が最高度に発揮されるのが戦争であった。と同時に、戦争の惨禍が「想像の共同体」に亀裂を生み、根本にあった近代ヒューマニズム、近代的な個のありかたに対する深刻な疑問を広がらせたのであった。それが第一次大戦後のヨーロッパに起こったことであった。

ヨーロッパ中世における個の自由と協同・連合

われわれは、したがって、そうした所有的個人主義に収斂されるような個人に代わるもの、そのようなものではない個人、つまりブーバーのいう「〈われ―なんじ〉の関わりにおけるわれ」、バルトのいう意味での「私人ではない個人」のありかたを追求する必要がある。そうした個人は、いま現実にはどのようなかたちで実現できるのだろうか。

それを考えるうえでは、いったん「旧い中世」にもどってみることが有効である。そこには、いま建てられるべき自由な個の自立と協同の萌芽があったのだ。その意味では、「旧い中世」はけっして「暗黒の中世」ではなかった。その萌芽が、そのまま発展させられなかったのは、おもに資本主義の勃興とそれによる市場社会の普遍的形成のなかで、個人が所有的個人主義に覆い尽くされ、飲み込まれていってしまったからである。

「新しい中世」における社会と個人のありかたを考えていくために、この「旧い中世」における社会と個人のありかたの断面を素描しておくことにしよう。

中世には近代ヒューマニズムの個人とは別の個人があったということは、アナキズムやロマン主義的社会主義の思想家によって、早くから指摘されていたことだった。

例えば、グスタフ・ランダウアーは、『レボルツィオーン』（*Die Revolution* 一九〇五年）のなかで、ヨーロッパ中世の社会と個人を次のように素描している。ランダウアーは、古代末期から中世にかけてキリスト教が社会の基盤になっていた時代を「キリスト教時代」と呼んでいるが、そのキリスト教時代においては、村落＝マルク共同体、ギルド、ツンフトや固有の裁判権をもった都市市民の友愛的結合、その都市内部の自立した街区、教区の共同体など「数多くの、このような自立的な性格をもった単位包括的な公共団体が、おたがいに押し分け合いながら、また層を成して積み重なり合いながら、存在していた」のである。そして、それらは権力のピラミッドをなしていたわけでもなければ、集合的な強制力を構成していたわけでもなく、国家から自立した「諸々の小社会から成る社会」を構成していた。「そこにあるのは、一つの精神《ガイスト》(Geist)であって、その精神は諸個人の人格と魂から流れ出して、……諸々の社会構成体に流れ込み、そして、その社会構成体によって強められて、ふたたび人間の中に逆流してくるのである」[21]このような過程を通じて、「その時代においてこそ、人間は憧憬の翼をもった個人になったのである。そして、聖なるものに従いつつおこなわれた、こうした個の追求が、社会を聖別し、社会を確実に存立させ、社会に自立性をあたえたのだ」[22]とランダウアーはいうのである。

同様のことはピョートル・クロポトキンも『相互扶助』（*Mutual Aide* 一九〇二年）のなかでのべている。

クロポトキンは、広範に存在した自己裁判権、自己行政に着目して、それが「国家の自治的な一部分」にすぎないものではなく、それからは自立したものであり、それらが組み合って「二重の連合」を形成していたことを明らかにした。「中世都市はかくして二重の連合体、即ち、小さな地域的団結――街、教区、区等――に結合した凡ての家長の連合体と、各自の職業に応じ誓約によってギルドに結合した個人の連合体として現れた。前者は都市の村落共産体的起原の産物であり、後者は新たなる条件によって出現したその後の発生であった[23]」。そして、この新しく発生したギルド的結合のなかに「個人」の発生を見たのであり、この個人のありかたは所有的個人主義のようなありかたではなくして、むしろ自立と協同を表裏一体とするような協同的個人主義ともいうべきものだったのである。

こうした関係は思想家が机上の空論として論じたものではなく、のちに中世史家が実証的に明らかにしているところでもある。例えば、ウォルター・ウルマンは『中世における個人と社会』(*The Individual and Society in the Middle Ages* 一九六六年)で、中世において個人が「上からの統治」(descending government)による「臣民」(subject)から「下からの統治」(ascending government)による「市民」(citizen)へと移行する過程で、封建制が大きな役割を果たしたことを明らかにした。封建制は、個人を人格としてとらえて、人格と人格との間の契約を通じて個人を社会的に確立したのである。そして、そのようにして生まれた個人が結合した(ランダウアーやクロポトキンが注目した)都市共同体・村落共同体は、国家から見れば受動的な臣民にすぎないものでありながら、実は下から自治的に新しい主体を形成していくものとなったのである[24]。

また、同じく中世史家のジョン・B・モラルは、「社会的『交わり』の単位としての個人の人格という、西洋文明の本質的特性である概念が中世に出現したということ」[25]を実証的に明らかにした『中世の刻印』(*The Medieval Imprint* 一九六七年)という著作で、ウルマンと同じように封建制の役割を指摘するとともに、特にキリスト教を通じて「人格的結合」「個人の間の人格的関係」が一般化したことを重視している。それは所有的個人主義の個人とは違うものであった。そして、ギリシア・ローマの都市が「部族または家族的な団体の集合」であったのに対し、中世の都市が「個人のより集まり」「個人の結合体」だったことを明らかにして、中世社会全体の特徴として「『人格主義《パーソナリスト》』的様式」を抽出している[26]。

日本の中世にもあった個の協同・連合

こうしたことは日本の中世社会についても、指摘されている。

封建制がヨーロッパの場合とはちがったかたちであれ、自立した個の間の契約原理にもとづくものであることは同じで、例えば、君臣関係においても、主君に不当なところがあれば厳しく抗議し改めさせるのがかえって忠義であるとする契約的結束が原理とされていたのである。近世史家の笠松和比古がいうように「武士道は、本来的には、武士の『個』として踏みおこなうべき規範の体系であり、『個』としての人格的完成を目指すところの個体の道徳なのである」[27]し、封建組織の成員は、おたがいの間に形式的平等はなかったが、自己の「持分」にもとづく「固有の力」(forces propres)を有し、その「固有の力」に依拠しながら「固有権」(Eigenrecht) を行使するそれなりに自立した個だったのである。[28]

江戸期近世社会の権力が行政権を中心にしたものであったのに対し、鎌倉期中世社会の権力は裁判権を中心としたもので、ヨーロッパ中世の場合と同じように裁判権は多元的に分立していたから、権力は事実上多元的であった。[29] そして、それによって近世社会にいたっても、多元的な社会的権力として、惣村の自治が広範に定着したし、自治都市も生まれていった。また、中世武士の地縁的連合体を原型にしながら、荘家一揆、土一揆、さらには「山の民」「川の民」の宗教的な一向一揆など多様な形で発展した一揆は、例えば一五世紀京都の山科《やましな》七郷のように、平等で対等な単位ごとの一揆契約が「組」という関係でつながれる自治的協同組織になっていき、それ自体が一揆の構成をもつ惣連合をなして、目的＝課題ごとに「組」を組み替えるという半恒常的課題別共闘をつくりだしたりした。[30]

同時に、中世史家の網野善彦が明らかにしたように、これら中世の惣村自治、都市自治、一揆の原理の内には、「無主」「無縁」という自由原理が脈打っていたし、その原理にもとづいて、さまざまなアジール (Agyl そこに逃げ込めば庇護された避難所) が存在していた。[31] また、賤民、放浪者も、既存の身分秩序のなかにくいこもうとするかぎり不自由民だったが、独自の掟のなかで生きているかぎり自由民だったのである。そして、そうであるからこそ、彼ら制外の民のほうが、鞏固な部分社会を形成して、それをみずからの自由空間として確立していたのである。差別は、かえって、そのような部分社会を解体して、全体社会に包摂しようとしたときに、鋭いかたちで姿を現してきたのであった。

このように、日本においても、中世社会は、全体社会としてはそれぞれの社会的分に応じて細密に編成された差別と不平等の身分制秩序のもとにありながら、その内部では人格的結合にもとづいて自治的に協同する部分社会を多元的に創り出し、それらが必要に応じて連合しあいながら「固有の力」を発揮するという、多元・連合・協同社会でもあったのである。

ヨーロッパの場合、こうした多元的な社会的権力に対して、近世に入ってから、それら諸権力を超越した絶対的な公権力としての「主権」(souveraineté ; sovereignty) という概念が成立し、それにもとづく絶対王権による政治統合が進められたとき、これら部分社会は各公共団体の「団体権」(Kollektivrecht) を形成して、新興階級であるブルジョアジーと共同して対抗した。そして、これにもとづく「権利のための闘争」(Kampf um's Recht イェーリンク) のなかから近代的な自由権が成立してくるのであるが、このような関係にあったために、そうした近代的な自由権には中世的な人格的結合にもとづく自治権がそれなりに継承されているのである[32]。

ところが、日本近世の場合、鎖国や天皇の特異な機能などのために主権概念を確立する必要がなく、幕末以降列強に強いられて政治的近代化をしていくところで、形式的に主権国家概念を導入せざるをえなかったに過ぎない。だから、新興ブルジョアジーも、その段階では前近代的公共団体の団体権など必要とせず、藩閥政府がこれらを徹底して解体するのに任せたのである。日本型近代の自由権は、したがって、ドイツなどと違って、その実質を中世的な人格的結合にもとづく自治権の基本的な否定から出発させられているのである。

だから、日本近代においては、むしろ近代化されずに法治の届かない世界で自治的に生きた、周縁と下層、被差別と底辺の世界にこそ、中世の人格的統合の継承を見なければならないことになっているのである。

網野善彦が次のようにいっているのは、そういう意味にとらえられるべきだろう。

「幕末・明治の転換期は、西欧の自由・平等思想の流入と、日本の『無縁』の世界の爆発にともなう、『無縁』の原理の新たな自覚化との交錯の中で進行した……『無縁』の原理の日本的な自覚化は、ついに実らなかった……その課題に、ほとんど手をつけることなしに、日本の『近代』は始まる。そして、その進行の過程で、知識人――前者の世界を知った人々――と庶民――後者の世界に身をおく人々――との、ほとんど回復し難いかにみえるほどの亀裂も、また深まっていく。……完全に自覚された『無縁』の思想によって、『有主』『有縁』の原理を克服・吸収し去るために、われわれに課された課題は、複雑であり、それは決して西欧の発達した近代社会のそれと同一ではない[33]」

「新しい中世」状況に直面しようとしているわれわれは、この亀裂を埋めなければならない。

個の再興と部分社会の創出

いま種々のべきたった問題は、日本社会の問題は別として、すべてすでに第一次世界大戦後のヨーロッパで提起され、しかも、大戦の生々しい体験に立脚しながらリアリティをもって熱く議論されていた問題なのである。

にもかかわらず、それが、封印されてしまったのは、ひとえにナチズムの歴史体験がそれに続いたためだったといっていいだろう。初期ナチズム運動は、カール・シュミットもマルティン・ハイデッガーもそこに参加したことに示されるように、根源的近代批判、近代の超克の色彩をもつものだった。しかし、エルンスト・レーム、グレゴール・シュトラッサー粛清、SA（Sturmabteilung 突撃隊）解体後にやがて近代に復帰し、近代過激派と化したナチスがおこなったユダヤ人大量虐殺が、戦後、近代批判、近代の超克の帰結としてとらえられてしまったのである。ヨーロッパのインテリは、それが「ナチスの狂気」などというものではなく自分たちの世界が生み出したものであることを知っていた。しかし、それはやはり自分たちが第一次大戦後の近代批判によって、ナチスという悪霊を解き放つパンドラの箱の蓋を開けてしまった結果なのだと考え、近代批判に蓋をして、旧き近代ヒューマニズムにもどっていったのである。いま、その蓋がふたたび開かざるをえなくなっている。ならば、むしろ、こちらから蓋をどけて、第一次大戦直後の生々しい論議にもどることが必要なのではないか。そして、なぜナチスがあのようなものになったのかも、ナチス以前にもどった地点から考えなおされるべきなのではないか。

個人とは人格《ペルソナ》なのであり、人格《ペルソナ》とは実体ではなく、関係であり、関係であることにおいて精神《ガイスト》なのだ。だから、それは自立しているのにもかかわらず協同のなかにある。協同のなかにこそ自立を見いだすのが精神《ガイスト》なのだから。これは、「中世」において発生した個の原点であったし、来るべき「新しい中世」の精神的基盤もまたこれでなければならない。物象的依存関係のみが支配する単一の世界市場に諸社会が飲み込まれていっているなかで、そうした精神《ガイスト》による個人の自立と協同が求められている。そして、それが、さまざまな組合や公共団体から部分社会へと多元的に発展していき、次第に連合を形づくっていくならば、新しい多元・連合・協同社会が展望されてくる。そういうかたちで社会を再組織するしかなくなっているのではないか。

その萌芽となりうるような新しいタイプのＮＰＯや協同組合、地域通貨・自由通貨や共同所有の形態の発達が、日本を含めて世界的な規模で見られるようになっている。これは交通の全面的革新の結果であり、それ自体が「新しい中世」の兆候である。もちろん、それらと、ここに素描した多元・連合・協同社会のイメージとは、まだ大きく懸け離れているが、それらの営みのなかで、近代的な所有的個人主義とは異なる個の再興と、その結合としての部分社会の創出が追求されていくことを期待したい。かつては、ブルジョア国家権力の打倒、私的所有の廃絶がなければそんなことはできないという議論が支配的だったことが、かえってこうした個の再興をめざす努力を妨げてきたのではないか。そうした関係は終わらなければならない。

マルクスは、『ユダヤ人問題によせて』(*Zur Judenfrage* 一八四四年)で「人間が自分の『固有の力』(forces propres) を社会的な力として認識し組織し、したがって社会的な力をもはや政治的な力の形で自分から切りはなさないときにはじめて、そのときにはじめて、人間的解放は完成されたことになるのである」といった。[34] 中世・近世においては、武家社会には武家の政治、公家社会には公家の政治、百姓社会には百姓の政治があって、身分の内においては、政治と社会は一致していた。それらを編成する全体社会——藩社会、幕府社会がそれに当たる——の政治については、公的暴力を独占している武家が当たった。ところが、近代の政治と社会は、これとはまったく構成を異にしている。政治的権力は国家に一元化されて、近代的な部分社会が独自の部分的な政治的権力をもった自己統治を許されることはない。それに対して、「新しい中世」においては、全体社会の政治とは異なる部分社会の政治——そこでは政治の意味自体がおのずから異なってくる——を、それぞれの部分社会のありかたと一致させるかたちで、未完のままに過程的に回復＝創出していくことが必要になるだろう。これは至難の課題かもしれない。だが、それなくして、全体社会における人間的解放を考えることはできないのである。

(Endnotes)

（1）Alain Minc, *Le Nouveau Moyen Age, Gallimard*,1993.
（2）Norman Stone, in *"The New Middle Ages"*, BBC2, 28 November 1994.
（3）ハンス・ゼードルマイヤー［石川公一・阿部公正訳］『中心の喪失』（美術出版社、一九六五年）
（4）ロマーノ・グァルディーニ［仲手川良雄訳］『近代の終末』（創文社、一九六八年）
（5）ジャン＝フランソワ・リオタール［小林康夫訳］『ポスト・モダンの条件』（水声社、一九八六年）p.13
（6）NHK製作『映像の世紀』第2集「大量殺戮の完成」
（7）カール・バルト［小川圭治・岩波哲男訳］『ローマ書講解』（世界の大思想33、河出書房新社）p.33
（8）カール・シュミット［田中浩・原田武雄訳］『政治神学』（未来社、一九七一年）p.11
（9）マルティン・ハイデッガー［桑木務訳］『存在と時間』（岩波文庫版）中の第一編第五章、第二編第一章参照。

(10) ポール・ヴァレリー［桑原武夫訳］「精神の危機」(ヴァレリー全集一一巻、筑摩書房) p.26, p.32
(11) ニコライ・ベルジャーエフ［荒川龍彦訳］『現代の終末』(三笠書房、一九五三年) p.23, pp.24-25
(12) 以上に要約したベルジャーエフの「新しい中世」論は、前掲・ベルジャーエフ『現代の終末』所収の「ルネサンスの終末」「新しい中世」にもとづいて、若干の私見を交えながら再構成したものである。
(13) マルティン・ブーバー［長谷川進訳］『もう一つの社会主義』(理想社、一九五九年)
(14) マルティン・ブーバー［植田重雄訳］『我と汝・対話』(岩波文庫版、一九七九年) p.80 傍点は引用者。( )内のドイツ語は、他の箇所同様、原点にもとづき引用者が入れた。
(15) 同前 p.82 傍点は引用者。
(16) これら四つがそれぞれ位相を異にし、重ね合わされないところがあることは明らかであるが、根底にある人間のありかたとしては同じ根から発していると思われるのである。
(17) カール・バルト［清水幾太郎訳］「現代における個人」(岩波講座現代思想別巻、一九五七年) p.32
(18) 同前 p.33
(19) C・B・マクファーソン［藤野渉・将積茂・瀬沼長一郎訳］『所有的個人主義の政治理論』(合同出版、一九八〇年) pp.297-298
(20) ベネディクト・アンダーソン［白石隆・白石さや訳］『定本 想像の共同体』(書籍工房早山、二〇〇七年 原著は一九八三年)
(21) グスタフ・ランダウアー［大窪一志訳］『レボルツィオーン 再生の歴史哲学』(同時代社、二〇〇四年)

pp.55-56

(22) 同前 p.66 ランダウアーの社会思想については、同書所収・大窪一志「分権・連合・協同社会の原像」参照。

(23) クロポトキン[室伏高信訳]『相互扶助』(春秋社版世界大思想全集34) p.148

(24) ウォルター・ウルマン[鈴木利章訳]『中世における個人と社会』(ミネルヴァ書房、一九七〇年) 参照。

(25) ジョン・B・モラル[城戸毅訳]『中世の刻印』(岩波書店、一九七二年) p.1

(26) 同前 p.190

(27) 笠松和比古『士の思想 日本型組織と個人の自立』(岩波書店同時代ライブラリー版＝増補版、一九九七年[原版は日経、一九九三年]) p.83 笠松は、『葉隠』が「さて気にかなはざる事は、いつ迄もいつ迄も訴訟すべし」「主君の御心入を直し、御国家を固め申すが大忠節」と書いていることなどを根拠として挙げている。

(28) 同前 pp.76-78

(29) 石尾芳久『一向一揆と部落』(三一書房、一九八三年) pp.27-32 参照。

(30) 勝俣鎮夫『一揆』(岩波書店、一九八二年) 参照。山科七郷については pp.92-95。念のために付け加えておくと、一揆とは大衆蜂起のことではなく、中世において、日常性を超えた問題に対して、諸個人の間で主従、親族などの絆に優越して結ばれた集団結束の契約のことである。

(31) 網野善彦『無縁・公界・楽』(平凡社、一九七八年)、同『日本中世の民衆像』(岩波書店、一九八〇年)、阿部謹也・網野善彦・石井進・樺山紘一『中世の風景』上下(中央公論社、一九八一年) 参照。

(32) ヨーロッパ近世の部分社会内部の自由と団体の権利が、いかにして近代の全体社会における自由と個人の権利に転換していったのかは、日本近代の自由権の問題を考えるうえでも重要である。とりあえずイェーリング［村上淳一訳］『権利のための闘争』（岩波書店　原著は一八九四年）を参照。ここでは（多分にドイツ的ではあるが）中世における関係が「人格の倫理的生存条件としての権利」と「人倫の共同体としての国家」との関係に移っていったと考えられている。しかし、これが社会の資本制化の進展によって変質してくる。

(33)　前掲・網野善彦『無縁・公界・楽』pp.259-260　「有主」「有縁」の原理はすなわち所有的個人主義につながる。

(34)　マルクス＝エンゲルス全集第1巻（大月書店）p.407　「固有の力」(forces propres) というとらえかたはもともとルソーにもとづくもの。ルソー［桑原武夫・前川貞次郎訳］『社会契約論』（岩波文庫版）pp.62-63 参照。

あとがき

近代が終わった、と直観したのは、二〇〇三年のことだった。「何を今頃……」というポストモダニストもいるだろうし、「早とちりするな」というネオモダニストもいるだろう。いずれにしても、狂い咲きといわれるだろう。だが、そのとき、そういう直観が来たのだ。

かつて僕が、ある長い時代が終わったときを、かなり正確に――だといまでも思っている――感得しえた瞬間があった。それは、一九七六年秋のある日のことで、このとき、大袈裟に聞こえるかもしれないけれど、徳川後期以来の日本の近代化がこの少し前のいつかに終わった、と直観したのだった。その瞬間については『素描・一九六〇年代』（同時代社、二〇〇七年）に書いたが、そこでのべたように、この直観は、のちにさまざまなデータで裏づけられた。

今度はどうだろうか。ほんとうに二〇〇三年より少し前のいつかに、日本で近代という時代が終わったのだろうか。それはまだわからない。この直観を裏づけようとするかたちで考えてきたことの一端が、この本にまとめられている。

僕が一九九〇年代を通じて考えつづけてきたことは、すでにその二〇〇三年よりも前に、さまざまな経路を通って、同じ結論、「近代の終焉」という結論に導かれていっていたのだが、それでも、「近代が終わった」と確言するのを躊躇していたのは、僕がマルクシズムに完全にとらえられていたころの名残がまだまだ色濃くあって、「近代の終焉」とは「近代の止揚」でなければならないというとらえかたから抜けられないでいたからだった。いまでは、近代は止揚されなくても終焉を迎えるし、マルクスもかならずしも近代の止揚をそのようなかたちで考えていたわけではなかった、と思っているが、そのころは「近代の終焉」＝「近代の止揚」というとらえかたから抜け出られなかった。

だから、一九九〇年代前半に考えていたのは、本書では批判的に採り上げたユルゲン・ハーバーマスの「世界市民社会」論や、ドイツ社民党副党首オスカー・ラフォンテーヌの「近代の近代化」戦略のようなものだった。『国境を超える社会民主主義』（住沢博紀訳、現代の理論社、一九八九年　原著Oskar Lafontaine, *Die Gesellschaft der Zukunft*, 1988）で展開されていたラフォンテーヌの戦略は、新自由主義のいう意味での「個人の自由」とは鋭く対立する「新しい個人主義」を確立することを通じて、国境横断的《トランスナショナル》なかたちで自立・自由・自己責任・自己統治といった近代的コンセプトを革新していこうとするもの——だから「近代の近代化」（Modernisierung der Moderne）なのだ——で、それはそのころから僕が考えていた「もうひとつの個人主義《オルタナティヴ》」と共通するところがあったから、共鳴していた。僕が考えていたオルタナティヴな個人主義でも、「近代の終焉」は問題にされていたが、そのころは、それは「脱近代」の方向ではなくて、「近代の自己革新による近代の止揚」としての「近代の近代化」という方向を採るべきだと考えられていたのだ。

しかし、その後、一九九〇年代後半の日本で僕らが目撃したのは、「近代が近代化されていく」どころか、近代のフレームそのものが融解していく現象であり、にもかかわらず、だれもがそれに「近代的」に立ち向かっていこうとはしていないという状況なのであった。

一九九〇年代に展開された日本の新自由主義は、「新しい個人主義」「もうひとつの個人主義」はおろか、ヨーロッパの古典的個人主義をすら事実上否定するものであった。個人主義がないなら、自由主義はなかったというべきだ。事実、自由主義なき新自由主義というのが、日本の新自由主義の著しい特徴だったのであり、そこには古典的な自由主義すらなかったのだ。自由主義がないのに自由主義という建て前をふりかざしていることこそが大きな問題だった。

ところが、これは、多くの新自由主義批判者が指摘してこなかったことであった。新自由主義に対抗していた日本の社会民主主義や社会民主主義化した共産主義の潮流のほとんどは、ラフォンテーヌがめざしたようなに脱産業化《ポストインダストリアリゼーション》に対応して「新しい個人主義」に立脚した政治形態を求めようとする志向を示すことはなく、組織された資本主義の上に立った福祉国家という、近代の地平での対抗に終始していった。そして、そうした観点から、個人主義も自由主義も否定しているとしか思えないような新自由主義批判をおこなっていたのだった。そこからは、僕の主張なども新自由主義に同調するものとしてあつかわれることもあった。

新自由主義と反新自由主義、いずれにおいても、日本では、近代の止揚どころか、近代精神の原点自体がすでに顧みられなくなっているのではないか、というふうに、僕には思われた。

そのようななかで、日本のあらゆる領域に成り立っていた——日本的なバイアスがかなりかけられたものではあっても――近代的な性格をもった「構造」が、だれも擁護しようとする者がないままに、自然に融解《メルトダウン》していっていたのである。僕は、そのころラフォンテーヌ的「近代の近代化」あるいは「近代の自己革新による近代の止揚」をめざしていたから、こうした近代のフレームそのものが融解していくように見える状況と、それに感応しようとしない対抗勢力のありかたに違和と焦燥を覚えていたが、その勢いはいかんともしがたいものであった。

そして、やがて、そのままこのような「構造」の融解が進んだ末に、ついに日本においては全体が液状化して事実上無構造の「状態」になりつつある、という認識に達する日が来たのだった。日本には「構造」がなくなり、いまや「状態」しかなくなりつつある。それが二〇〇〇年ころの僕の認識だった。だから、僕は、のちに「格差化」といわれて取り沙汰されるようになる新しい成層化（stratification）の進展よりも、それと同時に、それとは矛盾しないかたちで、しかもそれよりも広範に、徹底して進行していた平板化（monotonization 僕らは「フラット化」と呼んでいた）のほうが重大で深刻だと考えていたし、いまでもそう考えている。ある面では格差を拡大している各層は、同時に、精神においては同じものに融解していっているのだ。

けれど、そのころはまだ、これは特殊日本的な現象だと思っていた。ヨーロッパやラテンアメリカに行くと、日本との落差の大きさを感じるばかりなので、日本では「近代」という構造が脆弱なうえに、「前近代」が――近代的な形で「創造された」ものである伝統以外は――ほぼ一掃されてしまっているから、近代がゆきづまったときに、たちまち、このような近代の構造の融解に直結してしまうんだ、これは日本特有の現象なんだ、と思い込んでいたのである。だから、問題は日本の近代にある、日本型近代化にある、と思っていた。それで、日本の近代の見直しをテーマにいろいろと勉強したのだが、世界全体についてては、まだ「近代が終わりつつある」という認識にとどまっていた。

それが、「近代の終焉」という結論に急速に傾いたのは、むしろ「中世への回帰」という後ろ向きの志向を媒介にすることによってだった。僕は、自分が懐いていた「もうひとつの個人主義」について考究していくなかで、個人というものは近代ではなく中世に発生したもので、それが近代において近代的個人に転形されていくところに実は大きな問題があったのではないか、その分岐点にもどったところに「もうひとつの個人主義」の原点があるのではないか、と考えるようになった。そして、中世社会と自由の問題を追究していくうちに、かつて読んだニコライ・ベルジャーエフの『新しい中世』（英訳 *The New Middle Ages,*1924）や、ロマーノ・ガルディーニの『近代の終末』（*Das Ende der Neuzeit*, 1950）、ハンス・ゼードルマイヤーの『中心の喪失』（*Verlust der Mitte,*1948）などの近代批判に立ち帰るようになっていったのだ。

そして、その眼から世界を見直すようになり、かつて一九八〇年代に日本版ポストモダンのあまりの恣意性に辟易して敬遠していたポスト構造主義の著作を初めてまじめに読み、ということをしているうちに、「近代の近代化」あるいは「近代の自己革新による近代の止揚」という発想自体がそもそもまちがっているのであって、ハーバーマスやラフォンテーヌが否定した「脱近代」「超近代」の方向のほうが正しいと思うようになっていった。同時に、そう思ったとたんに、世界全体において近代は終わったという直観がやってきたのだ。

といっても、ポスト構造主義にいかれたわけではない。むしろもっと古いものに、第一次大戦直後に噴出してきた近代批判にもどっていったのだ。ベルジャーエフがそうだったし、マルティン・ハイデッガー、カール・バルト、カール・シュミットがそうだった。それらは、僕にとっては若いころに読んだ懐かしい名前だった。僕は、それらを読み返した。そして、そうした懐かしい名前に加えて、マルティン・ブーバー、グスタフ・ランダウアー、パウル・ティリッヒ、レオンハルト・ラガツといった、一九一〇～二〇年代の危機に感応して根源的な近代批判を提示したドイツの思想家たちが当時書いた著作を読んだ。そして、さらに古く、もう一度、キェルケゴールとニーチェにもどっていったのである。

そうしたものを通じてあらためて獲得した近代を見る眼から、世界の状況を眺めわたしたとき、「構造」の融解、液状化した「状態」への包含は、近代の構造が弱かった日本において先行して現れてきてはいたが、凡そ先進国近代社会にやがて現れてくるべき現象にほかならない。いや、すでにはっきりと現れているのではないか、と思うようになったのである。

それが二〇〇三年のことであった。

その後、この「新しい中世」というテーマに関連して考えをのべる機会をあたえられることが何度かあった。そうした機会に書いたり、話したりしたことをまとめたのが本書である。別掲の「初出一覧」に記したように、書いたものはそのまま掲載したし、話したものは、そのときに用意したレジュメやメモをもとに、その時点での考えとしてあらためて手稿として書いておいたものが原型となっている。それらについて、本書収録にあたって、話したときにきちんとできなかった引用や典拠を明確にすること、ほかの稿との重複を省き叙述を整理することを眼目に書き直したが、論旨は変えなかった。その後の事態の推移によって見解を修正すべき点もあったのだが、あえてそのままにした。各章末尾に執筆年月を注記したのは、そのためである。

　これらの論稿のなかでは、日本近代を考え直すことがひとつの大きな流れとなっているが、それは、そういう問題を論ずる機会をあたえられたからであるとともに、「新しい中世」状況にどう対応するか、という実践的な問題意識からすると、その問題――「自己の本然」をつくすべき〈現場《ロカール》〉の問題――が大きな課題となってくるからだ。

　本書でものべたように、グローバル、リージョナル、ナショナル、ローカルという四層が多層的なアイデンティティを要請してくるのが「新しい中世」である。そのとき、出発点はローカルであり、そこから構成していく新たなナショナル（それは近代の国民的なものではない）でなければならない。ところが、日本では、ローカルがいっかな自立せず、ナショナルはモダン・ナショナルにもどることばかりを志向している。このように、日本の政治と社会は、新しい状況に対して、みずからの目を閉ざすことに腐心しつづけているとしか思えないのだが、それは、今日の日本人が、きわめてパフォーマンスが高かった日本のモダンがそうであるがゆえにもっていた根本的欠陥から逃避しているからなのだ、と僕は思うようになった。僕らは、そこをはっきりと見つめることから、新しい状況への対応を考えていかなければならない。だから、日本近代化《モダナイゼーション》再論こそが必要なのだ。僕が、浅学非才を顧みず、この問題に取り組んだ所以である。

「新しい中世」がどういうものになろうとしているのか、まだ僕には定かではない。いろんなことがよくわからない。ハーバーマスにも『〈帝国〉』にも賛同できないが、それに代わるものが対置できるわけではない。しかし、あえて、本書を発表したのは、僕がまだ二十代の若者だった一九七五年ころ、日本の近代化が終わって、時代の課題が大きく変わり、生きる構えも大きく変えざるをえなかったのにもかかわらず、だれも僕にそれを教えてくれた言論人がいなかったことを思ったからだ。だから、いかに不充分であっても、年の功でいくらかはそのへんのところが感知できる老人が、いま問題提起だけでもしておこうと思ったのである。そうすれば、きっとだれか、ここから発展させて考えていってくれる人が出るにちがいない。それをなんとかお願いしたいというのが、本書を書いた僕の率直な願いなのである。

最後に謝辞を申し上げたい。花伝社の代表である平田勝さんとは、一九六〇年代末に、大学の同じ学部、隣の学科である倫理学科の先輩として出会った。平田さんは当時、僕らが苦闘した六〇年代後半の学生運動における全国レヴェルの指導者であったのだが、それとともに、西洋かぶれの哲学科学生であった僕に、徳川末期以来和辻哲郎あたりまでの近代日本倫理思想を教えてくれ、近代化における日本精神と近代精神との葛藤と統一をめぐる問題意識をあたえてくれた人でもあった。その平田さんのお世話で、そのような問題意識の延長線上にあるともいえる本書を刊行させていただいたことは、まことにふさわしいことであり、ありがたいことだと思っている。平田さん及び編集を担当していただいた佐藤恭介さんに篤く御礼を申し上げたい。また、かつて筑摩書房でいっしょに働いていた加藤光太郎さんに素晴らしい装幀をしていただけたのは、なんとも嬉しいことだった。著者と編集者から執筆意図、編集意図をよく聴き、校正刷を読んでからデザインプランをオプションで示してくれるオーソドックスで誠実な仕事ぶりは昔ながらで、その失われぬクラフトマン・スピリットには感服させられた。みなさん、ほんとうにありがとうございました。

大窪一志

二〇〇八年一月

初出一覧

「新しい中世」の到来：二〇〇七年九月に書き下ろし

「新しい中世」における日本：二〇〇六年一一月一一日・シンポジウム「安倍晋三の〈政治的DNA〉と政権の未来」での報告／『情況』二〇〇六年一一－一二月号掲載の「動きはじめた安倍政権の国家構想」のふたつをもとに二〇〇六年一一月に再構成して執筆

日本的なるものの近代的構成：二〇〇七年二月二〇日・現代の理論フォーラムでの同じ題名での講演をもとに二〇〇七年二月に執筆

「美しい国」の國體論的底流：『現代の理論』二〇〇七年新春号に同じ題名で掲載

靖国問題と近代国家：二〇〇六年六月三〇日に富岡幸一郎・三上治の両氏とおこなった鼎談「靖国問題の核心」での発言をもとに、当日発言できなかったことを含めて、二〇〇六年九月に執筆（鼎談は『靖国問題の核心』として講談社から同年八月に刊行）

「新しい中世」と多元・連合・協同社会：『季刊ａｔ』9号＝二〇〇七年秋に同じ題名で掲載

大窪一志　おおくぼ・かずし
1946年神奈川県生まれ。東京大学文学部哲学科卒業。実存哲学を専攻。筑摩書房、日本生協連広報室などの編集者を経てフリーエディター・フリーライターとして活動。『日本型生協の組織像』『協働を求めて』『素描・1960年代』（共著）などの著述、『アナ・ボル論争』など思想史資料の編著、グスタフ・ランダウアー『レボルツィオーン　再生の歴史哲学』などの訳述がある。

「新しい中世」の始まりと日本——融解する近代と日本の再発見

2008年2月25日　　初版第1刷発行

著者 ——大窪一志
発行者 —平田　勝
発行 ——花伝社
発売 ——共栄書房
〒101-0065　東京都千代田区西神田2-7-6 川合ビル
電話　　03-3263-3813
FAX　　03-3239-8272
E-mail　　kadensha@muf.biglobe.ne.jp
URL　　http://kadensha.net
振替 ——00140-6-59661
装幀 ——加藤光太郎
印刷・製本 —中央精版印刷株式会社

ISBN978-4-7634-0513-5 C0036

朝河貫一とその時代

矢吹　晋

定価（本体２２００円＋税）

●よみがえる平和学・歴史学

巨人・朝河貫一の人と学問。「日本の禍機」を警告し、平和外交を一貫して主張し続け、日米開戦前夜、ルーズベルト大統領の天皇宛親書の草稿を書いた朝河貫一。アメリカの日本史学の源流となり、ヨーロッパと日本の封建制の比較研究で、その業績を国際的に知られた朝河貫一。なぜ日本で朝河史学は無視されたのか？